ACE

ACE アセクシュアルから見たセックスと社会のこと

アンジェラ・チェン
羽生有希 訳

ACE
WHAT ASEXUALITY REVEALS ABOUT DESIRE, SOCIETY, AND THE MEANING OF SEX

ANGELA CHEN
TRANSLATED BY YUKI HANYU

左右社

A
C
E

もしセックスしてないんなら、話すことある？

スター・ジョーンズ『ザ・ビュー』

目次

著者によるはしがき　9

Part 1　自己

プロローグ　12

第1章　アセクシュアリティにたどり着いて　16

第2章　〈否定を通して〉説明する　44

第3章　強制的性愛と（男性の）アセクシュアル存在　78

Part 2　変奏

第4章　お前を解放させてくれよ　110

第5章　ホワイトウォッシュされて　152

第6章　病めるときも健やかなるときも　190

Part 3　他者

第7章　恋愛再考　230

第8章　十分もっともな理由　288

第9章　他者と遊ぶ、他者で遊ぶ　318
第10章　アナ　362
第11章　どこへ向かっているのか、どこまで来たのか　381

ありがとう　400
訳者解説　羽生有希　402
原注　xiv
索引　ii
さらに読みたい人のために　i

［凡例］
・本文中の（　）は原文中の補足、［　］は原文中の著者による添え書き、〔　〕は訳者による補足を示す。
・肩付きの［　］内数字は、巻末の原注番号を示す。
・＊は訳者による注とし、側注として示した。

もっと欲しいと思うようになりたいみんなに

著者によるはしがき

アセクシュアル（もしくはエース）[*1]についての唯一の話というものはないし、どんな本もすべてのエースの経験を捉えることなどできない。この本は、エースの問題を大まかに探っていこうとするものだ。また、そういった問題が、極めて特定の文脈でのセクシュアリティと欲望について、私たちみんなに教えてくれるのはどんなことか、探っていく。本書の探究は、心理学者がウィアード（WEIRD）と呼ぶ人々にわざと限っている。ウィアードとは、西洋の（Western）、教育を受けた（educated）、工業化した社会の（industrialized）、豊かな（rich）、民主主義社会の（democratic）人々のことだ。[*2] ほとんどはまた、アメリカのリベラルな人々だ――このリベラルという語は、この本全体で、文化的にリベラルで、たいていセックスを肯定的に見る人々を指すために使っている。この本はわざと今現在のことを扱う。この本の語りは、「今」に根ざすもので、他のエースとの長時間のインタビューや私自身の生活から引いてきた。話をしたそれぞれの人は匿名にしてある。多くの場合、個人のファースト・ネームだけを用いたり、まったくの別名を用いたりしているのはそのためだ。

私たちという語がこの本にはときどき出てくるが、その意味が変わることもある。私はエースだと自認しているから、あるときには私たちを、エースのコミュニティを意味するために使うが、別のときには、より大きな私たちを意味するために使うことだってある。つまり、西洋的な、リベラルの、主に中上流階級のアメリカの社会という意味だ。この世界の外部にいる人々の経験について、もっと多くの本が書かれることを願っている。もっとずっと多くの言うべきことがあるのだから。

＊1　英語圏のアセクシュアルのコミュニティでは、自分たちを指し示す言葉として、asexual（エイセクシュアル）という語の冒頭の音を切り取った、ase もしくは ace という語を用いることが多い。特に後者の綴りは、トランプなどのカード遊びで用いられる一の札や、そこから転じて集団内の切り札的存在を表す、日本語でもお馴染みの、エース ace と同じなので、プライドを込めて使うこともしばしばある。本訳書では、そのようなコミュニティの文脈を尊重して、この語をそのまま「エース」と表記することにしたい。

＊2　心理学の実験調査では、その対象者が特定の社会・文化・階級などの点で偏っているために、結果に偏りが生まれうると危惧されてきた。例えば、合衆国の東部の大学生を調査対象とした場合、その結果が世界の他の国々の貧しい人々にも当てはまるわけではないということである。ジョセフ・ヘンリックらの二〇一〇年の論文は、こういった偏りを当該の略語で初めて表したとされる（Henrich, Joseph., Steven J. Heine, Ara Norenzayan. "The Weirdest People in the World?" *Behavioral and Brain Sciences*, vol. 33, no. 2-3, 2010, pp. 61-83.）。「異様な」「変な」を表す単語 weird と同じ綴りにすることで、偏りの奇妙さを皮肉的に示していると言えるだろう。

Part 1　自己

プロローグ

　レストランはジェーンに選ばせてあげた。だって、どっちにせよ私はその日一日中シルバー・スプリングにいたんだけど、彼女の方は、ボルティモアから私に会いに、車で来てくれてたから。[*1]私たち二人を知る人は、私とジェーンって実は同じ人でしょって、よくいじってきたけど――本好きで、神経科学に関心があって、彼女ときたら、私が髪を短くしたとき、自分も短くしたんだ――、でも、そのとき私の関心を引いたのは、私たちの違いだった。

「聞きたいことがあるんだけど」と、彼女が選んだビルマ料理の店で席に着くなり、私は切り出した。「性的に惹かれること（sexual attraction）って、どんな感じ?」

　ジェーンは椅子で身じろぎした。当時私たちは二人とも二十四歳。彼女はボーイフレンドがいたことがなくてバージンだったけど、私は二回目の真剣交際の最中。私のボーイフレンドはセックスを楽しんでいて、それは私もおんなじで、これまでそんなに複雑な性遍歴がないことを、私自身、恵まれてるなと感じていた。でも、心の内から性的に惹かれるとはどんな感じなのか、友人に尋ねているのは私の方だった。私は青写真が欲しかったんだ。それを自分自身の経験に照らして、どこで青写真と私の経験が交わり、どこで別れるのか知れるように。

「誰かの見た目がよいなと思うときにどう感じるかってことじゃないよ」と、私は続けて言った。それがどういう気持ちかは知ってた。「あと、誰かと付き合いたいとか、その人のことを愛するとかがどんな感じかってことでもない」。そういった気持ちも知ってたし、すでに深く知っていたからこそ、そのことで私は恥ずかしく感じていたのだ。セックスのときに身体的に興奮することに問題はなかったし、身体的欲望がセックスをする唯一の理由だと信じるほどにナイーブでもなかった。自身のパートナーとより近く感じたり、自分自身についてもっとよく感じたりするためにセックスする人だっていたし、暇を潰したり、自分の問題から目を逸らしたりするためにセックスする人だっていたしね。

私が知らなかったのは、特定の個人を念頭に置かずにセックスしたいと思うこととはどんな感じか、ってこと。一人でいるときにそもそもセックスについて考えることって? セックスによって作り出される感情的な親密さを欲しがるのとは別に、セックスへの何らかの身体的衝動を

＊1　シルバー・スプリングもボルティモアも、アメリカ合衆国メリーランド州の都市。ただし、両都市は同じ州の中とはいえ、高速道路を経由した車での走行距離にして五五キロほど離れており、移動するのに四、五十分ほどかかる。

覚えることって？　私はジェーンよりも性的に経験があったけど、彼女は肉欲とリビドー[*2]についてオープンに語る人だった。一方で、性欲動という言葉は、私にはよくわからなかった。

ジェーンはティー・リーフ・サラダ[*3]を一口食べて、フォークを皿にカタンと置いた。「誰かと近くなりたいと思うかな、身体的にね。もしその人が見ず知らずの人だったとしても」と彼女は言った。「そわそわする、ものを弄り始める、だんだん温かく感じる、とか」

彼女はつっかえながら答え続け、それから、自分の答えがかっちり正確なわけではないからと釈明した。「わかんないよ」と彼女は言った。「それって気持ちなんだし」

でも、十分な答えだった。ジェーンが注意深く描き出したことから明らかになったこと。それは、性的惹かれであるかのように私自身思っていたものが、まったく別のものだった、ってこと。それは、美的な評価であり、感情的もしくは身体的な近さへの欲望であり、ある種の独占欲だったわけ。そういったことすべては、性的惹かれに関連するものだし、それを強めたり広げたりするかもしれない構成要素だけど、性的惹かれそれ自体と同じじゃない。

「これってちょっとした思考実験？」とジェーンに聞かれた。

「違うってば」

＊2　精神分析における最重要概念の一つ。重要であればこそ様々に使われる語だが、性的なエネルギーから転じて、生命維持のみならず文化的活動のもとにある心的エネルギーとして見なされうるものであることを、とりあえずは指摘しておきたい。

＊3　ビルマ料理の一つ。発酵させた、酸味のある茶葉を用いたサラダ。

第1章　アセクシュアリティにたどり着いて

十四歳のとき、アセクシュアリティという語に出会った。ほとんどの人と同じように、そう、オンラインで。「アセクシュアルの可視性と教育のためのネットワーク」（AVEN）のウェブサイト、asexuality.org[1]には目立つ仕方でこう書かれている。「アセクシュアルの人とは、性的惹かれを経験しない人である」と。アセクシュアリティとは一つの性的指向であると、私は学んだ。ホモセクシュアリティ〔同性愛〕とパンセクシュアリティ〔全性愛〕とヘテロセクシュアリティ〔異性愛〕が性的指向であるのと同じだ。同性愛の人は同じジェンダーの人に性的に惹かれる。アセクシュアルの人は、誰にも性的に惹かれない。

こういったことはすべて理解できた。シリコン・バレーで育ったことで、私は従来とは異なるライフスタイルに対して健全な認識を育むことができていた。それに、私にとっては当時最新の、魔法みたいなオンライン辞書ふうの定義が世界について、他者について新しいことを教えてくれたんだと、喜んでもいた。アセクシュアリティが正常で、健全で、妥当なものだと思うのは何ら難しいことではなかった。また、こういったアセクシュアルの人々、エースが、他のすべての人から指差されたり笑われたりすることなく、末長く幸せな生活を送る権利があるのだと信じることも。しかし、その言葉を知ったからといって、自分自身への眼差しが変わることはなかった。私は、「性的惹かれを経験しない人」とは「セックスが大嫌いな人」のことだと誤解した――そしてだからこそ、私個人はアセクシュアルでありえなかった。私はまだセックスをしたことはなかったが、セックスすることを考えるとてもワクワクした。こういったことが、この指向に関する、またこの指向が含むあらゆる誤解に関する、奇妙な点だ。エースでありながらそれに気づかないことがありうるし、その言葉を見ても、小首を傾げてスルーすることがありうるのだ。定義だけでは不十分だ。もっと深く掘り下げねばならないのだ。

自分はアセクシュアルではないと思い込んだので、アセクシュアリティは私の人生に関係ないものだと思えた。この点でも、私は誤っていた。セクシュアリティはいたるところにあり、セクシュアリティが社会に関係するすべての場所で、アセクシュアリティも関係してくる。エースが格闘する問題は、あらゆる〔性的〕指向の人々が人生のどこかの地点で直面しうるのと同じ問題なのだ。

例えば、人がどのくらいの性的欲望を持つことになっているかという問いを取り上げてみよう。どれほどだと少なすぎなのか。少なすぎが不健康なのはどんなときか。ある人の答えは、もしくは前提とされている答えは、ジェンダーや人種のアイデンティティ、障害に応じていかに変わりうるだろうか。欲望を経験する度合いが、私たちの政治について、私たちの人格について、私たちの関係の将来性について、どのようなことを意味するだろうか。どのようなことを意味すべきなのか。

　これらは人間の経験についての幅広い問いだ。エースの視座からすれば、その答えは異なって見える——そして本書はその答えを一つずつ照らし合わせる。そうするために私は、およそ百人のエースに、電話と対面の双方でインタビューを行った。私は惹かれとアイデンティティと愛について質問した。エースたちがくれた答えは、およそ単純なものではなかった。私自身の経験が単純だったことがないように、また、いかなる人の経験も単純ではないように。エースの考え方には、多くの新しい用語やニュアンスがある。何であれ誠実なものがそうであるように、それは雑然としたものでありうる。

　宗教的環境の中で育ち、その規則すべてに従いつつも、結局、セックスは見込まれてきたほど素晴らしいものではなかったと、結婚後に気づいた男性がいる。セックスへの欲望の欠如が深刻な病の症候であると確信したために、高校生のときに採血検査を頼んだ女性もいる。障害のあるエースは、障害とアセクシュアリティのいずれのコミュニティに溶け込むにも困難を覚える。どこからが障害でどこからがセクシュアリティの問題なのか、またその境界線を見つけることが問題となるべきなのか、思い悩んでいるのだ。有色のエースとジェンダー・ノンコンフォーミング[*1]

のエースは、自分のアセクシュアリティがステレオタイプへの反発だろうかと自問する。友情と恋愛をいかに分けるべきか、セックスがそれらの不可欠な要素でないとしたら、みんなが思い悩む。恋愛関係を望まないエースは、特定のタイプのパートナーシップに過剰に焦点化した世界の中に、自分たちの居場所があるだろうかと思い悩む。また、恋愛関係を望むエースは、〔性的〕同意の実践によって自分たちの必要とするものがいかに取りこぼされるかを、指摘している。

端的な答えがなくても、これらの語りは視座を転換させてくれる。おかげで、エースもエースでない人も含め、私たちみんなが自分のセクシュアリティとどのように関係するかということに、光が当たりうる。ほとんどの人は性的規範によって拘束されている。エースはさらにずっとそうで、時には排除されることになる。だからこそエースは、社会の規則を、外部者《アウトサイダー》の有利な視点から、外部者の見識をもって観察できる。エースは、しばしば隠されている、性に関する思い

＊1　規範的なジェンダー表現、ジェンダー役割に沿わないジェンダーのありようを示す人々の総称。貧困層や有色のトランスジェンダー向けの法的サービスの支援団体として有名な、シルヴィア・リヴェラ・ロー・プロジェクトによる定義を参考に挙げておく。『ジェンダー・ノンコンフォーミング』とは、出生時に割り当てられた女性もしくは男性の性に基づいてどのように行為すべきか、どのように見えるべきかといったことについての、他の人々の持つ考えやステレオタイプに従わない人々を指す。」(https://srlp.org/resources/fact-sheet-transgender-gender-nonconforming-youth-school/)

込みと性に関する筋書き――定義や感覚、行動について――に注意を向け、これらの規範がどのようにして私たちの生を矮小化してしまっているか問いただす。エースは、自然と思われるものよりも公正であるものを優先する、新しいレンズを開発してきたのだ。

・・・

十四歳のとき私は、自分のセクシュアリティの経験が、雑誌記事で短く取り上げられるエースの経験には当てはまらない、ということしか知らなかった。自分がストレート[*2]の女性だと思っていたし、ほとんどすべての友人や大多数の人たちと同じだと考えていた。

対照的に、本書のプロジェクトのために記事で読んだりインタビューしたりした多くのエースは、幼いときから違いに気づいていたという。多くのエースの語りは、ルシッド・ブラウンの語りと同じようなものだった。ルシッドは最近ボストンのエマーソン大学[*3]を卒業した視覚芸術のアーティストだ。「子どもの頃、母が「性についての話」[*4]をしようとしたことが三回あったんだけど、三回とも途中でサボっちゃった」と、ルシッドは言った（ルシッドは、私がインタビューした多くの人々と同じく、ノンバイナリーで、自分についてthey/themという代名詞を用いている）。[*5]

ルシッドが私に語ってくれたところによると、中学生だったあるとき、二人のクラスメイトがキスするのを、みんなが木に隠れて見ていた。他のみんなは興奮してゾクゾクしていたが、ルシッドはただ困惑するばかりで、キスの魅力も、なぜみんなが関心を持つのかも、理解できずにいた。もちろん、思春期というものは指向にかかわらず、厄介なものだろう。けれどエースが抱

＊2　単に「異性愛者」と訳されることがしばしばあるが、これがクィアの対義語であること、すなわち、広義の性的マイノリティの間で、規範的なジェンダー・セクシュアリティのあり方を指すために用いられてきたことを忘れるべきでない。

＊3　エマーソン大学は芸術・芸能分野に秀でたリベラル・アーツ・カレッジ（研究特化型の総合大学と異なり、少人数教育、学部生への教養教育に力を入れる大学）。日本で活躍する卒業生には、タレントの関根麻里や政治家の辰巳孝太郎がいる。ボストンは、合衆国北東部のマサチューセッツ州にある、世界有数の学園都市。

＊4　日常会話の表現では、「話」を意味する"talk"に、特定のものを指し示すために用いる定冠詞をつけて"the talk"とすることにより、「性（教育）についての話」を指すことがある。

＊5　"they/them"は三人称複数を指す代名詞だが、近年（といってもかなり前からだが）では、女性もしくは男性として名指されることを望まない人々を指すときに用いられることがある。ただし、実はthey/themは、不特定の誰かを指すときの「意味上の単数」を表すために、ジェフリー・チョーサーの時代からまったく問題なく用いられてきたということも、指摘しておきたい。すなわち、近年になって無理やり英語表現が捻じ曲げられたというより、元々存在した英語表現を、性差別や性的マイノリティへの差別に抗う人々がより創造的に取り上げ、その利用可能性を押し広げてきたのである。ただし日本語では、そもそも三人称をジェンダー化して呼ばなくても、名前で言及したり「あの人、あちらの方」と述べたりすれば十分であることも多いので、この箇所を含めて、性を問わない三人称単数を殊更に訳すことはしない。

く混乱は、セクシュアリティの舵取りをできないだけでなく、自分がセクシュアリティからまったく排除されたように感じること、そのうえ他者がそれに加わっているのを目のあたりにすることにも由来する。ゴシップは、キスや熱愛を中心に繰り広げられる。誰かと会話するとき、セックスは——誰がしそうで、誰がするかもしれなくて、誰がしたがっているのか——極めて重要な話題になる。たとえ誰も何もしていなくてもだ。そんなふうにみんなが新たにこぞってとりつかれている考えが理解不可能なものに思われることもある。他のみんなの脳がハイジャックされてしまったみたいだ。

セックスの興奮についてのひそひそ話をどれほど頻繁に耳にしても、ルシッドはそれに加わりたくなかった。セックスするという考えと、セックスに関係するすべてのことに、嫌悪感をもよおし続けた（エースはそれぞれで、許容度もそれぞれだ。なお本書を通じて、私はセックスという語で、キスや愛撫から進んだ、パートナー間の性的営みを意味している）。

性嫌悪のエースの多くは、セックスという観念におぼえる反発とは、むかつくほどの嫌悪であり、「ある人が獣姦にハマっているとストレートの人に言うかのような」ものだと言う。ルシッドの反発はさらにずっと強力だった。性的イメージやコメントに晒されることで、ウナギがのたくったり身をよじったりするかのように感じられる身体的反応が引き起こされる。ウナギはルシッドの身体の異なる部分に住んでいた。一匹ははらわたの中に、もう一匹は背骨に沿って。これらに引き続くのは、即発の闘争・逃走反応[*6]で、極めつけに、吐き気や過剰な心拍、その場で身体が硬直して動かなくなることが加わる。

ルシッドの反応は予測可能なものでも直観的なものでもなかった。セックスについて話したら少しの反発が起き、テレビでセックス・シーンを見たらさらなる反発が起こる、と単純に説明がつくものではなかったのだ。セックスについての細部にわたった話し合いの方が裸体のイメージよりも深刻かもしれないが、なぜそうなのか述べるのは難しかった。そうした身体的反応は他の人にとっても目につくもので、こういったことすべてのせいで、ルシッドは特殊な趣のいじめの対象になった。クラスメイトたちはルシッドに性的なジョークを大声で浴びせてきて、「〔それは〕つまるところ、私の性嫌悪につけこんで、私を攻撃してきた」というわけだ。

だから、自分がストレートでないのは明白だとルシッドは思った。多くのエースは、自分が同性愛者だと思い、後になって同性愛者が〔自分にとって〕正しい描写語かどうか思い悩む。他のエースは、アセクシュアルという語を自力で見つけ、他の性的指向を見つめたうえで、これが残

＊6　生命への危機などの極度のストレスを感知した際に起こる身体的反応。動物やヒトが外敵に遭遇したときに瞬時に戦ったり逃げたりできるような現象。

された唯一の選択肢だと推論する。ルシッドは「ノンセクシュアル」[*7]だと自認していた。『マウイ・ニュース』で同時配信された「ディア・アビー」[*8]のある読者投稿に出会うまでは。[2]その記事ではニュー・イングランド在住の「エース」さんが、デート相手に自分の〔性的〕指向を明らかにする必要があるのはいつなのかと尋ねていた。アビーは、他の人にただちに告げる義務などないと答えた。さらに世の中のアセクシュアルの人は投稿者だけではないと付け加え、AVENについても言及していた。十三歳だったルシッドは、居間のテーブルからその新聞を拝借した。

そのアセクシュアルという言葉一つで、完全に、即座に理解できる答えだった。ルシッドは明らかにアセクシュアルで、この経験を指すラベルの存在をそれまで知らなかったというわけだ。知っている人が少ないのは、みんながアローセクシュアル（もしくはアロー）であるとあまりに広く前提とされているからだ。アローセクシュアルという語は、性的惹かれを経験する人を指す用語だ。言い換えれば、アローセクシュアルとはエースでない人々のことである。

「アセクシュアリティという語を見つけて、今まで私に起きたことについてまさにぴったりの説明だと思ったんだ」と、ルシッドは言う。「「セックスしなくてもいいんだよ」と聞いたのはそのときが初めてで、それは信じられないくらい解放的だった。だって子どものときには、これから起こるだろうあんな大きくて怖いもの〔性的なこと〕について、またそれをどのように欲するようになるかについて話を聞いていたからで、それはもうゾッとする、まったくもってゾッとするものだったから」

ルシッドは一呼吸置いた。「それは最初のステップみたいなもので、箱を開ける鍵だったけど、その箱にはさらに多くの他の、混乱させるような箱が入ってたんだ。アセクシュアリティはまさに一番明瞭なもので、それで自分のアイデンティティの複雑さを理解しやすくなった」。アセクシュアリティという言葉は、それまで手に入らなかった重要な知識へたどり着かせてくれたのだ。

＊7　本書第二章でも言及されるように、英語圏において「アセクシュアル」という語が一つの性的指向及びそれを持つ人のアイデンティティを指す言葉として確立する前には、様々な用語が使われており、「ノンセクシュアル」もその一つであった。この語は現在も、「性的ではない」という形容詞として用いられている。また、少しややこしいこととして、日本ではいわゆるロマンティック・アセクシュアル（性的な惹かれを経験しない一方で、恋愛的に惹かれることはある人々）を指すのにこの語が現在でも使われている。

＊8　合衆国を始めとした英語圏の多くでは、大手の新聞社の記事を、提携先の地元の新聞社が地元のニュースとともに同時に配信しており、一般の人は大手の新聞そのものではなく地元のそれを購読するというのが一般的である。「ディア・アビー」はいわゆるお悩み相談の欄で、回答者（筆名がアビゲイル・ヴァン・ビューレンなので、愛称がアビーとなっている）が親子二代にわたるほどの、人気ある長寿企画である。

・・・

私は中学時代を、男子との熱愛について噂話するのに費やした。高校では、女子のクラスメイトと複雑でアンビバレントな関係に陥り、このことで初めて、自分はバイセクシュアルなのかなと思い悩み、そのあと、触ることも触られることも好きでないことから、私はやっぱりおそらくストレートなんだと決めつけることになった。大学時代を通しても、自分がエースかもしれないと疑う理由はほとんどなかった。私は神経質で、内気で、男性を好きになる傾向があるのかも、というくらいだった。

私がアセクシュアルであるかもしれないという考えは、笑えるほどおかしく思えた。私はエイドリアン・ブロディは魅力的だけど、チャニング・テイタムはそうでもないと思っていて、[*9]また、俗っぽいユーモアに通じていた。私よりもお上品な友だちの顔を赤面させるぐらいの、セックスについてのジョークと意味深なほのめかし満載のユーモアだ。私は思い焦がれることについて話したし、性的なアバンチュールの話を熱心に聞いた。だから、私の友だちがいう欲望と、私のいう欲望の意味が異なるかもしれないなんて、思いもよらなかった。私の友だちにとって、「ホット」[*10]のような言葉は、ジェーンが描写していたタイプの生理的な牽引力を指しえた。私にとって「ホット」は、上質な骨格への賞賛を意味していた。私の友だちにとっての性的な出会いは、しばしばリビドーによって突き動かされていた。私は自分がリビドーを欠いていることすら知らなかったのだ。

私は男性とのセックスについてちょっと興味があった。だって、すべてのものが――本もテレビも友だちも――それがすっごくよく感じられるものだと言っていたから。でも、私が本当に興味があったのは、欲されるってどんなもんなんだろうかということだった。心の底から欲される

＊9　エイドリアン・ブロディもチャニング・テイタムも、合衆国の男性俳優。ブロディの代表作は映画『戦場のピアニスト』で、どちらかというと優男のイメージがある一方、テイタムは映画『マジック・マイク』で男性ストリッパーの役を演じ、二〇一二年には週刊誌『ピープル』にて「最もセクシーな男性」に選ばれるなど、筋肉質で性的魅力のある男性というイメージが強い。この箇所で対比的に、しかもテイタムの方が魅力的に見えないと言われているのには、このような一般的なイメージにもかかわらず、という含意があるだろう。なお、ここで「魅力的（attractive）」と訳した語は、「惹かれること（attraction）」と同じ由来の言葉であることも、念のため注意しておきたい。

＊10　ホット（hot）は、物理的な温度の高さから転じて、体温を上げるほどに（性的に）興奮させるもの、または興奮しているもの自体を形容する言葉になりうる。したがって一般には「セクシー」と訳してしまってもよいが、この箇所だけでなく本書では、セクシーなもの、性的なものの内実が問題となっているわけだから、あえて外来語としてそのまま転記している。

こと、私の高校時代の元恋人については当てはまらなかった仕方で欲されること。それが私の思い焦がれの根本にあったものだった。

そんなときに、ヘンリーだ。ヘンリーと私が出会ったのは、私たちが二十一歳のときだ。初めての会話の後、私は日記に「マジ心臓静まれ」って書いた。本当にそんな感じで、全部大文字で。[*11] そのときの会話はインターネット上でのもので、彼はテキサス、私はカリフォルニアにいた。メールとチャット、長時間の会話を重ねて、なんやかんやで私たちは恋に落ちた。

対面ではヘンリーと一年近くもの間、会っていなかっただろう。対面で会ってから数ヶ月後が、私が彼と顔を合わせる最後になるのだが、私たちの関係の余波は、私たちが実際に一緒に過ごした時間の長さをはるかに超えた未来にまで及ぶことになる。あの最初の会話から、本書冒頭のビルマ料理レストランでジェーンに尋ねた質問まで、一直線でたどることができる。ヘンリーはいつも、私が人生の中で「以前《ビフォー》」と「以後《アフター》」を区割りする一つの仕方になるだろう――アセクシュアリティについて学んだからというだけではない。たしかに私がそれを学ぶはこびになったのは、私たちの関係のおかげだが、それだけではなくて、恋愛的《ロマンティッククラブ》な愛と、喪失によるつきまとうような痛みとを理解したからでもある。

初恋はいつも、奇跡のように感じられる。遠く離れた誰かと、友情よりほかの何事も起こるまいと思って会った誰かと、恋に落ちたこと。一緒にいるために私たちの生活を調整する必要があったこと。私たちが心の中で感じたことが外的現実を変えたこと——こういったことすべてによって、この瞬間が、この人が、さらにもっと並外れたものに感じられる。私たちが心血を注いでいたということが、この関係を特別なものとして印象づけたし、私たちの計画の真剣さが、私たちの感情の真剣さの証《あかし》になった。私たちの絆が空虚なものなどではなく、惚れ込み以上のものであるという証だ。この点で、私たちは間違っていなかったと、今でも私は確信している。どれほど耐えがたいぐらいに未熟であったかもしれないにせよ、あの気持ちはその中核において稀有で、しかもとても現実的なものだった。そんな思いは当時であれそれ以降であれ、何ら揺らいでいないのだ。

テキサスとカリフォルニアはかなり離れているが、当時は大学四年生だったので、いずれにしてもみんなの生活がバラバラになることになっていた。私たち二人の決めたところでは、卒業後はニューヨークに移ることになっていた。私はジャーナリズムの仕事を得て、彼は大学院へ行く、と。しかし、ヘンリーはその地域のどの大学院にも受からなくて、南部にある学校に通うこ

＊11　英語では通常、文頭の文字だけを大文字で書くが、警告文などでは特に、強調したい単語やフレーズを大文字にすることがある。人に見せることのない日記にすべて大文字で書いたというのは、それだけ感情がほとばしっていることを示唆しているのだろう。

とを選び、五年間の長距離でのオープン・リレーションシップ[*12]を懇願してきた。

私にはこういった取り決めをあしらう心の準備がなかった——私は〔ヘンリーを〕信用できなくて、心の弱さが気にかかるようになったので、自分自身の身に日記の中でこう書きつけた。「もう一点、覚えといてね。どういうわけでか、今まで本当に自分に起きたことのないことだけど。他の人に頼ってもいいんだ。妥協を請うていい。何かしなくちゃならないのはいつも自分ってわけじゃないよ」

ノーと言うべきだったけど、私は彼を失うことを恐れていた。だから間違って、イエスと言った。

・・・

大学院のために南部へ向かう前に、ヘンリーは夏の間、ニューヨークに来る手はずを取った。建前としては外国語の授業を取るため、でも実際は私といるためだ。対面では会ったことがないまま、私たちは一緒に住まいを見つけることにした。私たちが期待していたことと比べたら、一緒に過ごすことになる数ヶ月間は、すでに痛ましいほどに短く思えた。他に欲しいものは何もなかったから、お互いの家を行き来するなんておそらく時間の無駄だった。

その夏は痛ましいものになったが、私たちが上手く行かなかったのには、多くの理由があった。セックスは理由の一つではなかった――厳密にはそうではなかった、ということだ。私たちの奇妙な交際期間は、他の多くの場面で問題を作り出したかもしれないが、私たちはお互いを美しいと思っていたし、私はヘンリーとセックスするのを楽しんだ。親密に感じられたし、他の人には知りえない経験を知れるようだった。セックスは私がつねに欲していた感情を与えてくれた。性的快楽ではなく、特別感というドキドキだ。

セックスそれ自体が問題を引き起こしたのではない。セクシュアリティのある特定の側面についての私の恐れが、問題を引き起こしたのだ。その数ヶ月間、私たちは機能的にはモノガミー[*13]の関係だったが、五年間オープン・リレーションシップになるという見込みに私は恐れ戦いたし、ヘンリーが他の人とセックスしたがっているという事実は、飲み込みがたいものだった。誰か他の人と寝たらヘンリーはその人と恋に落ちるだろうと私は確信していたので、性的惹かれが――

＊12　一対一の排他的関係を取らないパートナー関係。
＊13　「一夫一婦（制）」「単婚（制）」と訳されてきた語であり、要するに排他的に一対一の親密な関係を指すものだが、ここでは必ずしも語り手（とそのパートナー）のジェンダーや実際の婚姻関係が問題となっているわけではないので、このように訳している。

彼によってであれ、他の人によってであれ——話題になるたび、捨てられるという思いが浮かんで苦悶した。

不確かな未来を強く恐れたことで、当時の私の平穏はすぐに曇っていった。私には強くなりたいという思いと逃げ去りたいという思いが同じくらいあって、それらが毒性のあるカクテルになり、私たちが一緒に過ごす時間を蝕んだ。自分でも誤りだとわかっていながらも止められないままそう振る舞ってしまうたび、何度も何度も、感情が制御不能のまま空転していくのを感じた。私がパニックになるのはつねに別れようとするときだったが、それほど彼に去られることを恐れていたのだ。終わりのない喧嘩の最中、私は手を振り回して多くのことを原因に挙げたが、その中には恐れや不安といった語は直接には含まれていなかった。恐れていると口にすることも、どれほど気を揉んでいるか認めることも、私にはできなかったのだ。

ある日、仕事から帰る道すがら、花屋の前を通りかかって、気まぐれに、ヘンリーのためにと赤いカーネーションを買った。家に着き、彼にどこで花を手に入れたのか聞かれると、花を彼に贈ることが親切さと自発性の意思表示だと認めることになるのではないかと思って一杯一杯になった。私は、花は職場の人にもらったのだと、居間のテーブルに似合うと思ったのだと言った。

・・・

ヘンリーはついに業を煮やして、当然だが、私と別れた。秋のことだった。彼はいなくなったが、私は心の中で、私たちが重ねた終わりない会話を延々と巡らせていた。なぜオープン・リレーションシップが必要かということについての会話だ。ヘンリーが言っていたな、男だったらいつもぶらつきたくなるもので、それが自然だからだ、って。モノガミーに固執するのは時代遅れだ、って。モノガミーへの欲望なんて私が本当に、もう少しだけでも真剣に努力したら打ち負かせるはずだ、って。

ヘンリーの言い分は、いちゃつくことやセックス、恋愛に関するあらゆることについて、新しい、腹の底からの恐れを生み出した。私のルームメイトが『スキャンダル』[*14]の過去のシーズンを見始めると、私は主人公たちが仄暗い廊下でキスするのを一瞥するだけで、自分の部屋に鍵をか

*14　『スキャンダル』はホワイトハウスとその周辺を舞台にしたドラマ。好評のため、シーズン7まで制作された。危機管理会社の経営者として政治家の醜聞を処理する女性主人公オリヴィアと大統領フィッツジェラルドの関係は、オリッツというカップリング名があるほどの人気。

けて閉じこもるようになった。誰かがデートの際に私をハグしようものなら、直ちに退いた。見知らぬ人に触れられるのは元々まったく好きではなかったが、私は陰湿で冷笑的になってしまい、今やそれを積極的に恐れていた。ヘンリーがいないのをすごく寂しく思っていて、今や、すべての関係は裏切りで終わるか、相手がはめられたように感じて終わるのだと信じていた。

ある晩、ヘンリーを最後に目にしてから二年ほど経ってのことだが、私は友人のトーマスに、いかにすべてがひどいかたちで終わったかを語ることになった。このときには、私はあの出来事を語り聞かせるのが板についていた。私はそれらに執着していて、ヘンリーについて知ることなしに私を理解できる人なんていないと確信していたし、私たちがなぜしくじったかを答えられるようにならなければ、自分自身を理解できないのだと確信していた——この問いは私にとって、ちゃんとわかっていたはずなのになぜあんな振る舞いをしてしまったのかという問いと同じものだった。この話をたくさんの人が聞いてくれたが、トーマスは私がなぜ心配するのか理解できなかったようだ。ヘンリーが誰か他の人に惹かれて私と別れるかもしれないと心配していたのはなぜなのか、と。

「嫉妬するのはわかるよ」と、トーマスは言った。「でも、心配ってのはわからない。彼が自分をまったく制御できないって？　他の人に性的に惹かれるのは、みんなにあることでしょ」

「知ってるし、それが怖いところなんだよ」と、私は言った。「みんなにあるはずのことで、だとしたら人はいつもこの欲望と戦っていて、実際に浮気しなくても浮気したがってるってことになるし。それって散々だと思う」

「まぁ、そうだね」と、彼は言った。「そんな感じ。でもさ、本当にそうってわけでもないかな。自分が付き合ってない誰かに性的に惹かれたことはあるでしょ。でもそれって単に惹かれたってだけ。身体的にね。そんなこといつも起きるし、それをやり過ごしてるわけ。ほとんどの人にとってそれは、扱え《ディール》ないような恐るべきことじゃない。そうなることもあるとは思うけどね。ほとんどいつだって、それは大したこと《ビッグディール》じゃない。みんな扱えるようになるんだ。わかるでしょ？」

　わからなかった。彼が言ったことはすべて、お馴染みのことには思えなかった。「単に惹かれた」ってことを、身体的な衝動を、経験したことは一度もなかった——あるのはただ、身体的に表に出る感情的な欲望だ。私が誰かとセックスするのを望むのは、その人のために自分の生活を変えようとすでに準備できているときだけだったし、だからこそ、他の人とセックスしたいからって恐るべきことにはならないとヘンリーが主張したとき、彼を信じなかったのだ。誰もが他の誰かにいつも性的に惹かれるものだと彼が話したとき、私は、惹かれを自分が経験したようにしか理解できていなかった。それは感情的に強く欲しがること——本当のところ、それは愛だ——で、力強くて圧倒的なもので、もし私以外の誰かに差し向けられたら私たちの関係に災厄をもたらすはずのものだった。今からすると、理屈としておかしいし、信じられないほどナイーブなようにも思えるけど、しかし私にとっては、愛に向かう欲望とセックスに向かう欲望はつねに同一のもので、分かちがたく結ばれていた。セックスについて興味はあったが、ヘンリー以前にはどの人ともセックスをしたいと思ったことがなかったのだ。

トーマスと話してみたことで、彼が当然のことと見なしていた言い分が、なぜ私にとっては青天の霹靂《へきれき》なのだろうか、と問うようになった。性的欲望について知らないこと以外にも知らないことがあるのではないだろうか、と思った。数ヶ月後、私はジェーンと昼食を取り、性的惹かれとはどんな感じか、彼女に聞いていた。私がその質問をしたのはそのときが初めてだったけど、それまでにもすでに、彼女の答えは私による世界の見方と整合しないのではないかと疑っていた。

・・・

初めて「アセクシュアリティ」という語に出会ってから十年を経て、私はそのトピックに戻ってきた。私が誤解していたことが何なのか理解するためだ。性的惹かれと性行動とが同じではないこと、一方が他方を限定するわけでは必ずしもないことは、ずっと前から知っていた。一般的に言って、性行動は私たちの制御下にある一方、性的惹かれはそうではない、と知っていた。ゲイ男性やストレートの女性が女性とセックスをすることもあるということ、そのことが誰に惹かれるかに影響を与えはしないということ、それはつねに明らかだった。アセクシュアリティが性的惹かれの欠如である一方、セリバシー（celibacy）[*15]は性行動の欠如であると、私は知っていた。

文献を読み進めるうちに、セックスを嫌悪することがなくとも性的惹かれの経験がないことはありうると、初めて理解した。それは、たとえばクラッカーのような食べ物を、身体的に渇望することも忌み嫌うこともなしに、大事な社会的儀礼の一部として食べるのを楽しむことがありうるのと、まさに同じだ。セックスを嫌悪することは性的惹かれの欠如を示す十分に明らかな目安だが、性的惹かれの欠如はまた、社会における行為遂行性[*16]によって、もしくは感情的理由からセックスを望む（そしてセックスする）ことによって隠されることもある——そして、異なるタイプ

＊15　celibacy ならびに celibate は「禁欲（的な）」という意味でしばしば宗教的含意をもって使われることの多い語だが、ここではこの最も普及した意味は語弊を招くだろう。というのも、「禁欲」という語は日本語ではとりわけ、あらかじめ存在している欲望を抑えるという意味だが、これは元からその欲望がないエースには当てはまらないからだ。ＡＶＥＮのトップページ（https://www.asexuality.org）にも、「性的活動を控えるという選択であるセリバシーと異なり、アセクシュアリティは私たちの存在の本質的部分である」と書かれている所以である。「性的関係を持たない」と訳すことのできる箇所もあるが、アセクシュアリティについて語る際のキーワードでもあるので拙訳ではカタカナ表記とする。

の欲望がとても固く結びつけられているのだから、様々なより合わせを解いていくことは難しくなるかもしれない。「性的惹かれを感じたことのない人々は、性的惹かれがどんな感じか知らないし、自分たちがそれを感じたことがあるかどうか知ることは難しいかもしれない」と、エース研究者のアンドリュー・C・ヒンダーライターは、学術誌『性行動文庫(*Archives of Sexual Behavior*)』[3]の編者にあてた二〇〇九年の書簡で書いている。まさにそれだ。

アローが経験するようなセクシュアリティは、私にとっては完全に馴染みがなくて、このことに二十代半ばで気づいたことで、人生の大部分を捉え直した。他の人は思春期にスイッチがオンになるのに、私はまったくカチッとこなかった。この時期、ほとんどの人がマスターベーションを始めたり、性的な夢を見たり性的な空想にふけったり、接触と身体的なもの――髪のにおいとか目に入る剝き出しになった肩とか――に過敏になった。こういった発達がもう少し遅くに起こる人もいた。私と同様、そういったことが何一つ起こらないという人もいた。私は背が高くなり、不機嫌になりやすくなったりはしたが、ある日あたりを見回して〔他人の〕身体に注目し始めるといったことはなかったし、ましてやその身体を見て何かを欲するようになるといったことはなかった。十代の頃の私の熱愛は、強烈なものではあったが、人生の中でより幼い頃に抱いたものとほとんど変わらなかった。美的な惹かれと、人を賢いと思うことに基づいていたのだ。空想の中でさえ、熱愛は決して一線を越えなかった。私が好意を抱く誰かが、私のことをデートしたくなる相手だと言ってくれる、そんな一線以上には。

アセクシュアリティのおかげで、高校のクラスメイトが妊娠したとき、なぜ私があんなに混乱したのか説明がついた。セックスをずっとしないでいるなんてすごくラクなことなのに、と私は思っていた。しないのが元々の状態で、本当に大変なのは何か別のことをすることなのに、と。彼女にそんなリスクを取るよう強《し》いうるものは何だったのか、と。今になってみると、セックスしないことはそんなにラクではないとわかる。私たちの経験は根本的に異なっていたのだが、明白に異なっているがゆえにそれらを問いただすことになるほどではなかったのだ。

＊16　言語哲学者のジョン・L・オースティンは、日常言語の分析にあたって、事実を記述する「事実確認的」発話と、たとえば、「私はこの船をクィーン・エリザベス号と名づける」といったように、発話において実際に行為を遂げる「行為遂行的」発話とを区別した。ただし、ここで著者の念頭にあるのはおそらく、そこから用語を拝借した（というより、オースティンの理論を脱構築的に批判した哲学者ジャック・デリダの議論に依拠した）ジュディス・バトラーのジェンダーに関する理論、すなわち、ジェンダー・パフォーマティヴィティ概念だろう。詳述は避けるが、バトラーは、ジェンダーが社会における強制的な反復を通じて遡及的に形成されるものであること、すなわち、社会的な儀礼を通じて実体化されてきたものであることを説いている。本書当該箇所の文脈に戻れば、性的に惹かれることやセックスを当たり前の〈よい〉ものとする言説や、結婚のようにセックスと恋愛を無分別に繋げることを要請する社会制度などの再生産によって、性的惹かれを持つことがあまりに自明視されるようになり、自身がそれを持っていないことにすら気づけなくなることもありうるということだろう。

アセクシュアルであることでそのようにして守られていたのだと、やっとわかるようになった。エースであることで私は、性的にうわの空になることから免れていた。自分自身や他者によるスラット・シェイミング[*17]からも、タチの悪い性的出会いやそもそも性的出会い一般からも、そして、自然消滅や混乱で終わるカジュアルな関係からも。また、私のアセクシュアリティが――というかむしろ、それについての私の誤解が――ヘンリーと私を傷つけたのだということもわかった。アセクシュアリティが私たちの上手く行かなかった原因だったわけでは決してなかった。それは、私の生活環境や未熟さのせいだったたし、また、私たちの心配が巡り巡って増幅していたせいだ。ただ、エースであること、それを知らないでいたことは、恐れを膨らませたし、その恐れのせいで私たちは終わったのだ。セクシュアリティを自分事として経験することがなかったから、しかもその経験不足を知らずにいたから。大体こんな理由で私はおびえていた――セクシュアリティが何を意味するのか、それをやりくりするのがどんな感じか知らなかったのだ。私の知識に限界があったことで、私の経験で雁字搦めになったことで、私は影しかないところに怪物を見たのだ。

・・・

　ルシッドの語りは人々に受け入れられやすい。私の語りはそれほどでもない。ルシッドの性嫌悪――ウナギ、吐き気――は、アローの経験とかなり異なるので、人々はそれがアセクシュアリティのあるべき形だと考える。他方で私の経験は、性的な社会の中にいる、あまり性的でない人の典型と思われるかもしれない。普通から外れたものとか、別個のアイデンティティのラベルが必要なものとかではないだろう、と。多くのアローは、私の語りを馴染みのあるものだと感じても、アセクシュアルとは自認しない方がよいと思うかもしれない。それでは、なぜ私は、性的に意欲のないアローの女性だと自認することもできるのに、エースだと自認するのか？

　第一に、私の経験の大部分――意図せずセックスについて考えることは決してなく、ほぼ問題なく生涯にわたって性関係をなしで済ませ《セリベート》ることができるという事実など――が、他のエースの経験と整合するからだ。アセクシュアリティについて学ぶことで、私は認識することによる衝撃を受けたし、そのことを尊重したかった。私はしっくりくる言葉を使うことについてはいつもうるさい方で、その言葉や経験を好んでいないときでさえそうなのだ。

＊17　直訳すると「ふしだらな女を恥じいらせること」となるかもしれないが、とりわけ女性をその性的な（と勝手に想定される）行動ゆえに非難したり侮蔑したりすることを指す語であり、女性差別的な文化の一側面を指摘するものだ。

しかし、「アセクシュアル」という語が、ただ経験を表すだけで、その経験を読み取りやすくする手助けをしてくれた人たちに私を繋げてくれないとしたら、その語はそれだけでは無意味だろう。「アセクシュアリティ」はつねに、実践的目的を伴った政治的ラベルであり続けていて、私がエースと自認する、より重要な理由は、私にとってそれが有用なものであり続けているからだ。ヘンリーとの関係が終わってから、アセクシュアリティについて学ぶまで、私は自分自身と他者を理解するのに困難を覚えていた。恋愛とセックスに関して強くて複雑な感情を抱いていたが、それらを表現する言葉を欠いていたのだ。他のエースはわかってくれた。エースたちの存在と著作が、私自身と私の人生を理解する助けとなった。アセクシュアリティを受け入れる過程には多くの内的抵抗を伴ったけれども、アセクシュアリティは私の経験を意義深いかたちで明らかにしてくれた。世界の新しい見方を示してくれたのだ。

世界はエースとアローの二項対立ではない。それはスペクトラムで、ルシッドのようにアローの側から遠い人もいれば、私のようにそれに近い人もいる。エースを「フツーの」人から完全にかけ離れた別個の集団として考えることにも、こぎれいなチェックリストをもってはじめてエースの一員になれるのだと考えることにも、興味はない。エースのアイデンティティを他の指向に比べてより高い水準の正当性に照らすことを、私は拒否する。すべてのアローセクシュアルは同じだとか、性的惹かれを毎秒経験しているだとか、誰も考えてない。アローセクシュアルの性的なステータスが、セックスを拒むたびに疑われるということはない。エースもまた、一枚岩ではない――そして、より流動的で包括的な定義が、エースとアローの分割線をぼやかし、より多くの人々がエースであると考えられるようにするのなら、それはいっそう、私たちが言うべきことに力を与えるだろう。

本書はエースの経験を中心に据える本だ。今日《こんにち》のエースは、いかにセックスをするかにかかずらっていないが、反セックスだというわけでもない。私たちは、人々にセックスするのを止めろとも、それを楽しむのに罪悪感を覚えろとも請うていない。私たちは、私たち全員が自身の性について信じていることを疑うよう請うているだけであって、そうすることで、世界がみんなにとってよりよい、より自由な場になると約束する。本書を通じてエースである読者がお互いに出会えること、人に理解されたと感じられることを、私は願っている。エースでない読者もまた、自分たちの関わりを認識できるように、また、自らの混乱を解決する助けとなる概念と道具を得られるように、私は願っている。世界でどう生きるべきかをめぐる混乱であり、私たちはみな、まだその問いを解こうとしているところなのだ。

第2章 〈否定を通して〉説明する

アセクシュアルと呼ばれうる人々は、長い間ずっと実在してきた。そう呼ばれてよい人々は確かに一九四〇年代頃には存在した。性科学者のアルフレッド・キンジー*1が性的指向についてのモデルを展開していた頃のことだ。キンジーは、性的指向が同性愛と異性愛という二項以上のものであると思っていた。彼は0から6に至るスケール(というか一直線)を作り出した。0は完全に異性愛のみである人、6は完全に同性愛のみである人、3は両性愛の人というものだ。[1]今日、キンゼイ・スケールはよく知られており、西洋においてセクシュアリティと性的指向について考える主要な方法になっている。

スケールはアセクシュアリティを受け入れていない。キンジーはアセクシュアルの人々について知っていたにもかかわらずだ。幾千ものインタビューのなかで、キンジーは自身が考えた直線に当てはまらない人々にすでに出会っていた——彼の言葉で言えば、「いかなる社会的性的接触も反応も」持たない人々だ。[2]この理論に適合しないデータを目のあたりにしても、彼は自身の直線を訂正してより多面的にすることはなかった。代わりに、キンジーはこれらの人々をX《エックス》と呼ばれる別のカテゴリーに囲い入れ、等閑にした。異性愛、同性愛、そして両性愛が優位にある一方、グループＸはほとんど忘れ去られた。

これが問題になるのは、言葉が権力の形式だからだ。言葉は私たちが世界を解釈するのに役立つカテゴリーを作り出すが、言葉において容易に得られないものは、しばしば思考そのものにおいて見落とされる。共有された語彙が概念をより近づきやすいものにする一方で、言葉が欠けていることで、経験が読み取られなくなることもある。言葉の欠如は、経験を孤立させうる。

インターネットはそのように抹消されてきたものをあらわにするのに役立ったはずだ。キンジーのインタビューから六〇年後、かつてＸと刻印された人々は、インターネットの掲示板やフォーラム、ブログでお互いを見つけ出した。自分たちの生活について、また、他の人々にとってはいらないけれど自分たちからすれば欲しいものについて、そして、自分たちにとってはいらないけれど他の人々からすれば欲しいものについて、語り始めたのだ。キンジーの数字につねに当てはまるわけではない経験の領域を際立たせたのだ。もちろんアセクシュアリティは「インターネットの指向」ではないし、インターネットがアセクシュアルの人々を発明するに至ったわ

＊1　合衆国の性科学者、動物学者。日本ではキンゼイとして知られる。

けでもない。すでに何十年も前に、アセクシュアルだと自認する人はいたし、一九七〇年代には、自費出版の著作や冊子《ジン》で、アセクシュアリティをめぐって絆を深めていた。[3] そういった人々はすでに実在した。インターネットはこれらの議論を、かつてはありえなかった程の規模で押し進めるのに役立ったわけだ。

二〇〇〇年代初期にこれらの掲示板とフォーラムで投稿をしていた人々は、アセクシュアリティについての現代の理解を形作るのに莫大な影響を及ぼした。これら初期のアクティビストは——その何人かは本書のために私に話をしてくれたが——今や年長者と考えられている。そのほとんどがまだ三十代であるにもかかわらずだ。もちろんアセクシュアリティはそういった人々の所有物ではない。誰もそれを所有できないし、どんなグループも個人も、すべてのエースを代弁するお墨付きなど持たない。しかし、これらの人々は、意図的であれ試行錯誤を通じてであれ、また時にはまったくの偶然であれ、エースの運動の礎を築いたのだ。若い人々がお互いに語り合いながら基本的な枠組みを展開したのであり、この枠組みは今も使われている。初めてその指向を見つけた人々によっても、そのアイデンティティを研究することを望むアローの研究者によっても、私のようなジャーナリストによっても、その他の人々によっても使われているのだ。当時の若者の議論によってこそ、「アセクシュアル」の定義が出てきたのだし、「ノンセクシュアル」のような他の選択肢に対してのアセクシュアルという語の優位も出てきだのだ。こういった知識の多くはインフォーマルな手段を通じて作り出されたもので、だからこそ私はブロガーから明示的に引用したり、典拠を示したりしている。終身雇用権のある学者だけが知識を生み出すわけではないし、そういった学者だけが専門的知識があると認められるに値するわけでもないのだ。

人類史のスパンでは、インターネットはとても歴史が浅いし、現代のエースの運動も、それに対応するアセクシュアルの経験の探求も同じくだ。とすれば、エースの運動は、いくぶんリアルタイムの実験だ。インターネットが人々を団結させ、社会運動と新しい文化を作り出すと見込んでの実験だ。セックスへの社会の取り憑かれを押し返し、異なる仕方で快楽を見つける自由を欲するすべての人――エースやアロー、もしくはクエスチョニングも――を受け入れる、そういった運動と文化を作り出そうとしているのだ。

・・・

アセクシュアリティへの注目を促した、最初の著名なウェブサイトは二〇〇〇年に始まったYahoo!グループの「ヒューマン・アメーバのための安息地」だ。[4] 二〇〇一年には、デイヴィッド・ジェイという名のウェスリヤン大学の一年生が、「アセクシュアルの可視性と教育のためのネットワーク」（ＡＶＥＮ）を開始し、彼の学生用ウェブ・スペースでそれを運営した。翌年の夏、彼はasexuality.orgのドメインを、オンボロの車に住んでいた人から二五ドルの現金で買い取り、フォーラムを立ち上げた。

より広い世間にしてみれば、アセクシュアルは高校生向け生物学の用語で、セックスなしにクローンを作る有機体を表すために使われる言葉だった。先ほどの初期のオンライン・コミュニティ――これには「公式アセクシュアル協会（Official Asexual Society）」といくつかのライブジャーナルのグループも含まれる[5]*2――のメンバーは、この語が人々に適用されるときにはどんな意味になりうるか、また、どんな行動があれば人がアセクシュアルというラベルを自らのものとするのに適当であり、また不適当なのかといったことを議論した。なかには、エースはエースでない人々よりも優れているのだと信じる、「アンチセクシュアル」と呼ばれる人々もいた。他には、「アセクシュアル」というラベルはマスターベーションをしない人々だけに取っておかれるべきだと考える人々もいた。[6]

デイヴィッド・ジェイはAVENが異なる視座を提供できるよう望んでいた。長い間、社会正義に関心を持っていた彼は、例えばレズビアンは男性と寝てもレズビアンであるかを議論することには何ら関心がなかった。言うまでもなくレズビアンだからだ。同様にエースは生まれもってアローより優れているわけではないし、マスターベーションをしないエースが、するエースより優れているわけでもないのだ。そういったことは単にバリエーションであって、優れているとか劣っているということではなかった。アセクシュアリティを性的指向やアイデンティティ・ラベルの一つとして概念化した方がよいと彼は考えたのだ。そうすればより大きなLGBTQ＋のコミュニティとの橋渡しとなりうるからだ。行動よりも性的惹かれを強調した定義があれば、アセクシュアリティはセリバシーから区別され、他の性的指向の論理に自然と沿うようになるだろう。「ヘテロセクシュアル」が反対のジェンダーに性的に惹かれる人であるなら、アセクシュアルは誰にも性的に惹かれない人であるに違いない、というようにだ（デイヴィッドは当初、アセクシュアルをどちらのジェンダーにも性的に惹かれない人だとしていた。専門家からジェンダー二元論を想定するのは避けた方がよいと言われてから、彼はその定義を「性的惹かれを経験しないこと」を強調するように変更した）。その包括的な気風と単純明快な説明のおかげで、AVENは事実上最有力のアセクシュアルのグループになっていった。[7]

不運なことに、アセクシュアリティを定義するのに他の性的指向と同じ言語的、理論的ロジックを使おうと決めたことは実は陥穽《かんせい》だった。アセクシュアリティと、性的に惹かれないことの意

＊2　「ライブジャーナル（LiveJournal）」とは、とりわけ二〇〇〇年代前半に流行したブログ・サービス。「フレンド」機能や「コミュニティ」と呼ばれるグループ作成機能がある点では、現在のSNSのはしりとも言えなくはない。

味とを説明するために、私たちエースは、自らが経験しないその現象自体を定義し、叙述しなければならないのだ。そうするために「欠如」という言葉を用いることを私たちは要求されているのであり、私たちは欠けているにもかかわらず正当な存在であると主張する一方で、私たちからすればわからないことを正確に説明しようともがくことになる。

私にわかる限りでは、性的惹かれとは、身体的な理由で特定の人とセックスをしようとする欲望だ。性的惹かれは刹那的で意思によらないものでありうる。高められた意識とか、精神的な欠乏感と結びついた身体的な覚醒とかだ。私のアローの友人は、さっき会ったばかりの人や、一緒にいても楽しめない人、好きでもなく、さらにはよい見た目だとも思えない人にも性的な惹かれを感じると言う。

まぁね。エースはこんなこと経験しない。エースはそれでも人を美しいと思ったり、リビドーを持ったり、マスターベーションしたり、ポルノを探したりすることもありうる。エースはセックスを楽しむことも、ヘンタイなことを好むことも、あらゆる類いの関係を持つこともありうる。

このことは、多くのアローにとっては予想だにしないことだ。アローの驚きから明らかになるのは、〔アセクシュアルという〕名づけのまずさではなく、セクシュアリティと性的惹かれについて十分綿密に考える人が少ないという事実のまずさだ。エースとアローの経験を同様に捉えるための鍵が、性的惹かれを否定を通して説明する[*3]ことになってしまう。もしくは、性的惹かれが何でないか、性的惹かれがないからといって妨げられはしないことは何なのか説明することが鍵になってしまう。性的惹かれは極めてしばしば、性欲動や他のタイプの惹かれと混同される。これらは別々のものだが、しかし――このことが本書に繰り返し現れる主題だが――これらのいずれか二つがしばしば相伴って生じるので、それらがつねに相伴わねばならないと誤って思い込まれるのだ。セクシュアリティと惹かれの様々な構成要素は、アローにとってもこんがらがったものであるが、〔エースと〕同じようなかたちでアローにとって問題を引き起こしてきたわけではないから――そしてこれがもう一つの繰り返し現れる主題だ――、アローはあまりその混乱と取り組まずにすんでいたのだ。エースはより綿密に見ることを強いられてきたのだ。

＊3 本章タイトルにもなっている「否定を通して（via negativa）」とは、キリスト教の否定神学の論法のこと。すなわち、有限な存在である人間にとっては捉えられない神を表すために、神が何者であると肯定形で論じるのではなく、何者ではないと否定形で論じること。ここでは、性的惹かれというあまりに当然のこととして広まりすぎたがゆえに逆説的に何なのかわからなくなってしまったものを名指すために、否定形での語りが採用されてきたことが説明されている。

・・・

三十代のエースの編集者であるサラが友人にカム・アウトしたところ、友人はマスターベーションをしてみたらと提案してきた。「私がずっと幼い頃からマスターベーションしてきたってこと、彼は知らなかったのね」と、彼女は言う。「でも、私にとって惹かれというのはそれと全然関係ないんだけど」。サラがマスターベーションするのは、「シモのところのチリチリ」――彼女の声はうわずり、おどけた感じだった――を感じるときだが、ある人や行為を見ることで自身の身体に物理的な変化が掻き立てられたり、自分の心中に欲望が掻き立てられたりといったことは、ワカラナイことだった。「惹かれがどんなふうに作用するかなんて理解できないし」と述べて彼女はこう続ける。「体が見えたら、スイッチ入るの？　わかんないな」

はい、復唱してくださいね。性的惹かれは性欲動ではありません。これら二つの現象はしばしば取り替え可能なものとして扱われているけれど、それらが別物だと理解することで、エースの経験を説明しやすくなるのだ。

端的に言えば、性欲動（もしくはリビドー）は性的発散への欲望で、身体におけるひとまとまりの感覚であり、それはしばしば、勝手に入り込んでくる考えと結びつけられている。それはどこからともなく、明白な理由なしに、誰とも関係なく出てきうるものだ。それは性的なフラストレーションの内的経験であり、性的指向には依拠していない。ある女性が同性愛者で、強い性欲動を持つことはありうる――つまり、頻繁に性的発散を欲するわけだ。ある男性がストレートで、性欲動が少ないこともありうる。ある人がエースであり、性的発散への欲望をまったく持たないこともありうる。もしくは、エースでも、誰を対象とするのでもない、いわゆる差し向けのない性欲動、シモのところのチリチリを持つこともありうる。差し向けのない性欲動は、エースの経験に特有のものではない。それは「ムラムラすること」の別の言い方で、誰にでも降りかかりうる。ムラムラは性的惹かれを含む必要がないからだ。性欲動の強いゲイ男性が女性に囲まれているのを想像してみればよい。周りのどの人にも興味を持たないとしても、彼がムラムラを感じてヤリたくなることはありうる。

だとすれば、性的惹かれは、特定の人に向かう、もしくは特定の人によって引き起こされるムラムラということになる。そのパートナーと性的になりたいという欲望である――ターゲットありのリビドーだ。食べ物の比喩を使ってみよう。人は生理的な飢えを感じても、特定の料理を欲しがるわけではないが、前者の飢えは性欲動に似ており、後者はむしろ性的惹かれに似ている。人々が異なる性欲動を持つのと同様に、人々はまた、異なるレベルの性的惹かれを経験する。リビドーのあるエースもいれば、そうでないエースもいるが、私たちエースはみな、性的惹かれの欠如という点で共通しているし、私たちのほとんどはパートナーありのセックスへの欲望が少ない（ちなみに、性的惹かれも性欲動も、身体的興奮と同じではないと明確にしておくのは重要だ。人々は不随意で勃起することも、健診の最中に興奮することもありうるが、そこにリビドーや惹かれは関わっていない。ブリティッシュ・コロンビア大学の心理学者ロリ・ブロットの研究は、エースを自認する女性とアローの女性が性的画像を見せられたときに、同程度の性器的興奮を経験すると示唆している。[8]また、ほとんどのエースの男性は、聞いたところでは少なくとも、勃起するのに問題はないと述べている）。

サラは性的発散への欲望を感じるし、そのリビドーを何らの理由もなしに感じるのだが、それは他の人々によって引き金を引かれているわけではない。他の人に手伝ってもらえないか請うというのも、まったく魅力的でない。身体的感覚が、他者への欲望に変わることは端的にない。同様に、エースのブロガーであるヴェスパーは、性的惹かれではなく性欲動の変化に気づいたのだが、これはヴェスパーがテストステロン（しばしばTと呼ばれる）を摂り始めた後のことだった。「性器を無視するのは自分にとってはすごく簡単だったね、セックスに興味なかったから。［月経という］月一の地獄を除いたら、それがあるって認める必要がなかった」とヴェスパーは言う。「でも、Tを始めたら、こういうモノなんだって、リビドーが実際にあるんだって、そのことがよりすごくあからさまなんだ」。リビドーを持つことは、ヴェスパーにとって新しい経験で、当惑させられる経験でもあった。「でも、強いリビドーがあろうがなかろうが自分はアセクシュアルだろうね、だってリビドーが特定の人を対象にしているわけではないんだろうから」とヴェスパーは続けた。「そのリビドーを引き起こす特定の人ってのはいないんだ」（言葉を簡潔にしておくために、本書の残りの箇所では、性欲動や性的欲望といった用語を、「パートナーありのセックスへの性的欲望」の簡単な言い方として用いる。）

　サラは他の人々に性的に関心を持つことはないのだから、どれほどの量のリビドーやマスターベーションがあっても、彼女が言うところの、「私の脳がエースなんだ」ということを変えることはない。接頭辞の「ア（a）」はなしを意味するので、彼女はセクシュアリティがないと考えられる。その名の表す通りだ。けれど、デイヴィッド・ジェイが「マスターベーションのパラドクス」[9]と呼ぶものを考えてみよう。性欲動がありマスターベーションをするエースは、「世にある性的欲望の最も純粋な形式」であるはずのものに携わっている。マスターベーションは、パートナーありのセックスにまつわる複雑な社会的感情的力学なしの性的興奮、性的発散である、と彼は書いている。それは性的出会いよりも、より純粋に性的なものだ。それは手を繋いだり、キスをしたり、あるいはバーで夜にいちゃつくことよりも、より純粋に性的なものだ。ほとんどすべてのことよりも、より性的なのだ。

　だとしたらなぜ、存在するうちで最も性的なことをする人々がセクシュアリティを完全に欠いているなどと、私たちは言うのだろうか。言い換えれば、なぜ「セクシュアリティ」という語はこれほど狭く、たいてい性的指向の類義語として用いられるのだろうか。誰かがある人のセクシュアリティについて尋ねるとき、私たちはその問いを理解して、「ゲイ」とか「ストレート」とか「バイセクシュアル」と適切に答えている。

もしセクシュアリティが、特定のジェンダーへの性的惹かれ以外の何ものでもないのなら、サラにはセクシュアリティがないというのは正しい。しかし、この単純化した理解は、彼女の性的幻想に余地を与えない。「私の中にペニスが入ってくることについて考えたって、面白くない。私がこういったことをする人について考えたって、面白くない」とサラは言う。「もし人を思い浮かべるとしたら、その人には顔や名前や身体はない。概念のようなものだね。でも、誰かに私を支配してもらうとか、私が「こういうことしなきゃ」って感じで振る舞うとか、もしくは私が生物でない物体であるように振る舞うとか、そういうのは効くね。それが私の幻想って感じ」。サラの経験をよりよく反映するためには、セクシュアリティという言葉を私たちがどう用いているかを考え直すことが必要かもしれない。

セクシュアリティは「人々が自身を性的に表現する方法」としてしばしば曖昧に説明されるが、これは性的指向以上のものであり、パートナーのあるセックスを好むこと以上のものであると、ほとんどの人々は直観的に認めている。例えば、Twitterで「私のセクシュアリティは」と検索すれば、「バイセクシュアリティ」ではなく、「スーツを着た美女」や「ハリー・スタイルズ」[*4]といった答えが出てくる。それはミームやジョークだが、自己表現でもあって、セクシュアリティがとても限定的なものであってよいという思いを表している。しかし、こういったセクシュアリティの他なる要素がどんなものでありうるのかについて真剣に系統だったかたちで議論されることは、少なくとも一般大衆の間では、ほとんどない。

私の考えでは、性的指向はセクシュアリティの一部だが、他にもたくさんのこと――ヘンタイなことやフェティッシュ、美的感覚、幻想――が、その中に入りうる。指向の重みを超えてセクシュアリティの境界線を探求すべき余地が大いにありうる。この考えは、オルタナティブな性的コミュニティにおいては確かに新しいものではないが、まだ主流社会には完全に入り込んでいないし、性的な生活の機微についての私たち自身の考え方のうちにも取り込まれていないのだ。

・・・

だが、エースでないけれど、多くのエースの人々と同じように世界を経験してみたいというな

＊4　イングランド出身の歌手。活動休止中のボーイズ・バンド「ワン・ダイレクション」のメンバー。

ら、それは可能だ。それについては、ありがたくも、英国のＴＶショー『ネイキッド・アトラクション（剥き出しの魅力／裸の魅力）』[*5]がある。「ネイキッド・デート・ショー」として喧伝されたので、裸《ネイキッド》でデートに繰り出す二人についての番組かと思われるかもしれないが、そうではない。もっとよいものだ。

『ネイキッド・アトラクション』はゲーム番組だ。愛を求める幸運な人が一名、舞台に上がり、半円状に配置された六つのネオン・カラーのブースに向き合う。これらのブースそれぞれの内側には、その主役の出場者が好むジェンダーの裸の人がいる。ラウンド1では（ブース前方の）ネオン・スクリーンが上がって、腰から下すべてが見えるようになる。ぼやかされたり曖昧にされたりしているものは何もない。明らかなのはひたすらペニスとワギナだ。

出場者は円の周りを歩いて、様々な身体的汚点（白髪混じりの陰部、「ちゃんと自信を持って立っていない」など）にコメントし、その間、カメラは性器を接写していく。性器の持ち主たちは、何としてもどんな利点でも利用しようとしているようで、時々お尻を前後に揺らし、より魅力的に、もしくは少なくとも個性があるように見せようとする。時には、すべての性器が横並びに、色鮮やかな表現で表示される。思春期に差しかかった子ども向けの「体はみんな（every body）美しい」式の一覧図みたいだ。最終的に、一人が脱落になる。

ラウンド2では、スクリーンがさらに上がり、身体が首まで明らかになる。その分、胸毛や乳房を判断するには、よりよい格好だ。議論を重ねて、もう一人が脱落になる。この他のラウンドは、顔と声（もっぱら訛りと階級に関するものだ）を含む。さらには、出場者も裸になり、優勝者を選んで、二人は満足な会話もないままデートに出かける。

こういったことすべては猥褻《わいせつ》に思われるかもしれないが、ある日の午後にいくつかの回を女友達と見たとき、『ネイキッド・アトラクション』は想像の限り最もエロティックでないテレビの一例だということで、私たちは意見が一致した。番組は実のところ、可愛らしいぐらいだ。おふざけが前提で、身体は単にそこにあるだけ。オイルを塗られていたり、扇情的なポーズを取っていたり、ディオールの香水を売りつけようとしたりなどしておらず、こうしたネオン・ブースの内側にいるとはいえ、ただ完全にフツーに見える。ハプニングバーのようではなく、清潔になることが目的の、まともな人でいっぱいのロシア式サウナのようだ。

友人たちの中で私は唯一のエースだったが、私たちの誰一人として、興奮によるドキドキを感

＊5　「ネイキッド（naked）」には、「裸の」という物理的な意味から転じて、ある事柄そのもののありのままの姿、「剥き出しの」という意味がある。裸で現れる出演者を通じてその人の魅力そのものを見ようという、当該番組のタイトルがうまく用いるこの二重の意味に、チェンは意識を向けている。なお、アトラクションは性的惹かれの「惹かれ」でもあるから、この点でもこのタイトルはアセクシュアリティを論じるにあたって興味深いものになる。

じた人はいなかった。番組内の身体は魅力的でなかった。まるで魅力がなかったというわけでもなく、他のあらゆる文脈から切り離して性器のみを見て誰を脱落させるか決めるのは容易でないのだ。睾丸の大きさよりも趣味の方が重要じゃないだろうか？　胸毛が多すぎるかもしれないけど、きっと脱毛できるだろうし。もしくは多分、人となりをもう少しよく知ってみれば、少しばかり多めの毛など、大したことじゃなくなるだろう。

ぜひこのショーを見て、それがいかにセクシーでないかに驚いてほしい。性器を観察してほしい。人格を削ぎ落とされ、性的でないままに、毛の混じった皮膚のしわがあるだけだ。性的興奮を引き起こすものは何もない。出場者たち自身も、心動かされてはいないようだ。舌なめずりするよりも笑いがちなのだから。意味のあることは何もない。それでも、パートナーとして多かれ少なかれ適切なのは誰か、決定を下すことになっている。意味のあることは何もない。あるかもしれないけれど——でも、単にまだないのだ。

もう一歩進んで言ってみたい。意味のあることは何もないが、あなた以外の人はあなたが取り出すことのできない何かをそこから取り出しているのだ、と。あなた以外の人は、あなたが見ているのと同じ締まりのない身体を見ているかもしれないが、その身体は異なることを意味しうる。身体はある種の反応を「あなた以外の人に」喚起しているが、あなたはその反応をしそうにない。ショーはあなた以外の人に、自らの身体で、展示されている別の身体に対して何をしたいのか、考えさせる。わからないですね。そのまごつきの感情を取り上げ、増大させてごらんなさい。そのことをすべての人に毎回当てはめてみて。はい、ようこそエースの世界へ。[*6]

・・・

今日、エースの世界は広がってきていて、多くのタイプの人々をその中に含められるほどだ。多くのタイプのエースがいる。一つには、性的な事物や性的な活動にどれほど嫌悪感を持つかに従って、自身を性嫌悪、性に無関心、性に好意的と説明する人がいる。エースの世界はまた、グレー・アセクシュアル、もしくはグレーAと自認する人々も含んでいるが、これは例えば、単に偶発的にしか性的惹かれを経験しないとか、それをとても強く経験するわけではないとかといった経験を包含する、より包括的なフレーズだ。

ある人々にとってはこういった用語はとても価値あるものだ。より正確な言葉はより正確な議

＊6　この段落及びセクションでは、『ネイキッド・アトラクション』という特定の番組から感じ取られうる性的な（こととされる）ものの意味のなさを敷衍することで、一般に性的惹かれを抱かない「エースの世界」を体験することができると示唆されている。

論を導くからだ。〔けれど〕全員が同意するわけではない。多くの人々はどんどん特殊になりゆく用語が知らぬ間に出てくるのに目を回し、単語があればあるほど、個々の単語は正当性を失うと思っている。疑り深い人にとってこれらの用語は、Tumblrとか偽のアイデンティティとか、特別にやわな心の持ち主である十八歳未満の人たちのニオイがするものだ。[*7]

「デミセクシュアリティ」ほどに、こういった態度の犠牲になっているものは少ない。デミセクシュアルは、感情的な絆が出来上がってからのみ性的惹かれを経験する人たちで、グレーAの一部と考えられているが、しばしば揶揄《からか》われる。アセクシュアリティを性的指向として尊重する人でさえ、デミセクシュアルを軽んじている。それは、自分が深遠で、生きているものとなら何とでもヤるような発情男などとは違うと示したい「フツーの」人々によって使われる自己正当化のための言葉だというのだ。「デミセクシュアルなんだと伝えて、その意味を説明すると、自分が特別だと感じるために使うラベルがまた出てきたとか、誰とでも寝る人のことをひどく嫌っているんだろうとか、そんなふうに考える人もいる。そんなんじゃないのに」と、コロンビア大学の学生であるチェーシー・シャンは言う。その言葉が広く蔑まれているため、彼はそれを完全に捨て去ることになり、単にこう言うようになった。「他の子に惹かれるには時間がかかるな」と。

エースにもクズ野郎はいるだろうから、スラット・シェイミングをしたいがために、デミセクシュアルの人をあまり除け者にしないような説明だ。

シュアリティの概念を使っているやつもいるだろう。デミセクシュアリティそれ自体はしかし、乱交的な人々を嫌悪することとも、さらには、感情的なつながりが生まれた後にセックスするのを好むこととも関係ない。それは好みとはまったく関係がないのだ。「デミセクシュアルでない人は一般に、バーに出向いたら、誰か性的に魅力あると思える人を見つけるよね」と、デミ自認の三十三歳のロンドン在住のライターであるロラ・フェニックスは説明する。「もちろん、その人をお持ち帰りするわけではないかもしれない――たくさんの異なる要因があって、それらがその決定に影響を及ぼすんだから――、でも、私はバーに出向いて誰かを魅力的だと思うことがないんだ。私がその人と寝たいと思うかどうかとは関係なしにね」。ロラは自分がしたければ見知らぬ人とセックスすることもできるが、それは見知らぬ人に性的に惹かれうるということと同じではないのだ。

名づけの問題はさておき、現実的なリスクは、人々がこういった用語を好まないということ

＊7　Tumblr（タンブラー）は匿名のブログだが、Twitter のように他者のコンテンツを自身のスペースに転載（リブログ）できる点が特徴的で、比較的に若者に人気がある。ここでは、匿名性ゆえに偽りの発生しやすいＳＮＳ上の議論と、その議論の担い手である若者、またそのようなオンラインでの議論を通じて細分化するエースのカテゴリー、これらそれぞれとそれらの間に何となく見出される因果関係や共通性に、胡散臭さを感じ取る人が存在することが示唆されているだろう。

ではない。別々のアイデンティティを強調することが性行動についての誤解を長らえさせてしまうこともあるということだ。デミセクシュアリティというラベルは例えば、「フツーの」性的な人々というカテゴリー」があって、「その上で、感情的に結びついた人々としかセックスしたくないという、これら「奇妙に性的な人々」」があるという印象を作り出しうる。オクシデンタル・カレッジの社会学の教授〔現在はテュレーン大学所属〕で、『アメリカの性的出会い――キャンパスでの新しいセックスの文化（*American Hookup: The New Culture of Sex on Campus*）』の著者であるリサ・ウェイドは、そう私に語る。ウェイドが研究において見つけたのは、大多数の学生が、自分はお付き合いをしたいと思う一方、他のみんなはカジュアル・セックスしかしたくないのだろうと思い込んでいるということだ。デミセクシュアリティを異なったアイデンティティとして受け入れることで、データによって裏打ちされていない誤謬が強化されるのではないかと、彼女は心配している。「ちょっと危ないですよね」と述べて、彼女は続ける。「それは性的出会い文化《フックアップ・カルチャー》の考え方を受け入れることになりますし、その考えでは、みんなが同じように感じるべきだというのです。みんながカジュアル・セックスをしたくて、そうでなければ、それは自身のアイデンティティの一部であるほどに突出した違いだというのです」。ウェイドは重要な指摘をしているけれども、私はデミセクシュアリティという用語の利益はコストを上回っていると思う。「デミセクシュアル」という言葉が一般受けするずっと前から性的なことの過剰はあったが、他方でその用語を避けても、他のみんなのセックス・ライフはよりよいものだと人々が考えてしまうのを防げそうにないだろうと、私は疑っているのだ。

加えて、これらの言葉は分離や差異を必ず作り出すわけではない。それらは、人々を分断するために用いられる、相互に排他的なアイデンティティのラベルではなく、誰によっても用いられる便利な説明用語でありうる（例えば、「我慢できない」は便利な説明用語であって、必ずしもアイデンティティのカテゴリーではない）。[*8] アローだって多くの人々に対して性的に嫌悪感を持つ。多くはまた、性的に無関心なままに大半の時間を過ごす。割合はたいてい異なる――性嫌悪のエースはたいてい、ずっとずっと性嫌悪である――が、この言葉をより微細なレベルで採用し、日ごとの気持ちを記述したり経験をたどったりすることは役に立つ。「アセクシュアリティは私に言葉を教えてくれたの――セックスに対してニュートラルだとか、性嫌悪だとか、セックスに対してポジティブだとか、そんな状況を指すボキャブラリーね。だから私は、その日ごとに自分をそのスケールに乗

＊8　ここで「我慢できない（impatient）」という語が唐突に出てくる理由は必ずしも明らかでないが、「デミセクシュアル」が「セクシュアル」に「デミ（半分の意）」という接頭辞を付けた、いわゆる派生語であるのと同様に、この語も「我慢強い（patient）」に否定を表す接頭辞を付けた派生語であるということは、思い起こしてよい。また、言うまでもなく、両者はともに、人の性質を表す語でもある。

せることができるし、セックスに手をつけようとすることができるし、よりよい意味合いのつながりを作り出そうとすることだってできる」と、エースの学者で、アローのパートナーと同棲しているアリシアは述べる。

実際、「デミセクシュアリティ」と「グレーアセクシュアリティ」はアローについて説明できいるというだけではない。それらは、定義上はアローと考えられる多くの人々のことを実際に指し示している。アセクシュアリティとは誰に性的に惹かれるかに関することだ。つまり、誰にも惹かれないというわけだ。デミセクシュアリティは、誰かが性的惹かれを育む条件(感情的な絆が形作られた後で)を描くもので、グレーアセクシュアリティは、どれほど頻繁に性的惹かれを育むか(めったにない)に関係しうる。パンセクシュアルでデミセクシュアルであること、グレーAのヘテロセクシュアルであること、もしくはいくつもの他の組み合わせも可能だ。

そこに矛盾があると思う、とCJ・チェイスンは言う。チェイスンは長きにわたるエースのアクティビストで、カナダのウィンザー大学心理学分野にて博士号取得見込みの学生だ。世界が同性愛から異性愛までの一直線でないのと同様に、エースの世界も、エースの人々を一端に、非エースをもう一端に、そしてデミをその中間のどこかに据える一直線ではない。エースの世界は、異なる多様な、そして時には一貫性のない経験を傘下に入れるものであり、こういった経験には「性的惹かれの欠如」という定義にピッタリと沿わないものも含まれる。エースの概念は広く、だから学者たちはいまだに、研究の目的のためにアセクシュアリティを定義する最良の仕方をめぐって議論している。エースを自認する人々を含む研究は、セリベートなエースしか含まない研究とは異なる結果を出しそうだからだ[10]。

緩い境界線はあえてのものだ。エースはこれらの用語を、それらから利益を得るかもしれないすべての人に提供する。誰でも望むならエースと自認することができるというのが一つの考え方だ。受け入れられることの条件として確固とした振る舞いをするよう奨励することが目的ではなく、複雑さを抱き入れ、人々に自身の望むように自認することを許し、人々のセクシュアリティが変わったり折り重なったりすることを認めるのが目的なのだ。エースの世界は義務ではない。誰も自認を必要としないし、誰も閉じ込められることはないし、誰も永遠に留まって忠誠を誓う必要などない。単語は贈り物だ。どの用語を調べるべきか知っていれば、何か教えてくれる人を見つける方法を知っていることになる。ルシッドが言ったように、それらは鍵なのだ。エースの世界と他の世界への知的な入り口だ。言葉の賜物なのだ。役に立つ限りでは。

・・・

これとは別にエースがみんなに知ってほしいと思っていることがある。性的惹かれが唯一の惹かれではないということだ。『ネイキッド・アトラクション』に出場した人で肉欲を掻き立てる人はいなかったし、隣の人よりももっと性的に魅力があるように見える人もいなかったが、これは、私がどの出場者に対しても同じ反応を持ったということではない。出場者と知り合う時間がもっとあって、できれば社会のルールに従って全部の秘部を服で覆ってくれていれば、より恋愛的な関心が増したことだろう――しかも、他の人より可能性があると思える人たちもいたのだ。セクシュアリティは性的指向以上のものであり、惹かれは性的惹かれ以上のものだが、人間はあたかも、性的関心が唯一の理由であるかのように振る舞う。私たち自身が他者に心揺さぶられると感じる理由はそれだけだというように。

性的惹かれを経験しないからといって、エースは美的惹かれを経験しないということにはならない。誰かを美しいと思っても、その美が性的な動因になるわけではないということだ。私が『ネイキッド・アトラクション』で比較的背の高いガリガリの出場者たちをより好んだのは美的惹かれが理由だが、けれども私は、彼らに対しても、より背の低いがっちりした人に対しても、性的には心動かされなかった。それは、ストレートの女性が、モデルのベラ・ハディッドをその姉のジジよりも好むけれど、どちらとも寝たいとは思っていないと言うこともあるのと同じ理由だ。そのストレートの女性は、触れたりキスしたりする欲望なしにベラの髪と肌を褒め称えるかもしれないが、まさしく同様に、私は自分がハンサムだと思う男性とデートに行ったことはあっても、彼らと身体的接触を持ちたいとは思わなかったのだ。人々が経験する性的惹かれの程度も変わりうる。ある人が「ほとんどみんな、魅力という点では私にはまったく同じに見える。マット・ボマーは別だけど。彼ってかわいいし」と言ったように。

美的惹かれは恋愛的惹かれや、恋愛的に関心を持ったり誰かを熱愛したりといった感情を左右することもある。だとすれば恋愛的《ロマンティック》指向とは、人がたいてい熱愛を育むジェンダーを示すものだ（第7章は、性的惹かれがないときに、人がいかに恋愛的関心とプラトニックな関心を区別するかという問いを扱う）。

これらは性的指向と同じ言語的な造りを利用していて、「性愛《セクシュアル》」の部分が恋愛《ロマンティック》に取って代わっただけだ。ヘテロロマンティック、パンロマンティック、ホモロマンティックなどといったように。誰かに対して恋愛的惹かれを経験しない人々は、「アロマンティック」もしくはアロマと呼ばれる。[*9] アロマンティシズムとアセクシュアリティの概念は、お互いに並び合いながら発展してきたので、アロマは長い間、エース・コミュニティの一部であり続けているが、アロマンティックでありながらアセクシュアルでない人々もいる。

＊9 【発音と表記に関する注意】本書ではアロマンティックの略語を「アロマ」とする。これが日本語圏でのアロマンティックの略称として一般的だからである。ただし、英語でaroと訳すときには「エイロ」と発音され、「エース」と近い音であること、また「アロー」とはかなり異なる音になることも頭の片隅に置いていただきたい。

エースがこれらの経験を見つけたわけではない。私たちは単に、注意を払い、それらをよりよく記述しようとしただけだ。美的惹かれと恋愛的惹かれと性的惹かれの間のつながりを解くことで、それぞれのタイプを、一方を他方と間違えるのではなく、それぞれに合った仕方で理解することができるようになる。惹かれについての新しい話し方とは、惹かれについての新しい考え方であるし、より明確に絆を評価する仕方なのだ。

惹かれの複雑な働き方——加えて、異なる〔惹かれの〕タイプがいつも一列に連なるわけではないということ——について学ぶことで、私は高校時代のクラスメイトであったジェニファーとの関係を理解しやすくなった。私は当初、自分がバイセクシュアルかもしれないと思った。だってジェニファーとの密な関係を楽しんでいたし、彼女とデートするというアイディアも嫌じゃなかったから。その後、私は自分はバイセクシュアルではないと思った。だって、男とセックスするのには興味があったけど、何か身体的なことをジェニファーとするのは嫌だったから。十年程経ってから、事態はバイセクシュアルかそうでないかより複雑なものだと気づくようになった。私はバイロマンティックを自認しており、どのジェンダーにも性的惹かれを経験しないが、究極的には、男性とのセックスより女性とのセックスに、より嫌悪感を持っている。こういった付け足しの説明はすべて複雑に思えるし、実際そうなのだが、私自身を大雑把に描くより、正確でもある。アローもまた、自分がヘテロセクシュアルでありバイロマンティックだとか、バイセクシュアルでありヘテロロマンティックだと決めてもよい。

これら三つの主な惹かれのタイプに加え、エースはまた、接触の惹かれ、もしくは感覚的惹かれ、感情的および知的惹かれなどなどについても議論している。惹かれをどんどん小さな構成要素へと分けていくことは、欲望を組み立てるブロックについてもっと考えるよう、私たちに挑みかける。言葉の細やかさは、私たちが何を欲し、何によって私たちが冷めるのか、より綿密に見ることを強いるかもしれない。

・・・

こういった用語面での詳細をすべて考えたうえで、アセクシュアリティについてのおそらく最良の説明は、シャリ・B・エリスから聞いたものだ。シャリは四十代の映画製作者で、エース・ロサンゼルスというグループの共同代表でもある。ざっくばらんになると、シャリはデュラン・デュランが彼女をアセクシュアルにしたのだと好んで言うのだった。

シャリが自分をアセクシュアルだと考え始めたのは高校時代だ。オンライン・コミュニティができるずっと前で、自分のような人が他にもいると知る前だった。八年ほど前、彼女は家の中を掃除しているときに、古い日記を見つけたが、そこにはデュラン・デュランのコンサートに行ったときのことが書かれていた。その日の日記は転換となった瞬間を記していた。その瞬間とは、〔デュラン・デュランのメンバーで〕歌手のサイモン・ル・ボンがシャツを脱ぎ、地面で転げ回り始めたときのことだ。

「そのときについての日記での書きぶりから、明らかになったことがある」と彼女は言う。「そのことで興奮したんだけど、私が他の人たちと同じようにそのことについて話していないのも、確かだった。特に、女性の話し方とは違ってたんだ。「彼とヤリたい」みたいな話し方じゃなかった。私の話し方にはそんな具合の隔たりがあったから、それで気づいたの。ああ、自分がアセクシュアルだってずっと知ってたって。まわりの人のせいで、そのことに自分自身でも気づかないようにさせられてたんだって」

過去にあった他の例も、まもなく明らかになった。十代の頃、シャリは、エロも含めた同人小説を書くのを楽しんでいた。「友達に私の書いたのを読んでもらったら、ここら辺のシーンの書き方にはちょっとした隔たりがあって、情熱が欠けてるってコメントされたこともあったっけ。私としては「他の書き方を知らないんだよ」って感じだったな」と彼女は言う。大学では、彼女は友人に、自分がバージンであることを話そうとして、そのことは道徳とか、結婚のために貞操を守ることとかとは関係がないって説明するのに苦労した。「友達が言ったの、「誰かを惹きつけようとするのに他の子はなんかエネルギー出してるって感じだね」って」と彼女は思い出しながら言う。「このエネルギーって何なのか、私はいまだにわかりゃしない」

このエネルギーって何なのか、私はいまだにわかりゃしない。これはエースを団結させる呼びかけかもしれない。私はこれをエースから何度も何度も聞いたことがある。そのエースが性に好意的だろうと性嫌悪だろうと、また、そのエースの恋愛的指向や美的なタイプにかかわらずだ。私たちがセックスをするかどうかにかかわらず、私たちはセクシュアリティと関わろうとしない。おそらくアローのようには、関わらないのだ。私たちはセクシュアリティを生活の中心に置きはしない。

そしてだからこそ、エースはこのエネルギーについて思い巡らすのに並々ならぬ時間を費やす。他の人々が見つけたり、経験したり、表出したりするけど、私たちはそうしない、このエネルギーについてだ。人は考えたくないのに、セックスについて考えるの？　その本能的なレベルで、ある人を性的に魅力的にするものって何？　別の人は魅力的にしないのに？　アローって、自分には醜いと思える人々にすら性的に惹かれることがあるの？　何なの？　フィールドワークの一日を終えた人類学者のように、私たちは土着文化の不可解さについて心を砕くのだが、実はそれは私たちが生まれついた文化なのだ――長きにわたって私たちにも私たちのありようにも余地を残さなかった、まさにその文化だ。今は、その余地がある。

全体的に見て、エース文化は世界中で展開してきた。エースの色は黒、グレー、白、そして紫。エースの旗は、それらの色を〔上から〕その順番で、水平のストライプにしている。アロマンティックの旗もある。暗めの緑と明るめの緑、白、グレー、そして黒のストライプだ。シンボル――右手中指の黒い指輪――と、内輪向けのジョークもある。ケーキの画像（ジョークによれば、セックスよりケーキのがよいから）、そしてスペードのエース、「アセクシー」という用語。二〇〇〇年代初期の小さなグループの多くはなくなってしまったが、どんどん増える冊子《ジン》、広まりゆくブロガーのネットワーク、そして『アセクシュアルのアジェンダ（*The Asexual Agenda*）』と呼ばれる人気のグループ・ブログによって引き継がれてきた。AVENもまだ活動中だし、今や、ほとんどの場合、エースはLGBTQ＋のコミュニティの一部だと考えられている。LGBTQ＋のコミュニティとの架け橋を作るというデイヴィッド・ジェイの夢は実現したのだ。それに反対する人、シスでヘテロロマンティックなエースはクィアと考えられるべきでないと考える人もいるけれども（明確にしておくと、すべてのエースはクィアだ。私たちエースは誰一人として異性愛者でないからである）。

エースの世界は、交流会や会議などオフラインにも移っている。ありがたいことだ。エースが自然に出くわすことなど、とても稀なのだから。エースに囲まれるといつも、私は驚き、感動させられる。これほど自由に感じられるのか、より軽々と簡単に話し合いが進むものなのかと驚き、感動させられるのだ。アローとの日常の交流で縛りを感じると言うつもりはまったくないけど、エースに囲まれているときは、違いが手に取るようにわかる。守りの姿勢を脱げるのだ。だって、アセクシュアリティを説明したり、アセクシュアリティを代表したり、アセクシュアルのあらゆるありようを他人に教えてあげたりしなくてよいだろうと、わかっているから。私は私自身になり、エースでもあることができる。アセクシュアリティによって限定される私ではなく。他のみんなと同じように、私たちは本や音楽、映画、家族について話し合い、またエースである経験の混乱や葛藤についても話し合う。

・・・

セクシュアリティと言葉をめぐる矛盾をエースが指摘できるからといって、私たちがそれらを解決する必要があるとか、そうすることができるとか、そういうことにはならない。整理されていない状態には苛立つけど、現実が単純であることは滅多にない。セクシュアリティは性的指向以上のものでありうるし、エースは依然としてセクシュアリティを欠いていてよい。性的惹かれを経験する人々がエース・コミュニティの一部であることは、依然としてありうる。ヘンタイなことはある人にとっては性的だが、他の人にとっては単に感情の力学に関するものでありうる。注意深くバランスを取ることが必要だ。エースは、分け隔てることによって、否定を通して、そして惹かれを複数のカテゴリーに分け、それを一つのモデルと呼ぶことによって、理解を深めている。しかし、それは、ほとんどいかなる説明も完全には自らのものとすることができない科学的正当性の装いを、すべてのものに与えてしまっている。非常によくあることだが、これら異なる惹かれが一緒に混ざり合い、きれいに抽出できなくなることを認めるのも、同じぐらい重要だ。

二〇一六年の秋に、私は抗うつ薬のウェルブトリンを飲み始めたが、この薬にはよく知られた副作用があって、性欲動を高めるという。私は初め、何ら違ったようには感じなかった。しかし数ヶ月後に恋愛関係が始まると、自分がこのパートナーとはこれまでの他のパートナーとよりもセックスしたいとしきりに思っているのに気づき、初めて自分のアセクシュアリティを疑うようになっていた。ウェルブトリンのせい？ 以前のパートナーとは違って、彼と私のウマがあったから？ 単に私が年を重ねて、関係を終わらせることなく、関係のストレスを扱うのがよりうまくなったから？

知ることは不可能かもしれない。人生は科学実験ではないのだ。自分の経験を複数シミュレーションしてみることはできない。こっちの要素とあっちの要素をいじって結果がどう異なるか見てみるなんてできないのだ。どんな類いのセクシュアリティも真空管の中にあるのではない。それは簡単には分解されないが、生態と文化によって、私たちの感情的状態と精神的健康によって、人種と階級とジェンダーと時間の経過によって、影響を受けている。映画製作者のシャリとエースのブロガーのヴェスパーは黒人で、私は中国系の移民であり、私たちのアセクシュアリティの経験は人種によって形作られている。ニューヨーク市市議会議員のダニエル・ドロムの政策立案担当者であるセバスチャン・マグワイアはアローでありゲイだと自認していたが、のちに自分がエースであり、ホモロマンティックだと気づいた。彼がアセクシュアリティに至る過程と、彼のアセクシュアリティの経験の仕方は、私たちのそれとは異なる。

私は幾度も、ポーランド系の哲学者アルフレッド・コージブスキーによる金言に立ち戻っている。地図《マップ》は現地《テリトリー》ではない、と。この格言は緊張と約束との両方を含んでいる。地図とは実際に存在する物の単純化された表象であるが、土地の有様はいつも、ページ上に記される指標よりも豊かだ。しかし、それでも地図と単純化は役に立つ――結局、すべてのモデルは誤りだが、そのうちのいくつかは便利なのだ。すべての表象は限定されているが、よりよい表象は依然として視野を広げうる。今や、新しい、より詳細な地図を求めるときだ。アセクシュアリティはこれらのより正確な地図を提供するが、私たちは、地図が依然として地図であり、「ようこそエースの世界へ（Welcome to the ace world）」というフレーズが名づけ損ないであることを覚えておかねばならない。ただ一つのエースの世界というものはない。それは「ようこそエースの一つならざる世界へ（Welcome to the ace worlds）」であるべきで、理解のための多くの入り口の一つであるべきだ。

第3章　強制的性愛と（男性の）アセクシュアル存在

ハンターが幼かった頃、両親は彼を地元の大型スーパーによく連れて行き、食料品を買う間、テレビゲーム売り場のあたりをぶらつかせていたものだった。ある日、先客の年上の子が試用品で遊んでいるのを見て、ハンターは、五分ほど順番を代わってくれないかと頼んだ。

「いいよ」とその子は言った。「ハマって独り占めしちゃうだろうけど」

「まさか！」ハンターは言い張った。「僕が嘘なんてつくもんか、だってクヽヽヽリスチャンだからね」

宗教はハンターの子ども時代の命の源で、クリスチャンも嘘をつくことに、彼はまだ気づいていなかった。家族は、食前はいつも祈りを捧げていたし、毎週日曜に教会に通っていたが、道徳的なプレッシャーの最大の源はいつも、ハンター自身から来ていたのだった。子どもの頃の彼は、聖書の教えに強化された強靭な道徳心を持っていた。大きくなるにつれ、これはある種の生真面目さへと変わったが、後になってこの生真面目さを彼は困惑とともに思い返すことになるのだった。

誰もセックスについて話をしなかった。子ども時代の日曜礼拝すべての中でも、セックスについて直接言及した説教は一つだけだったし、しかもそれは誘惑に対する警告だった。しかし、誰もセックスについて話をしなかったのに、セックスはよいものだとみんなが学んでいた。それは、神からの贈り物で、婚姻間で楽しまれる限りでは気持ちのよいご褒美なのだ、と。

セックスは男と女を、他の何物によってもできないようなかたちで結びつけるものだった——「至上のつながりみたいにね」と、ハンターは言う。それはあまりに顕著なので、ほとんど見て取れるほどの性質だ、と。お互いが特別になり、公的にではないにせよ結婚したかのように、よりしっかりと統合される〔という〕。ハンターはそのつながりを切に望んでいたし、自分が貞潔のままであれば神がそれを与えてくれるだろうと思っていた。自身の務めを果たそうとして、ハンターは誘惑に抗うよう自らを訓練し始め、大学時代には、純潔であり続けるための体系的方法を示してくれそうな、『すべての男性の闘争 (*Every Man's Battle*)』と呼ばれる本を手に取った。

避けることこそ肉欲の問題への答えであるというのが、『すべての男性の闘争』の要点だ。読者は「目を撥ね退ける」よう指示されると、ハンターは説明する。つまり、不純な考えを引き起こしかねないどんな人からも、即座に目を逸らすのだ。視覚を抑え込めば、性的な欲望を餓死させられる…らしい。「完全にその主張を受け入れていたよ」とハンターは言う。「見ちゃいけないって、ただ自分に言い聞かせる。肉欲を抱いちゃダメだからって。後になってみれば、それはたぶん、別の点で自分にとっては仇となってたんだ。だってそもそも性的なものなんてなかったんだから。そんなわけで、たまたま魅力的な見ず知らずの人から絶えず目を逸らしていたんだ」

避けることはハンターにとって簡単だった。馬鹿らしいぐらいに簡単だった。肉欲は彼にとっては、他の人にとってよりも、大した葛藤にはならなかった。肉欲がまったく葛藤を要さないこともあるかもしれないとか、葛藤すべきものがあるに違いないと言われたせいで自分で葛藤をでっち上げていたのだとかとは、彼は考えもしなかった。今日、自分がアセクシュアルだと古くからの友人に告げるようになった今となっては、友人たちは笑って、ハンターに抑圧すべき性的衝動がなかったのはずるいと言う。「ハンターにはさ、ずっと裏ワザがあったってことでしょ」と言うのだ。

・・・

すべての人が性的誘惑に対して葛藤するはずだという思い込み――『すべての男性の闘争』と『すべての女性の闘争（*Every Woman's Battle*）』、そしてこのベストセラーになったキリスト教シリーズのその他の作品の「すべて」という語――が示すのは、宗教もまた、性的欲望がどこにでもあると強調しているということだ。宗教は、純潔文化と節制の重要性を強調するけれども、強制的性愛からも、肉欲とは普遍的なもので、そうでなければ異常であるという信念からも、完全には自由でないのだ。

「強制的性愛」というフレーズが聞きなじみのあるものだとしたら、それはこのフレーズが、詩人アドリエンヌ・リッチの強制的異性愛という概念の借用だからだ。リッチは一九八〇年の試論「強制的異性愛とレズビアン存在」で次のように述べる。異性愛とは、単にたまたま大半の人の指向となっている性的指向というわけではない、と。異性愛とは、教え込まれ、条件づけられ、強化される政治的制度なのだ。[1]

強制的異性愛とは、ほとんどの人々が異性愛者であるという信じ込みではない。それはひとまとまりの想定と行動――異性愛的な愛のみが生まれつきのものだとか、女性は男性を社会的経済的庇護者として必要とするとか――であり、こういった想定と行動が、既定の唯一のオプションとしての異性愛という観念を下支えする。強制的異性愛は、異性愛がこれほど広まっているのはただそれが「自然」だからだと、人々に信じさせる。けれども実際には、リッチが書いているように、「異性愛を一つの制度として検討しないままでいることは、資本主義と呼ばれる経済体制や人種主義というカースト体制が、物理的暴力と虚偽意識の両方を含む様々な強制力によって維持されていることを認めないままでいるようなものだ[2]」

この考えを敷衍してみれば、エースの言説に中心的な観念である強制的性愛とは、大半の人がセックスを望み、セックスしているとか、セックスが快楽をもたらしうるとかといった信じ込みではない。強制的性愛とは、ひとまとまりの想定と行動であり、こういった想定と行動が、すべてのノーマルな人は性的だとか、（社会的に認められた）セックスを欲しないのは自然に反しており誤りだとか、性愛《セクシュアリティ》に興味を持たない人々は必要不可欠の経験を逸しているとかといった考えを下支えする。

間違いなく、セックスは政治的なものであり、その意味はつねに変化している。世界は大きく複雑で、強制的性愛の度合いとその表出のされ方は、文脈によって変化する。セックスは不純と罪に連ねられ、禁欲《セリバシー》が一部の聖職者に求められる。一般に、異性愛の婚姻間でのセックスは、婚姻外のセックスよりもずっと、また同性愛のセックスやヘンタイなセックスよりもさらに、言祝がれる。世界は、貧困層の人々や有色の人々に対してはセックスを奨励してこなかった。イリノイ州立大学のジェンダー研究の学者であるエラ・プシビウォはインタビューの中で、セックスへの否定性は強制的性愛と両立すると指摘している。人々はクィアネスを言祝ぐが、同時にホモフォビアも蔓延《はびこ》っているのだ。

ハンターにとっては、同性間の欲望は宗教の教えに合わないと教え込まれていたので、強制的性愛《セクシュアリティ》は強制的異性愛《ヘテロセクシュアリティ》というパッケージの中に小ぎれいにまとめられていた。ハンターは恋愛的には女性に惹かれるので、すでにヘテロの部分は満たしていた――そしてその強制的異性愛の異の部分が注目の最たる的《まと》だ――けれど、彼は依然として、セックスを奉ることと性愛《セクシュアリティ》が期待されることについては叶えがたいと思っていた。

強制的異性愛とは切り離された強制的性愛もまた、存在する。異性愛が強烈に強いられるわけではないクィアのサブカルチャーにおいては、ゲイ男性なら過剰に性的《ハイパーセクシュアル》であるべきだという期待や、「レズビアン・ベッド・デス」[*1]についてのレズビアン女性の心配として、表出されうる。多くの場合、性的惹かれの欠如は、その惹かれが誰を対象としてきたかにかかわらず、問題となる。ヨーロッパで育ったフロリダ在住のトランス男性であるジー・ミラーは、強制的異性愛とも純潔文化とも争わずにすんでいた。しかし、彼が母親にエースであることについて打ち明けたところ、母親はそれをアメリカのせいにした。もし家族がフランスに留まっていたら息子はこうはならなかっただろうと信じているのだ。かの地だったら、ジーはアメリカのピューリタン的価値[*2]と身体をめぐる不快感ではなく、いわゆる健全で、開けっぴろげなセクシュアリティに触れられていただろうに、と。アメリカの価値のせいで彼は抑圧されるようになった、と彼女は考えたのだ。合衆国が彼女の子どもを奇妙にしたのだ、と。

＊1　とりわけ熟年のレズビアン・カップルの間で、性行為が減ること。

もっと明らかな強制的性愛の例の一つに、人々がセックスレスになることへの恐れがある。緩くなった道徳観を嘆いてみせるのに、アメリカ人が以前よりもセックスをしなくなっているとは、大いなる皮肉である。疾病予防管理センターによれば、二〇一五年には四一パーセントの高校生がセックスをしたことがあると述べているが、これは一九九一年の五四パーセントから下がっている。[3] アメリカの成人について言えば、二〇一〇年代には、四半世紀前と比べ、一年間のセックス回数が九回ほど減ったという。[4]

・・・

そういった発見が駆り立ててきたのは、「セックスの減退／不景気（recession）」[5]〔減退／不景気は、もちろんよいことではありませんね〕についての一面記事や、セックスの減退／不景気がいかに経済的不景気に至りうるかについての記事、[6] そして、若い人々がいかにセックスを誤った仕方で行っており、〔若い人々が〕もはや退屈なものになってしまっているのかについて嘆いてみせるコメントだ。経済的不安のせいとされることも、[7] はたまたデートにまつわる不明確な規範への不安、もしくはNetflixとソーシャル・メディア人気のせいとされることもある。[8] ある研究者たちによれば、アメリカ人たちは、性器の刺激による快楽を、ソーシャル・メディアの「いいね」と『ブリティッシュ・ベイクオフ（*The Great British Baking Show*）』[*3]のイッキ見の快楽と、引き換えにしてしまっている。セックスの減少についての『ワシントン・ポスト』のある記事では、十八歳の男性が「同時に複数のスクリーン」の前に座っているさまが描かれている。「仕事のプロジェクト、YouTube の短編動画、ゲーム」のスクリーンといった具合だ。彼にとっては、この設定をデートや一夜限りの関係のために捨て去るのは「無駄に思える」という。[9]

このような枠組みにしばしば込められているのは、次のような問いだ。人々がセックスをあまりしなくなるとか、一夜限りの関係がもう無駄に思えるとか、悲しくないだろうか？　性的快楽

＊2　周知の通り、「ピューリタン」とは、イングランドのカルヴァン派で、ローマ・カトリック教会やイギリス国教会の儀礼主義的性格を批判し、聖書の教えに沿う清廉潔白な生き方を唱えた人々で、アメリカ合衆国の植民地開拓の礎を作ったピルグリム・ファーザーズもこれに含まれる。この語はまた、英語の purity（純粋さ、純潔）に相当するラテン語の puritas から作られた、対立派からの蔑称だった。実際、小文字で puritan とすれば、道徳的な潔癖主義者という意味合いでも用いられる。この箇所でのインタビューイーの母親は、そのような一般的なヨーロッパ文化史の文脈を念頭に、アメリカのピューリタニズムと性的保守主義をつなげていると思われる。

＊3　*The Great British Bake Off* は、合衆国とカナダでは、商標権の関係で *The Great British Baking Show* として放映されている。タイトルの通り、パンやケーキなどの腕を出演者らが競う内容である。人気シリーズのため、現在まで十三シリーズ配信されており、各シリーズ十回程度の構成となっているので、「イッキ見」の快楽（？・）に値するボリュームである。

を感じる代わりにゲームをしているなんて哀れではないだろうか？　人々がセックスにもはや興味を持っていないのを、私たちは心配するべきではないか？　真に情熱的な人々にとっては、セックス――その追求、その経験――は、映画、本、ゲームよりもつねによりよいものだ。今日の負け犬には三つのコンピュータ・スクリーンはあっても、性欲動はない［と言わんばかりだ］。

そのような記事が暗に意味するのは、セックスがフツーで素晴らしいことというだけではない。セックスが冒険／アバンチュールの主な源であるということも暗に意味している。これはジャーナリストのレイチェル・ヒルズが「セックス神話」と呼ぶもので、彼女はこの語を自著のタイトルにしている。セックス神話とは強制的性愛の拡張だが、これには二つの部分がある。一つはあからさまなことで、セックスはいたるところにあり、私たちはそれに満たされているということだ。歌詞からテレビ番組、口紅を塗った女性がハンバーガーを食べるその口の接写、彼女たちの喉へとこぼれ落ちる肉汁に至るまでそうなのだ。二つめは、「セックスは、人間が携わりうる他のどの活動よりも、より特別で、より意義深いものであり、より大きなスリルと、より完全な快楽の源である」という信じ込みだ。[10] セックスがないなんて、快楽がないということだし、もしくは快楽を享受する能力がないということなのだ。

［セックス神話の］帰結は、十分に性的でない、もしくは正《ただ》しく性的でない人は、より劣ったものになる、ということだ。「アセクシュアル」というラベルは価値中立的であるべきだ。それは性

的指向以上のことをあまり指し示すべきでない。けれどもそればかりか、「アセクシュアル」は、冷たくさんの他の否定的な連想を暗に示す。情熱のない、お堅い、退屈な、ロボットみたいな、冷たい、カマトト、冷感症、欠けている、壊れている／失意の（broken）といったように。これらの語、とりわけ「壊れている／失意の」は、私たちエースがいかに見られているか、いかに感じさせられているかを説明する際に何度も用いるものである。*4

こういった連想の在り処はある程度、性《セックス》の商品化にまで遡れる。セックスは売れるし、セックスは他の物を売れやすくする。ヒュー・ヘフナーの『プレイボーイ』は、しばしばこういった転換をもたらしたと評価されるが、単に裸の女性の写真を提供しただけではない。『プレイボーイ』が提供したのは、よい人生のビジョン、本当の男が自分の時間と金でもって何をするのかというビジョンだったのだ。ゴージャスなモデルからの注目と性的な狂宴へのアクセスとを買う購買力を行使することも、そのビジョンに含まれていた。[11] セックスが商品であれば、セックスをし、そ

＊4　「壊れる、壊す」を原義とするbreakの過去分詞brokenを形容詞的に用いることで、物理的な意味での損壊や故障だけでなく、「（心を壊されて）失意の」という意味を持つこともある。私たちエースは、生理的にどこか欠けている、「壊れている」（「ロボットみたいな」の意味もここからだろう）と言われることもあれば、何らかのトラウマのせいで「失意の」どん底にあるのだと勝手に哀れまれることもある。したがって、この語にとりわけの焦点が当たるのは、この語の多義性がエースへの蔑視に流用されるからだろう。

れをこれ見よがしにすることは、目に見える消費の一形態になる。情熱がないわけでも、お堅いわけでも、退屈でも、ロボットのようでもなく、むしろお金の面でも交流の面でも資本があって、それによって流行最先端の、楽しい、ハイ・ステータスで、イキまくれる存在になれることを示すために用いられるのだ。

エースは服従しないし、だからこそ、退けられ、私たちの経験はうつだとか幻覚だとか子どもじみた無知だとか言われ、大きな子どもとは遊んでられないと言われる。正しいとまではいかない、もしくは関わりがいがあるとまではいかない――人間の形に作られているけれど、誤った配線になっていて、何かを失っている〔というのだ〕。よい人生の根本をなす何か、を。

・・・

ハンターの人生を占めていた宗教的な語りは、結婚まで〔セックスするのを〕待つよう警告していたが、そのメッセージと併存しているのは、単純で、世俗的なメッセージだった。つまり、セックスはクールだと。セックスがお前をクールにするのだ、と。強制的性愛はハンターが自ずから肉欲にまみれているのだと告げていた。『プレイボーイ』や『アメリカン・パイ』のような大人の階段を上るさまを描く映画といった文化的遺産は、さらにハンターにこう教えた。セックスなら、十分に男性的になることについて彼が心配していることを取り除いてくれるだろう、と。「『アメリカン・パイ』を見たら、「ああわかった、こいつは負け犬だけど、この後ヒーローになって、そんでそのきっかけはセックスすることなんだ」って感じだった。それが自分の望んでいたことだった」と、彼は言う。[*5]「知的なレベルでセックスを望んでいたんだ。セックスが自分にもたらしてくれるはずのこと全部が欲しかった」。ヘテロで白人で男性であり、特権の最たるモデルであるハンターは、にもかかわらず、当時の自身とは別のものになれという莫大なプレッシャーを感じていた。強制的性愛がジェンダー別の期待や宗教的教えと交差《インターセクト》するその仕方は、彼の多大な苦痛の源になった。彼の信仰は強かったが、信仰の命ずるところでは、本当の男は性的にアグレッシブであるというメッセージが打ち消されることはなかったのだ。

エース・コミュニティの調査では、女性の方が男性よりはるかに多くアセクシュアルを自認す

＊5　『アメリカン・パイ』は、高校卒業までに童貞喪失を意気込む冴えない男子学生たちの群像劇。タイトルは、主人公の一人が、女性器の感触に似ていると耳にして出来立てのパイでマスターベーションするシーンを、また、アップル・パイが合衆国のとりわけ白人中流家庭における代表的なホームメイドのおやつであることを指しているだろう。言うまでもなく、男性の人間としての成長を女性とのセックスを通じた性的成長と重ね合わせる点で、強制的（異）性愛によって生産された映画であり、またそれを再生産する映画だ。実際、本作はメガヒットのためにシリーズ化され、スピンオフ含めて九作にのぼる。

る――直近の数字によれば、およそ六三パーセント対一一パーセント[12]――が、これはおそらく、アセクシュアルであることが男性の性的ステレオタイプにとってより大きく立ちはだかることが一因だろう。男性は、できるだけ多くの女性と寝られないと男性ではなく、それゆえ尊敬や地位に値しないと教え込まれている（女性もセックスについて話すが、男性の会話がより一直線に性的なものに焦点を当てるのに対し、女性は関係と感情について話し合うよう社会化されている）。

『大学内クラブの内側で――フラタニティ、ソロリティ、そしてその快楽、権力、名声の追求（*Inside Greek U.: Fraternities, Sororities, and the Pursuit of Pleasure, Power, and Prestige*）』において、インディアナ大学の学者アラン・D・ディサンティスは、この力学、つまり男性のセクシュアリティの原モデルの、誇張的な一例を見つけている。*6 ディサンティスは、「「キスしてから言う」という古いフラタニティの伝統、より上手く言ってみれば、「ヤってから言いふらす」という伝統に加わる」フラタニティの男性を描いている。彼らは笑って、お互いにハイタッチしながら自分たちの征服を武勇伝にするのだ。ゴシップを言い合う儀式は、「みんなの汚し物の洗濯が乾くまで、さらに十分間続く」のであり、私たちは、ディサンティスが書くように、「これらのフラタニティの男性に関する限り、理想的な男性性は、過剰に性的で、乱交的で、異性愛のものなのだ」と学ぶ。[13]

男性の多くがフラタニティにいるわけではないけれど、こういった情景は二〇一七年のピュー・リサーチ・センターのある調査と整合しており、ここでは男性性と女性性に対する態度が辿られている。その調査によれば、ミレニアル世代のおよそ六〇パーセントの男性が、他の人が女性について性的に話しているときに加わるよう、プレッシャーを感じると言っていた。[14]「だけど、友人がみんなセックスについて話し始めたとき、自分がまだ童貞《バージン》だったら、どうなるでしょう」と、社会学者のコルビー・フレミングは『メル・マガジン（*MEL Magazine*）』*7のインタビューで問う。「童貞は実質的に締め出されたり、あからさまに辱められたりする可能性があります[15]」。セクシュアリティを演じることが、友情と尊敬を形成していく道を開く。それは、個人的というより社会的でありうる。正しい種類の性行動が欠けていることは、つながりへの障壁と

＊6　合衆国の大学の多くには、フラタニティ、ソロリティと呼ばれる、それぞれ基本的に男子学生、女子学生のみの社交組織が学内にいくつかあり、キャンパス内で共同生活を送ることも多い。単なるサークルというよりは、大学生活のみならず、卒業後のキャリア形成も視野に入れた関係づくりという側面がある。これらの組織は、二、三個のギリシャ文字を合わせたものをその名前としており、引用されるディサンティスの原書名（*Inside Greek U.*）は、このことをふまえたものだろう。

＊7　『メル・マガジン』はオンライン記事から出発した男性誌で、公式ページによれば「男性の視点から——私たち編集者が全員男性であるわけでもないし、「男性」が何を意味するかもはやまったく確信しているわけでもないけれど」、性的なことのみならず、様々なトピックを扱うとしている（https://melmagazine.com/about）。すなわち、女性蔑視的な多くの男性向け雑誌とは異なり、女性学／男性学の視点を取り入れつつ、それでいてユーモラスな記事を多く掲載している。

なる。それだから男性の会話と行動はおそらく、セックスを欲することよりも、友人を欲することに関わっている。

本当の男性はたくさんセックスをするものだという教えは、一見相反する二つの集団の経験のもとになっている。一方の集団とはもちろん、エースの男性だ。他方の集団は、インセルもしくは不本意の禁欲者《インボランタリー・セリベーツ》だ。彼らは、自分たちとセックスしてくれないがために女性に腹を立てる、ミソジニー的でたいてい異性愛の男性である。

エースの男性は、しばしば本意で性行動を避けており、関心が本当に欠けているがゆえに、セックスについての話し合いへ関わりづらく感じる。ジェンダー研究の教授であるプシビウォは、アセクシュアリティと男性性についての学術論文を書くために、複数のエースの男性にインタビューをした。[16] 驚きはないものの、すべての人が、ジェンダーごとの期待と彼らが実際に欲するものとの間にある緊張関係を経験していた。彼らは、女性に熱愛をしたことがあると装うことで男性の友人に「同調するふりをした」こともあれば、望まぬままにパートナーと異性愛のセックスをしたこともあった。セックスを望まない男性なんて「意味がわからないという人がいる」のだと、ビリーというあるインタビュイーは言った。「『どうやったらそれを大好きにならずにいられるんだ?』って感じで反応する人もいると思う。こっちが知りたいね。どうやらそれは世界で一番よい気持ちらしいけど、それを味わえたらなと思うよ」と彼はプシビウォに語り、自分がアセクシュアルではなくゲイだったらもっと疎外感を感じなくて済むのではないかと思う、と付け加えた[17]。

しかしゲイ男性も、性的であるよう、激しいプレッシャーを感じる。「シングルのゲイ男性はセックスしているものだと私たちは思い込んでしまっていると思う」と、クレイグという名の男性は雑誌『GQ』で語った。「見た目、属性分け、若さとかそういったものに焦点が当たってて、コミュニティの中でデートやセックスを濁らせてしまっている」[18]。彼にとっては、二十二歳のゲイでありながらたくさんセックスをしないのは、恥ずかしいことだ。エースでホモロマンティックの男性たちは、ゲイ・コミュニティにおける強制的性愛のせいで二重に排除されているように感じると、私に告げている。

男性のセクシュアリティは元から貪欲なものだという信じ込みはあまりに強くて、エースの男性に自らのジェンダー・アイデンティティを疑わせてしまうこともあるほどだ。私がインタビューしたあるエースの男性は、女性がセックスに興味を持たないとされていることを知っていたので、自分はトランスだろうかと当初は思っていたと言った。プシビウォに話をしたアントニーは、一般に男性というジェンダーのラベルで自認するようになればなるほど、外出して女性に会って、セックスすべきというプレッシャーをより感じるようになると言った[19]。

トランスのエース男性にとっても、ジェンダーとセクシュアリティの交差は混乱の元になりうる。「トランスジェンダーであることとアセクシュアルであることをつなげていた」と、フロリダ出身のトランス男性であるジーは言う。「自分がトランスジェンダーなのはアセクシュアルだからだと時々思ってたんだ。だって、思春期に差し掛かって、第二次性徴が出てきたけど、それを使うのを気持ちよく感じるってことは全然なかったから。むしろ取り除きたかったな」。内分泌科医を初めて訪問したとき、ジーは何にもなりたくないと言った──彼はむしろ「中性」になりたかった──が、とりわけ女性にはなりたくなかった。女性になることが、体毛を剃って特定の服を着て、男に言い寄られねばならないことを意味するのなら、なりたくはなかったのだ。

今になってみれば、ジーは、女性として振る舞っていたときと今とでの扱われ方の違いに、重要な違いを見てとれるようになった。彼がセックスへの興味を欠いていることは、当時は自然に見られていた。少女はためらいがちだと思われているからだ。「で、男のときは」と彼は言う。「「外に出てこなきゃ、そんなふうに考えるのを止めなきゃ」って言われるんだ」

・・・

他方でインセルは、セックスに猛烈に関心を持っている。インセルはまた、本当の男は女とセックスするものだという教えを吸収しているが、男性性の儀式に参加するのに必要とされる性的な特殊知識を欠いている。この点では、私は同情する。排除と社会的拒絶は痛ましいものであり、実際、最初のインセルのウェブサイトは、孤独な人のための支援コミュニティを創設したいと考えた女性によって始められた。[20]

インセルはしかしながら、単に孤独なだけではない。彼らは特権的でもあって、ここで私の同情は終わる。性的征服を最優先する男性性の語りに疑問を投げかけるかわりに、インセルはその語りに傾倒し、自らをより哀れまれるべきものとするのに進化心理学を誤用し、遺伝的適応度についての、また、男性の目的はできるだけ多くの女性を妊娠させることだということについての、還元主義的理論に陥っている。[*8]

「我が道を行く男たち」のような、いくつかの関連団体は女性との関与を完全に避けている。[21]他の事例では、憎悪がひどい結果を生む。サブレディット[*9]「r/incel」は約四万人の購読者がいた

＊8　ここでの還元主義とは、複雑な要素によって成り立つ現象を単一的な原因のみに帰する立場のこと。本来人間の性行動は自然的要因のみならず（そもそも自然的要因が単純ではないけれど！）、強制的（異）性愛を含む複雑な社会的要因や心理的要因によるものであるにもかかわらず、多くのインセルは、有機体がどれほど遺伝子を残していくかを表す、適応度という進化生物学の概念を、人間の心的・社会的行動を決定づけるものとして曲解する。

が、暴力煽動ゆえに利用停止にされた[22]。それは、女性たちがセックスしてくれないという理由で二〇一四年にカリフォルニア大学で六人を殺したエリオット・ロジャーのような人々と結びついていたのだ[23]。四年後には、二十五歳のアレク・ミナシアンが、トロントにてワゴン車を用いて凶行に及び、十人を殺した。同時殺害を起こす前に、彼はFacebookで、エリオット・ロジャーを賛美し、「インセルの反乱はもう始まっている」と主張する投稿を行っていた[24]。こういった憤怒と暴力のすべてが、セックスできないことから来ている。

けれど、本当に問題なのはセックスではない。オンラインの過激派集団を調査する研究者であるティム・スクワールは私にこう言う。「単に性的なスリルが問題だとしたら、どうしてインセルは、ますます巧みになっている色んなオナニーに頼らないのでしょう」。性的なフラストレーションが唯一の問題であるとしたら、インセルはセックスにお金を払ってみることもできるだろう。しかし、多くのインセルはセックス・ワーカーを訪れて自らの「品位を下げる」ことを拒む。彼らは女性たちを、ブロンドで巨乳のステイシーと、自身の女性性を強調するのを拒むことでジェンダー犯罪[*10]に手を染める並みの女性であるベッキーとに分ける、とスクワールは説明する。インセルはベッキーを馬鹿にしつつ、ステイシーのみをモノにしたいと望んでいる。というのもステイシーのみが賞賛につながる性的な通用価値を持つからだ。ステータスが問題なのだ。

私はインセルの擁護者ではまったくない。多くの人は自分が魅力的でなく、デートに値しないように感じるが、他者が自分にセックスを提供すべきだと信じたり、殺人に頼ろうとしたりすることはない。それでも、インセルの憤怒が男性とセックスについての文化的期待とつながっていること、そして、同様のことがエースの男性の疎外にとっても当てはまることは、否定できない。両集団は欲望という点でかなり異なっているが、いずれも同じ性的規範によって拘束されている。性的経験を男性の社会的包摂の前提条件にしないようにすること——そして受容とステータス一般の要件にしないようにすること——で、両集団が救われる。

けれども今のところは、男性の性的ステレオタイプは強いままで、それゆえに意図的に性行動を避けるエースは、インセルと時々混同される。エースの男性は、すべてのジェンダーの人々がエース男性たちのことをでっち上げのアイデンティティを隠れ蓑にするインセルだと思い込んでいると、私に告げる。そういったことは陥穽だ。ある男性がセックスを望んでいないだけで、その人はセックスしたいという欲望を抱きながら殺人をする男性と一緒くたにされうるのだ。男性は

＊9　サブレディットとは、掲示板サイトRedditの中で特定の話題を持ち寄る場のようなもの。5ちゃんねるの「板」に相当するが、登録済みユーザーは比較的容易にサブレディットを新設することができる。
＊10　ジェンダー犯罪（gender crime）とは、特定の性別の人に対し、その性別への偏見や意志に基づいて危害を加えるヘイト・クライムであり、通常はフェミサイドや女性の集団的強制売春などのことを指す。

単に興味なしではいられない。興味がないとすればいつも何か別のものが作用しているに違いないというのだ。

・・・

信仰のもたらす約束は、クールになりたいという誘惑を打ち負かした。そうしてハンターと彼のガールフレンドは、あらゆる予防指針に従った。部屋のドアを閉めることはなく、いちゃつくこともなく、ハンターが二十五歳になって結婚するまで、セックスもしなかった。

セックスはハンターが期待していたようなものではなかった。「ああ、やってみればわかるよ」と人が言っているのをいつも聞いていたけど、そうじゃなかった」と彼は言う。セックスは「強いられた不自然なものに」感じられた――同意がないという意味で強いられたということではなく、むしろ、音頭を取るよう彼が自分に強いねばならなかったということだ。不快という意味で不自然なのではなく、直観に反していて、毎秒動きに意図的に焦点を当てねばならなかったということなのだ。自転車に乗る練習をしているときのように、ただただ自分の四肢の動きがまったくきちんと噛み合わなかった。数年にわたってハンターは目を撥ね退けてきたのに、まずまずではあれ特に目ぼしくもない行為に向けて準備できていたわけでもなく、彼自身の無関心を予期できていたのでもなかった。時間が経っても、何らの特別な至上のつながりも形にならなかった。経験不足が明白な元凶だったが、その説明は、年を経るにつれ、だんだんと正当性を失っていった。次にスケープゴートとなったのは年齢で、ハンターは、二十五歳になるまで待っていたせいで、セックスを楽しむための何らかの生理学的引き金を逸したのだろうかと思い悩んだ。『すべての男性の闘争』のせいかもしれず、もしくは、より一般に彼の宗教的なしつけのせいかもしれなかった。セックスについて誰も話してくれなかったということで彼が抑圧されたのかもしれなかった。「ほとんど自己転向療法みたいだった、といっても異性愛規範的セックスからの転向ということだけど[*11]」

これらのいずれも、ハンターよりも後に結婚した、セックス大好きなクリスチャンの友人が、セックスが結婚生活の好きなところだと言っていることの説明にはならなかった。ハンターは、同僚が「飢えてる」とか性的な出会いが欲しいとかと冗談を言っているときに馴染めなかった

＊11　性的マイノリティを扱う英語圏の文献で「転向療法」と言えば、それはまず、性的マイノリティの性的指向や性自認を〈ストレート〉なそれに〈治す〉という、それ自体差別的な似非科学的実践のことを指す。ここでは、性について話してくれる人がおらず、自分自身もそれを避けていたがゆえに、「異性愛規範的なセックスから」さえ遠ざかっていたという状況を皮肉的に表現するために、この語が用いられている。なお、転向療法は現在では多くの西欧諸国で法的に禁止されている。

が、こういった話を聞くのを気にしてはいなかったので、抑圧されていたわけではなさそうだった。彼は虐待されていたわけでもなかった。勃起障害があるわけでもなかった。医者を訪れて「シモの方」が大丈夫か尋ねてみると、彼のテストステロンのレベルが平均の上限にあることが明らかになった。

医者を訪れることがハンターにとっての最後の拠りどころだった。消え去りそうにない疑問に、答えが与えられることはなかった。彼の結婚は法的な視点では公的なもので、妻は一度も不平を漏らさなかった――彼女は忙しく、いずれにせよ強い性欲動はなかった――が、またしても、道徳的プレッシャーはハンター自身からやってきた。「セックスが一度もしっくりこなかったから、自分はまだ幼稚なんだという気持ちがつねにあった」と彼は言う。彼は真に結婚したのでもなく、真に大人になったのでもなく、真に男になったのでもなかった。

諸々正しく行っていればセックスは神からの贈り物であり素晴らしいものなのだとしたら、諸々正しく行っているのにセックスで何度もがっかりさせられるとは、どういうことなのか。それによってどこへ置き去りにされるのか。「それは自分を最も暗い場所へ連れていった」とハンターは言う。「このすごいことを一度も経験したことがなくて、理由もわからない。それから何年もずっと、説明もなかったんだ」

・・・

結婚して九年を経て、ハンターはFacebookでアセクシュアリティについての一つの記事を目にした。それはアセクシュアリティを医療の問題であるように思わせる記事だったが、医者にかかったことでそういった理屈は一蹴されたので、彼はタブを閉じ、気にとめなかった。数ヶ月後、工場での夜勤中に、あるInstagramの自己紹介欄のグレーAという用語がハンターの目を引き、何となくその用語をもっと知るためにググった。夜があける頃には、興味はもはや何となくどころではなくなった。アセクシュアリティが病気の問題でないとしたら、それは、抑圧やホルモン不調や宗教についての理論が説明できなかったことを説明してくれるかもしれない。自己受容の何らかの手段を提供してくれるかもしれない。

ハンターの話は、アセクシュアリティを揶揄う人々や、セックスしたくないということについてエースはなぜ大騒ぎする必要があるのかと問う人々に対する、一つの答えだ。ハンターの人生は長年、何が間違っているのかと思い悩むことに費やされてきたが、ようやく彼はInstagramの自己紹介欄からアセクシュアリティについて学んだのだ。にもかかわらず、エースのアクティビズムがはた迷惑だとか冗談だとかと考えられることもなくはないのだけど。

例えば二〇一二年に、フォックスはアセクシュアリティについての小特集を放映したが、それは司会者が、ゲストに呼ばれたローフェア・プロジェクト創設者であるブルック・ゴールドスタインに、アセクシュアリティが正当な性的指向であると信じるかどうか問うところから始まる。[*12]「ええ、信じますよ」とゴールドスタインは返答する。「アセクシュアリティは長い間ずっとありました。三週間半ごとに女性になることと言われてますでしょう。〔セックスの〕義務から逃れるには素敵な口実ね」[25]

司会者はこの軽口で笑う。もし誰かがセックスすることから逃れようとしてアイデンティティをでっち上げる必要があるなら、そのことこそより大きな問題であるという事実には、誰も触れない。もし誰かが誘いを断るのに「パートナーがいるんだ」と言う必要があるとしたら、それは社会の失敗だ。また、望まぬセックスを避けるためにノーと言うことが役に立たないから性的指向を引き合いに出す必要があるとしたら、それも社会の失敗なのだ。

ゴールドスタインはさらに続けて、エースは「超絶性的になっている社会ではフツーで、だからこのアセクシュアリティってのをでっち上げなきゃいけなかったんでしょう」と言う。[26] しかし、この点はさらに進んで言及されはしない。ゴールドスタインは、そのような超絶性的になっている社会で起こりうるマイナスの面や、どのぐらいのセックスが必要かにまつわる期待、また、どんなときにしなくてよくなるのか、もし誰かがあまりに長くそれを寄せつけまいとするならどうなるのかといったことを議論しない。代わりに司会者は、エースはセクシュアリティを欠いているから「疎まれ者として扱われ」るだろうと言い、またフォックスのレギュラー出演者で、この回のもう一人のゲストであるビル・シュルツは、エースが何らかの差別に直面するという考えを疑い、「承認とか何やとかやめ」られないのかと問う。「もし［エースが］そんなに少ない人数なんだったら、承認する必要ってある？」と彼は問う。「ほら、ソックモンキーの帽子〔靴下でできたサルのぬいぐるみ〕をかぶっているから承認して！みたいなもんだし。まあ、ソックモンキーの帽子をかぶっている人が数人いるけど、承認しなくていいでしょ。うん、いるよ。はい、次行きましょ[27]」

完全に偶然ではあるが、エースを信用しないという司会者の発言で終わるこの素気ない特集は、私がエースにとってのユートピアだと信じるものを描いている。承認される必要がない、というものだ。誰もソックモンキーの帽子の人を承認する必要がないのは、ソックモンキーの帽子

＊12　フォックス・ニュースは、保守的な姿勢で知られる報道局。ローフェア・プロジェクトは、ユダヤ人の人権を守るために訴訟を行う非営利団体——というと、とてもリベラルな組織に聞こえるが、イスラエルの軍事行動への抗議として行われるボイコットを訴えるなど、実際には右派で親イスラエルの組織として認識されている。

を身につけるなというプレッシャーなど、あまりないからだ。医者が帽子をかぶる人に病気だということもない。移民担当の弁護士が、結婚していることの証明にソックモンキーの帽子をしばしばかぶらないことを証明するよう頼むこともない。テレビのショーがソックモンキーの帽子を身につける人々を頻繁に揶揄うこともない。社会はいずれにせよ、ソックモンキーの帽子を中心に回っていない。

実際の社会はセクシュアリティを中心に回っている。今日西洋では、セクシュアリティはアイデンティティの本質的な一部だと考えられている。セクシュアリティは単に人が行うことではなく、人が誰であるかの一部であり、人の真理の一部である。哲学者のミシェル・フーコーが『性の歴史』で主張するように、セクシュアリティのこの社会的強調は、歴史的経済的諸権力の結果である。[28] 事態がつねにこうあらねばならないとは、私は思わない。

多くの点で、エースの運動は、セクシュアリティがアイデンティティと存在の礎石でなければならないということの考えと対立するかたちで発展してきた。アセクシュアリティは性的アイデンティティそれ自体になっているけれども、個人の性愛《セクシュアリティ》に興味を持つことを単に拒否する生き方としても理解されうる。『見えない性的指向』のジュリー・ソンドラ・デッカーは、私にこう告げる。「私たちは、あの「駆動力」をただ欠いているだけで〔それ以外は〕欠けるところのない人であって、それは理解できることです。「手芸品」を自らの駆動力として持たない人がいるのを理解できるのと同じように、理解できることです」（もしくは「ソックモンキーの帽子をかぶらないこと」を自らの駆動力として持たない人がいるのと同じように）。「私は「非手芸作者」なんてものではありません。私がアセクシュアルなのは、ただ、それを指す言葉があったからで、また、私がセックスしたくないことに異を唱える人々がいるからです。もしそのような人々がいなければ、人生でそれについて多くを語ることなどなかったでしょう」と彼女は言う。

アイデンティティとしてのセクシュアリティは必ずしも敵ではない。敵は強制的性愛だ。強制的性愛は、ジュリーのような生き方に対する異論の根っこにあるもので、それはまた強制力であって、私たちエースはそれに対して自らを定義する。もし強制的性愛がなければ、エースは支援コミュニティを必要としていないだろう。エースがお互いを見つけて、自分たちは大丈夫なのだと気づくことが、それほど意義深いものになることはなかっただろう。どんな形であれ私たちが見えるようになることが、様々な点で、強制的性愛が存在すること、その影響が私たちのみに止まらないこと、期待されるものから逸脱するように思える人なら誰でもそれによって罰せられる可能性があることの証となる。エースがエースであることで大騒ぎし、また承認されることを要求するとしたら、また、私たちが私たち自身のグループを創設してきたとしたら、それは私たちが性的プレッシャーから離れる場所を欲しているからだ。私たちが可視性と変化を求めて戦うとしたら、それはまた他の人たちのためにもそのプレッシャーが取り払われることを望んでいるからだ。

・・・

ハンターにとって、エースのコミュニティは、あるがままでいることを認めてくれるものだった。安定を得るのに十年近くが経っていた。妻にすべてを説明するため、ハンターは六ページの手紙を書いた。その下地を作るためだけに三つの下書きと五つの前書きを経ていた。妻に理解してもらうことは重要だった。何年にもわたり彼の心に何が起きていたのか、また彼女の視点からしてみれば、なぜ彼はいつもセックスにこだわっていて、いつもセックスについて話し、それの音頭を取ろうとしていたのか、理解してもらうことが。ハンターは妻に知ってもらいたかった。セックスを崇め奉ってしまっていて、それを心から好きになれないがゆえに自分は間違っていると考えていたこと、でも、これからはもうそんなことにはならないだろう、ということを。「これまでの振る舞いに対する謝罪でもあったよ」と彼は付け加えて言う。「そのフラストレーションにあまり向き合いたくなくて、ますますよそよそしくしてしまったときもあったから」

二人の生活が変わる必要はない、と彼は書いた。行動も同じでいい。自分が音頭を取ることはもうないだろうけど、セックスをしたいときにはいつでも言ってくれればいいし、そしたら喜んで君を楽しませるよ、と。「セックスという実際の行為は、実のところ気にならないんだ」とハンターは言う。「これまでダメだったのが一体何かと言えば、なんで自分が壊れているのかよくわかっていなかったこと、そしてあの変な緊張だったんだ」。それまでダメだったのは、彼自身が不安からセックスしているのをわかっていたことだった。ダメだったのは、約束された行為としてのセックスという夢と、その実際のありようとの対立だったのだ。

力が新たに溢れたし、アセクシュアリティを受け入れることで、ハンターには他の諸々のことにも光が照らされるようだった。エースと自認する前から彼はクィア・アライだったが、アセクシュアリティについて学ぶことで、他の人々が性的指向を強調するのは、性的惹かれがその人たちの人生の活力だからなのだと理解できるようになった。彼は男性のジェンダー役割にもより批判的になった。社会の組み立ての一形式を拒絶することで、他のすべてのことをより容易に疑ってかかれるようになった。

「ああ、オッケー、男とはどんなものかとか、何をしたり何を好んだり欲したりするのかとか、そういう自分が持ってる期待は文化的に与えられた期待で、必ずしも既定のものじゃない、みたいな」とハンターは言う。「このことを人生全体で始終経験していたのにずっと気づかなかった。けど、アセクシュアリティは全部をひっくり返してくれて、今は、ああいった語り全部に、さらにもっと疑い深くなった。もう自分が幼稚だなんて感じないよ。ずっと大人になれていないなんていって、ぼんやり思ってしまってたけど。やっと、三十四歳にして、より躊躇いなく大人だと感じられたんだ——ちょっと遅いけど、何はどうあれだよ」

Part 2　変奏

第4章　お前を解放させてくれよ

二十二歳になって二週間経ってのこと。私は友人に、バーに連れて行ってほしいと、私が誰かを引っ掛けるのを手伝ってほしいと頼んだ。こんな頼み事をしたためしはこれまでなかった。私はお酒を飲まなかったし、バーにも行かなかったし、人の手を握るのも避けるほどだった。しかも、私はヘンリーについて、また、夏の間に落ち合うという私たちの計画について言いふらしていた。当時はもう四月で、実際に会うまでほんの数ヶ月しかなくて、それまで待たないのは馬鹿げているように思えた。

けれど私は、自分の抱える不安感については友人に告げていなかった。愛の伴うセックスしか欲していなかったということで、自分のことをすごく時代遅れで後ろ向きだと感じていたとは言っていなかった。友人たちは、私とヘンリーがオープン・リレーションシップを計画していることは知っていたが、この状況をどれほど恐れているかについて私は正直でなかった。人間関係の全史も、男女どちらの友人による証言も、私の思い煩いを和らげなかった。何も私の疑いを止めてくれなかった。ヘンリーが、愛のないセックスはありふれたことで、感情的にもつれることなしに他人とセックスできると言ったとき、嘘を吐《つ》いていたのではないか、という疑いを。疑念でいっぱいになりつつ、また疑念を持ってしまう罪悪感でもいっぱいになりつつ、私は決心した。愛着のないセックスは可能だと私自身に証明してみよう、できることならそれで、私自身をもっと自由恋愛に向いた人間にしよう、と。私は自身に課した目標に従って生きる必要があった。時代遅れではなく今風になること、自分の信条を実現するよい《グッド》フェミニストになること、そして抑圧されていないようになるという目標だ。

「抑圧されている」は「解放されている《リベレーティッド》」の対義語だ。侮辱の言葉だ。文化的リベラルの界隈では、性的に保守的な女性は、性的に抑圧されているとしばしば考えられる——そして性的に抑圧されている女性は、自由を獲得する前の時代の象徴だ。そういった女性はお堅くて、自己否認に陥っていて、ヤキモキしながら一生を過ごす。髪を完全に撫でつけた一九五〇年代の主婦で、対照的な解放された女性が持つ安らぎを欠いている。自分の身体に通じていて、世界の中での自分の立場に安寧を覚える女性の安らぎを、だ。性的に抑圧された女性は哀れみの対象で、進歩の重要性を思い起こさせるものだ。彼女はお荷物なのだ。

このようなセックスを受け入れない女性の原型に埋め込まれた思い込みのすべてを、私は信じ込んでいた。そういった女性はカマトトぶっておすまし顔だと、自身を恥から解放するという当然の作業をこなしていないのだと、政治的にも保守的なのだ、と。

こういったことすべてが、私の目標にそぐわなかった。セックスしない女性を表す単語（禁欲的《セリベート》、節制的、純潔で、貞潔な）は、冷ややかであるか説教くさいかいずれかに思われた。ああはなりたくないと思うほどだった。セックスする女性を表す単語（自由な、力づけられた、大胆な）は、私が好み、自分に当てはめたいものだった。私は原型と美的比喩の言葉――抑圧された女性、解放された女性――を吸収していて、より批判的に考えることがなかった。そういった語りは真実なのか、もし真実ならその語りの含意とは何なのか、セックスと政治と権力とを私たちがつなげているありさまについて、何を含意するのかと、考えはしなかった。私はこれらの原型と美的比喩を使い直すが、それはこれらが、こういったメッセージの受け継がれ方を表しているからだ。性的に保守的な女性は内気な売れ残りの花だとはっきり言う人は少ないだろうが、大衆文化はその仄めかしを明らかにしており、だからこそ私は、セックスを追求する女性はそうしない女性よりもより楽しく、よりフェミニストであると、曖昧にだが、疑問を持たずに感じていた。おそらく私の態度は、反レイプのアクティビストであるアレクサンドラ・ブロドスキーが上手くまとめてくれる。彼女がジャーナリストのレベッカ・トレイスターに話したところによると、「超絶ワクワクする、超絶積極的なセックス・ライフがないのは、ある意味で政治的失敗だ」[1]と信じている女性たちの話を聞いたのだそうだ。きっと私は彼女たちの一人でありえた。

・・・

抑圧の恥と解放されたセクシュアリティの意味についての私の考えは、どこからともなく来たわけではない。長い間ずっと、私たち女性は自身の性的欲求を否認し、代わりに男性の欲求に仕えるよう勧められてきた。私たちの価値はセックスに結びつけられている。私たちはあまりに年老いるまでは性的にされているのであり、にもかかわらず、自身が性的であることで辱められ、取り締まられ、また、私たちが欲望するもの、もしくは欲望してよいとされているものを探求することを妨げられている——そしてこのことは、問題となっている女性がストレートでないときには、二重に真実なのだ。

性《セックス》の政治は、一九七〇年代から一九八〇年代において、アメリカのフェミニストの議論の中心となった。[*1] この時期、アクティビストであるキャサリン・マッキノンやアンドレア・ドウォーキンが、セックス・ネガティブな〔セックスに否定的な〕フェミニズムとして知られるようになる運動を率いた。マッキノンとドウォーキンは自身をセックス・ネガティブだと考えなかったかもしれないが、彼女らの著作は確かに、オーガズムの解放的可能性に焦点を当ててはいなかった。『セクシャル・ハラスメントオブワーキング・ウィメン』や『女性憎悪（*Woman Hating*）』といった題名がついた彼女たちの本は、セックスの快楽よりも、セクシュアリティが害をもたらすのにどう使われうるかに焦点を当てていた。

ごく基本的な論調はこうだ。不平等な権力力学が異性愛のセックスの背景にある、しかもいつもあるがゆえに、本当の〔性的〕同意はほとんど達成不可能だ、というのだ。彼女らの構造的分析は、家父長制下のセックスは不可避的に妥協の産物で不自由だと結論づけた。このような伝統から派生したアクティビスト・グループは、ポルノグラフィーやサドマゾヒズム、セックス・ワークに反対していた。それらすべてが、男性が女性を貶め傷つける搾取的な方法であると、彼女たちは思っていたのだ。

一九八二年、毎年恒例のセクシュアリティについてのバーナード・カンファレンスがそのテーマを「快楽と危険」にしようと決定した年に、「反ポルノグラフィーの女たち」というグループのメンバーが抗議行動を行った。[*2] 一方の面に「フェミニスト的なセクシュアリティに賛成」、他方の面に「S／Mに反対」と書かれたシャツを身につけての抗議だった。[2] その翌年には、マッキノンとドウォーキンが、ミネアポリスにおいてポルノグラフィーを禁止する法を可決させようとした。その試みは失敗に終わったが、その後、同様の条例がインディアナポリスで導入された。保守派と、反フェミニストの弁護士として知られているフィリス・シュラフリーによって支持された条例だった。

マッキノンとドウォーキンはよくできたコンビだったと、ニューヨーク大学教授のリサ・ドゥガンは『セックス論争――性をめぐる異議申し立てと政治的文化（*Sex Wars: Sexual-Dissent and Political Cultures*）』所収の回顧録で書いている。ドゥガンの語るところでは、イェール大学ロー・スクールで学位を取ったマッキノンは、洗練された、高貴で理知的な弁士、一方ドウォーキンは、「市議会と付き合うと思うと反吐《へど》が出るけど、それを飲み込んででも、この法を通そう」と支持者に命ずる、熱烈な弁士だった。ドウォーキンの言葉は記憶に残りやすく、彼女は過激に見えることを恐れなかった。「女たちの沈黙をもう終わらせよう」とドウォーキンは言った。「そして、私たちが打ちのめされ／仰向けになって足を広げることとなんて、金輪際ないようにしよう」[3]＊3

＊1　フェミニスト・セックス論争（feminist sex wars）、もしくは単に、この節で引かれるドゥガンの本のタイトルにもなっているように、セックス論争と呼ばれる、当時のフェミニズムを二分した状況を指す。とりわけ話題となったのが、これもまた本節にあるように、ポルノグラフィーの法的規制だったため、ポルノ論争とも呼ばれる。主に合衆国のフェミニズムの状況を指しているが、論争はカナダや英国などの英語圏にも波及したし、また、論争の中で作り上げられた議論の枠組みは、日本を含む各国でのセックス・ワークに関する議論に今日まで影響を及ぼしている。

＊2　会議が開かれたバーナード・カレッジはニューヨーク市にある、合衆国屈指のリベラル・アーツの女子大。全米のフェミニスト研究者たちの注目が集まりやすい会議だったわけだ。

インディアナポリスの反ポルノ条例案は法制化された。同様の条例案が、ロサンゼルス、ニューヨーク、マサチューセッツ州ケンブリッジといった場所で提起された——そして僅差で廃案となった。これらの条例に対する異議は最高裁にまで至ったが、最高裁は最終的に、これらのポルノ禁止は違憲だという考えを支持した。[4]

フェミニストがみなお互いに意見を同じくしたことはなかったし、セックスに対するフェミニストの態度は一定ではなかった。エレン・ウィリスやスージー・ブライトといったフェミニストたちからすれば、マッキノン-ドウォーキンのアプローチは女性にとって役立たずの性的保守主義を力づけていた。「肉欲の地平——女性運動はセックスを支持しているか（Lust Horizons: Is the Women's Movement Pro-Sex?）」という題の一九八一年の画期的な小論で、ウィリスは次のような態度に反論した。すなわち、彼女の表現では、「伝統的な女性性の裏側につけ込む態度——男性は貞潔な被害者をボロボロにする貪欲な野獣であるという告発を駆り立てる、手厳しい独りよがりな怒り」である。手厳しさは実際の解決につながるものではなく、セックスの否定性に悲観的に過剰な焦点を当てることで、女性たちは「性的快楽の代わりにまがいの道徳的優越性を、現実的な権力の代わりに男性の性的自由の締め付けを受け入れる」よう強いられる。しかも、と彼女はこうも続けている。「女性たちが依然として男性より性的でないと思われているこの文化においては、抑制的な性は「フツーの」女性のアイデンティティにとって不可欠であり、それは攻撃的な性が男性のアイデンティティにとってそうであるのと同様だ。性器から誘発される「過剰な」欲望こそが、しばしば女性たちを「女性的でない」とか価値がないとかと感じさせるのだ」[5]。マッキノンとドウォーキンは、セックスがいかに複雑でありうるかについて女性たちがより自覚する助けとなったかもしれないが、人がよりよいセックスをする助けとなることはほとんどなかった。

ウィリスとブライトのようなセックス・ポジティブの〔セックスに肯定的な〕フェミニストたちは、ポルノがつねに尊厳を損なうとは信じていなかった。彼女たちは、保守派がそれを禁止しようと執念を燃やすことや、政治家（極めてしばしば男性である）に女性たちのセクシュアリティをコントロールする多大な力を与えることを認めはしなかった。重要なのは、恥の社会的な植えつけを打ち消していくことだった。快楽はありうるものだった。家父長制のもとでさえも。女性たちには力があったし、女性たちは簡単に壊れるような脆い生き物ではなかった。

＊3　"on one's back" は「背を下にして、仰向けになって」というのが原義だが、同時に比喩的に、争いに負けて仰向けに倒れること、「打ちのめされて」いることを意味する。ドウォーキンは、女性の性的搾取と、社会全体での女性の地位の低さとの相関を、身体を用いたわかりやすい表現の二重性を利用して訴えていると言える。

・・・

セックスをするのはクールで、セックスしないのはそれほどでもない。セックスは男性だけが買う商品ではない。女性たちも今や、これ見よがしにセックスを消費することに参与できる。そうすることで目立てるし、また、この消費は力づけ《エンパワリング》となるのだと言えるようになる。なぜなら、私たちは権力《パワー》を用いて男性と同じ権利を持つようになったからだ。女性のムラムラを養成すべきだ。こういったことは明確な箇条書きではなく空気感であって、この感覚が「カマトト」をジェンダー化された侮蔑語にし、私たちエースに、自分はセックスについて批判したいわけではないのだと、焦って言いわけしたくなるよう仕向ける。

大ヒットドラマとなった『セックス・アンド・ザ・シティ』で、キム・キャトラルによって演じられたサマンサ・ジョーンズは、こういった現代のセックス・ポジティブな女性の、代表的表象の一つだ。彼女は有能なＰＲ会社社長で、気概と自信に溢れ、ドラマの中で最上級に面白いセリフや最良のセリフをいくつか残している。恥じ入ることをしない、性的道楽者であるサマンサは、自分の多くの情事について口達者に語り、自身のことを「トライセクシュアル」と呼ぶ。何でも一度はやって試《トライ》みるというわけだ。「あなたにも社会にも判断されたくないの」と彼女は言う。インターネット上のあちこちでＧＩＦ画像化されてきた記憶に残るシーンでのことだ。「何だって着るし、息ができて膝をつける限りは、したいと思った人なら誰のでもしゃぶるつもり」『セックス・アンド・ザ・シティ』が放映されて二十年後、ＨＢＯは十代向けドラマ『ユーフォリア』をお披露目した。今日の架空のティーンたちは、ホテルの一室での逢瀬や他の人の家での性的出会いに興じるなど、セックスをぞんざいに扱う存在としてドラマでは描かれている。初期のある一話では、キャット・ヘルナンデスという登場人物が処女であることを〔友人に〕告白し、「あんた、今は八〇年代じゃないんだよ。チンポ捕まえなきゃ！」と言われる。キャットはその通りにして、処女を失い、カムガール[*4]になることで自信を得る。

現実生活でも、セックスについて話す女性は、ある種の文化的に特権的な地位を築きうる。『コスモポリタン』は読者にセックスのコツを提供し続けているし、他の出版物内の記事は、「女たちはクソムラムラする」と主張することで[6]、性的に慎み深い女性というステレオタイプを打倒するし、女性誌の『ザ・カット』は、ある週のコンテンツをムラムラすることに割いた[7]。昨年の

＊４　カメラとガールの混成語。とりわけ性的な動画配信をする女性。和製英語ではチャットレディがこれに近い。

十二月に、『ニューヨーク・タイムズ』は二〇一九年を、「女性たちが「ムラムラ」になった年」と宣言した。[8] クールガール系歌手のトーヴ・ローは、服が丸ごとびしょびしょになることについて歌うし、[*5] チャーリー・XCXは自分が「天使なんかじゃない」と、ホテルでヤるのが好きだけど、だからって何ということはないと言い張る。「それアタシ《ダスミー》」という曲で、ブルック・キャンディは「アバズレ《スラット》」は今や褒め言葉で、「リードしてて自信があるイケてるケツの女」なのだと言う。アリアナ・グランデやカーディ・B、ニッキー・ミナージュといったトップ・スターは、セックスと性的な腕前について、自身の曲でも表向きの顔でも、自慢している。

ニッキー・ミナージュの「自分を感じて《フィーリング・マイセルフ》」には、恋人が彼女にこう言っているのを自慢する節がある。「やべぇな、こんなちっこいのに、マジで尺《パイプ》を呑んでくれるなんて」と。私の友人は車中である日この曲を聴いていたが、この一節のせいで打ちのめされるほど戸惑った。なんておかしなことだろうと彼女は思った。ラフなセックスができるということがラップに値する褒め言葉だなんて。そのことが尺（ド直球の比喩）を呑むこと（女性が参与する者ではなく受け身の者であるように思わせる）として描かれることになるなんて。ニッキーがヤラれることについて自慢することになるなんて。そして、聴いていると、彼女自身がニッキーの自慢の理由を本能的に理解できて、しかもこの歌を好きになりそうだなんて。そういったこと全部が、一緒に混じりあってごちゃごちゃになっているように感じられた。

・・・

セックスをするのがクールであるというだけだったら、私は大して困らされなかっただろう。しかしながら、セックスはフェミニズムのものにもなっていて、これこそ私が気にかけていたことだった。伝言ゲームみたいに、わずかな捩れが連なり合うことで、リベラルな女性にとってのセックスは、楽しむ方法や、さらには私たちがモテると証明する方法以上のものになっている。セックスをこれみよがしに消費することが、フェミニズムの政治を実行する方法になっている。

第一に、ほとんどの女性が性的に抑制されることを条件づけられているというメッセージが、細かい意味合い抜きに伝えられてしまった。「「私たちは自身のセクシュアリティを解放してきたのであり、それゆえ今やそれを言祝がねばならず、欲する限りたくさんのセックスをしなければならない」っていうのがメッセージみたい」と、エースで、オーストラリア在住の政策立案者で

＊5　言及されている曲はおそらくアルバム *Blue Lips* (Island Records, 2017) 所収 "Disco Tits" である。トーヴ・ローは他に、まさしく "Cool Girl" というタイトルの曲も発表している (in *Lady Wood*, Island Records, 2017)。

あるジョーは言う。「ただし、「欲する限りたくさんの」っていうのは、いつもたくさんのセックスをするということで、セックスなしではないんだ。だって、セックスなしだとすると、私たちは抑圧されてる、もしくは抑圧されてるかもしれないということになってしまうから。それで私たちは自分の真なる本物の自己になれていないか、他の人々との関係にある私たちのセクシュアリティという、自分自身のこの決定的な側面を発見できていないか、まだ目覚めたり適切に成長できたりしていないかのいずれかってことになる」

こんなふうに感じるのはジョーだけではない。エースのブロガーのフランボワーズは（「ラディカル・カマトト」として執筆している）、大学時代、セックス・ポジティブのフェミニズムに多分に影響され、「フェミニストである友だちと一緒に、欲望について、また抑圧を振り捨てることについて、延々と話した」[9]。セックス・ポジティブのフェミニズムによれば、抑圧を振り捨てることは必要で、なぜなら男性が女性を恥じ入らせてセックスさせないようにしているからだ。恥はあまりに深く意識に染み込むことがあるからこそ、自然に感じられる。そのため躊躇《ためら》いを克服するには積極的な努力が要される。セックスを楽しむのに必要なものは何でも試してみるよう女性に勧めることは、実践である（というのだ）。こういったことは何ら誤ってはいない。しかし、あまりに敷衍して受け止められると、条件づけられた性的抑制が「「フツーの」女性のアイデンティティにとって不可欠」であるというエレン・ウィリスの主張は、性的抑制だけが女性がセックスを欲さない理由だという信じ込みに変貌する。

そこで出てくるのが、まさに強い勇敢な女性、恥について批判的に考え、家父長制から自由になって性的快楽を取り戻す女性である。セックスを楽しむことが、自己解放の作業をしたことの証左となり、他方で、一人で家に留まるのは、女性たちに他のより多くの刺激的なオプションを提供しようと努力してきたアクティビストたちを落胆させてしまうように感じられもする。フランボワーズがセックスに対する自身のアンビバレンスについて話したとき、他のフェミニストたちはそれに応えて次のように示唆した。マスターベーションとよりヘンタイなセックスにトライして、この抑圧を処理し、探究し、打ち負かすのに役立ててみればと。注目すべきことに、ある い、他のオプションはほとんど提示されることがない。「「ああ、きっとセックスしたくないだけね。それで大丈夫」とは一度も言われなかった」と、フランボワーズは書いている。「セックス・ポジティブの中では欲望がないことを目立つ形で肯定することは、ほとんどないかまったくなくて、自分自身の「直し」方についての示唆がたくさん」あった。[10] すべての女性は、やり方さえわかれば、セックスを愛するのだと、当然視されていた。

もしセックスをすることが解放であるなら、よりヘンタイでより型破りなセックスは、個人的にも政治的にも、さらにもっと解放的になるだろう。この信じ込みは、特権サークルと呼ばれる概念の反転であり、この概念は人類学者のゲイル・ルービンが「性を考える——セクシュアリティの政治に関するラディカルな理論のための覚書」で案出したものだ。[11]*6 特権サークルは、性行為にヒエラルキーがあることを図解する。特権サークルの内部にあるのは、社会的に受け入れられるものすべてだ。これらは伝統的には一対一《モノガミー》で、婚姻間の、バニラで、*7 異性愛の、私的空間でのセックスである。これらの境界の外部にあるのは例えば、乱交、複数人でのセックスなどだろう。特権サークルは、保守的で硬直的な現状を表している。

問題なのはまさしく特権サークルの存在なのだということに気づく代わりに、リベラルたちは単にそのサークルを反転させた。今や、その外部にあったものの多くが特権的で高位のものになっている。ミズーリ大学のジェンダー研究の教授であるエリサ・グリックは次のように書いている。男性の暴力から解き放たれたフェミニスト的なセクシュアリティの探求は、「スタンダードな運動の型を破る、政治的《ポリティカリー》に正しくない《インコレクト》セクシュアリティの探求に置き換わっている」と。[12] 言い換えれば、行為が「より型破り」であればあるほど、それは古い規範と古い政治からより本質的に解放されており、よりよいものになり、また、それをすればその人はより解放されるということだ。新しいルールが施かれているのだ。

結局、この性解放のビジョンがフェミニストの主張基盤を支配するにつれ、セックスしないことは――もしくはバニラ・セックスしかしないことや、一対一の異性愛関係という境界内でしかセックスしないことは――、後ろ向きで保守的な政治的信条に与しているというサインになっている。だとすればセクシュアリティはすでに、セックスすることが大人になることにつながるという成長物語であったが、政治的な成長物語にもなっている。思考と実践の進化という物語だ。政治的にも性的にも「未熟」から「完全に達した」へと伸びる一直線が想像されている。〔想像上の一直線の〕片側にいるのは、私たちにはお馴染みの、性的に抑圧された女性だ。彼女は異

＊6　ルービンの当該論稿は、クィア・スタディーズの始まりとしてしばしば評されるテクストである。というのも、セックス論争の最中にあって、フェミニストであるルービンは、従来の性――セックス――に関する議論が異性愛関係を前提としたものであることを批判し、男性による女性の性的搾取に止まらない性的な事象に関する差別があることを、「フェミニズムの限界」を指摘する形で批判的に論じたからだ。「特権サークル」は二重の円を中心から均等に分けた図であり、チェンの説明するように、内側の円には社会的に受け入れられる性行為及び性的関係が、その外側の円には、内側に対照的に対応する非規範的な性行為及び性的関係が書き込まれている。

＊7　バニラ・アイスはさまざまなアイスクリームの中で典型的でプレーンな味のものだが、おそらくそこから転じて、一般的に飾り気のない平凡なものを指す形容詞として「バニラ」という語が使われる。「バニラ・セックス」もそのような用法に属するもので、これはヘンタイ的なセックスではないもののことだ。何がバニラ・セックスで何がそうでないかというのは、結局のところ、対照となるものなしに具体的に明示しえないが――例えば異性間であってもワギナとペニスを用いないものはバニラでないし、異性間でそれらの性器を用いるからといって必ずバニラになるわけでもない――、よい意味でも悪い意味でも、特に問題となることのないセックスを指している。

性愛者で、おそらく共和党支持者で、たぶんワスプ（WASP）*8だ。彼女はブロンドで、子どもたちと家にいて、敬虔ぶっておらずとも上品ぶっている。もう片側にいるのは、何でもするつもりの女性だ。3Pでも、ポリアモリーでも、ヘンタイな行為でも、セックス・クラブでも。彼女はオーガズムを複数回感じられるし、複数のパートナーがいるし、移民・関税執行局を廃止したがっている。*9

こういったことすべてが、自らを脱洗脳せよという、フェミニストたちにとってのプレッシャーになっている。あの直線上に沿い、「冷感症で保守的」から、「肉欲のあるリベラル」へ向かうことによって脱洗脳せよと。「私が活動する世界、つまりクィア・ラディカルの界隈と多くの左派には広く受け入れられた考えがあって、そこでは政治的ラディカリズムは性的実践に結びつけられることがある」と、アクティビストのヤスミン・ネアは書いている。[13]「そして、ラディカル・クィアのコミュニティに入った人たちが、しかもたいていとても若い年齢の人たちが、ポリアモリーで性的狂宴を楽しむ関係になったことがないなら十分にラディカルにはなれそうにないと言われたことがあると、私たちはしょっちゅう聞いている。あまりに多くの人たちがこう言うのを聞いたことがある。特定の類の性的存在になるようプレッシャーを感じたと、とりわけ若くて脆弱な新米のアクティビストだったときにそう感じた、と。また、単に特定のセックスのありよう《シーン》が正直自分の趣味《シーン》ではないというだけの理由で、自分があまり政治的でないと感じさせられるようだった、と」

一見したところでは、政治的ラディカリズムとセクシュアリティの間の接続は理解できるように思える。政治的保守派はしばしば性的に保守的であり、少なくとも表の顔ではそうだ。同性愛者やトランスの人々は、自分たちの権利に反対する保守派の政治家を支持することはあまりありそうにないし、その連想《アソシエイション》／連携は力強い。またしてもだが、二つのことがしばしばペアになるからといって、つねにペアにならねばならないということではない。にもかかわらず、新しい類の性的規範性が展開してきたのだ。性的な好みは、この正しい——保守派にとっては政治的に正しくない——女性のセクシュアリティのビジョンに沿うかどうかで判断される。型破りのセックスは、家父長制に対する政治的な行為となる。その反対は家父長制への屈服だ。アセクシュアリティなど存在せず、あるとしたら単に男性による抑圧の副産物でしかない。こういったことは、

＊8　白人（white）、アングロサクソン系（Anglo-Saxon）、プロテスタント（Protestant）の頭文字を合わせたもので、特に合衆国の支配的階級と見なされる人を名指す言葉。
＊9　移民・関税執行局（ＩＣＥ）は合衆国の国土安全保障省に属する部門で、移民取締や違法な輸出入の取締、テロ防止などを行うとしている。強硬な移民政策を取ったトランプ政権下の二〇一八年には「移民・関税執行局廃止」の運動が盛り上がった。要するにここでは、性的に解放的な女性は政治的に解放的な政策を支持するだろうという思い込みが戯画化されている。

セックス・ポジティブのフェミニストたちが欲したことではなかった。彼女たちがこの変化や他の変化を是認するだろうとは思えない。例えばセックスが商品化され、フェミニズムが製品やテレビ番組や個人のブランドを売り出すためのもっともらしい流行語になるといった変化を、是認するだろうとは思えない。それでも、よい考えが悪用され、印象操作のための素材に転化されることは防げなかった。

・・・

ライターのローレン・ジャンコウスキーは、このことをよく知っている。ローレンはファンタジー小説の作家で、養子で、フェミニストだ。今日彼女は、「アセクシュアル・アーティスト」と呼ばれるウェブサイトを運営しており、幸せな人生を送るのにセックスを欲する必要などないという思いを強く抱いている。その考えがかつて、強烈な自信喪失につながったことがあるのだけれども。

高校卒業後、ローレンは地元のコミュニティ・カレッジで授業を受けた。[*10] しかし、彼女が本当に望んでいたのは小説家になることだったので、彼女の父親はお隣さんのクリスに著作業の指導をしてもらえるよう取り計らった。クリスはジャーナリストで、彼も彼の妻もローレンの家族のよき友人だったし、ローレンは夫妻の子の面倒を見たこともあったし、あらゆる面でピッタリに思われた。ローレンとクリスの二人は、毎週日曜、数時間にわたって、クリスのダイニング・ルームで落ち合った。ここは年がら年中暗いままの場所だった。というのも、鳥が窓のところに飛んでくるようになってから、クリス一家は窓を掃除するのを止めていたからだ。他の壁面は、本の詰まった書棚で覆い尽くされていて、そのうちの一つの棚には水槽があった。ローレンは、そこに囚われた色とりどりの魚が泳ぎ回るのを見て、魚たちの気持ちがわかると思ったものだ。

ローレンは早くからクリスにカム・アウトしていた。なぜ彼女がエースのキャラクターを書きたいのか説明するには、それが一番手っ取り早い方法だったからだ。彼女にとっては、アセクシュアルと自認することがすでに一つの勝利だった。高校時代にはセックスに興味がないのは、ガンか脳腫瘍が理由だと確信していて、血液検査〔キット〕を注文して自身の不可思議な容態を診断しようとするほどだった。同様の不安と不確かさを他の誰もが経験しないことが重要

＊10　コミュニティ・カレッジは、地元コミュニティのニーズに合う技能を提供する、主に二年制の機関で、日本の短大や専門学校に近い。性質上、小説家やライターに必要な教養や文章作成技法を教えるところは多くないため、ローレンは個別指導を受けることになったのだろう。

だった。

初めにクリスが言ったのは、アセクシュアリティは現実のものではないということだった。それは、女性たちが性的に解放されないようにしておくために、ミソジニーの男たちによってでっち上げられた考えだということだった。クリスがこれを知っているのは、彼が世慣れした職業人だったからで、彼は自分とアーティストたちとの交友関係をちらつかせ、フロイトについて語るのを好む書き手だったからだ。ローレンはクリスにとって内気で不安がちな隣人で、彼を尊敬しているティーンエイジャーで、おまけに注意欠陥障害もあった。ここでは彼女の意見は重みを持ちそうになかった。

クリスはローレンに夢日記を付けるよう言いつけ、一緒に日記の内容をチェックした。彼は彼女の夢を解釈するという仕事を引き受けたわけで、曰く、夢の内実とは、昇華された彼女のセックスへの欲望だった。彼は彼女の最初の小説、クィアな女性をめぐる幻想的な殺人ミステリーを改変し、もはやメイン・キャラクターはアセクシュアルでなくなった。エースでありアロマンティックである別のキャラクターもいたが、彼はそれを悪役に変えた。悪こそが女性が関係を欲さない唯一の理由だから、と。「私が大好きだったものが汚されたように感じた」とローレンは言う。「それでもなぜそう感じたかは理解できなくて、もっと後になるまで本当にはピンとこなかった。けれど、あの〔改変された〕話の筋を見返して、「こんなの私っぽくないけど、あの人が嬉しそうだからよいに違いないんだ、私もそれでよしとしなくちゃ」と思ったのは忘れないだろうな」

まもなく、ほとんど毎回のように、アセクシュアリティの負の側面を言及されるようになった。〔言及によれば〕注意欠陥障害の服薬のせいであってローレンは実はアセクシュアルでないか、彼女がアセクシュアルであったとしたら、それは大いなる悲劇であるというのだった。クリスの教えにはまばゆいばかりの論理があって、いかにしてアセクシュアリティがローレンの大きな夢をすべて――容赦なく――破滅に導くか、順を追って立証するのだった。アセクシュアルであるというのは情熱がないということだ、と彼は言ったものだ。情熱がなければ書くことはできない。それゆえ、セックスしないなら書き手にはなれない。エースと自認することは、家父長制によって洗脳されていることを意味し、それと戦うことにより熱心に取り組む必要がある。さもなくば、フェミニストにはなれないし、アーティストには確実になれない、と。

クリスがほとんどご都合主義だということは、指摘しておかねばならない。彼は強制的性愛の声を体現していて、歪んだ信念を吐き出すその完全な化身だ。ある意味では、彼に何ら新しさはない。男たちは女たちを支配するのに長らく恥の感覚を用いてきた。クリスの印象操作の類稀な賢さは、彼が自らの権力を、年上の男性の権威の姿で用いたことではない。その賢さは、彼が戦術をアップデートし、ローレンのアセクシュアリティを、彼女のフェミニストとしての政治とアイデンティティ意識に、ライターになりたいという夢と、彼女が人生について理解したいと願うものに、直接接続したことだ。彼は女性の性解放の言葉を、自身の目的に資するよう捻じ曲げた――このことは、彼がローレンに恋していると告白したときに明らかとなった。ローレンは求めに応じなかったが、すると彼はローレンを、怠惰で才能のない失敗作と呼び、彼女と作業するのを止めた。クリスは、女性が自由にセックスを追求すべきだという考えを利用して、女性は――彼と――セックスしないかぎり自由ではないという考えに捻じ曲げた。古い男性特権をいくつかの新しい考えでもって武装し、今やそれらの新しい考えは彼のリビドーに資するよう乗っ取られたのだ。彼は「ぼやけた境界線（Blurred Lines）」のロビン・シックのようだ。お前を解放させていいくれよみたいな。クリスも、フランボワーズが大学時代に知り合ったフェミニストたちも、そして二十二歳の頃の私も、みんな間違っていた。

・・・

もう一度確認しとく。セックスは政治的なものだ。誰が快楽を得るに値するのかも、何が型破りだと考えられるのかも、そして、セックスの定義自体も、政治的だ。セックスとフェミニズムと解放の意味は、貧困の女性や有色の女性、障害のある女性や信仰を持つ女性にとって、異なるものだ。例えば、多くのパートナーがいる裕福な女性は解放されていると考えられがちな一方で、多くのパートナーがいる労働者階級の女性はクズだと考えられがちだ。クィアな女性はホモフォビアや、過剰に性的だというスティグマ、そしてフェティッシュ化に対処する必要がある。トランス女性は辱められ、ジェンダー自認を否定される。こういったことすべてのせいで、そもそも女性が自分のセクシュアリティを表出することは難しくなりうる。

だからといって、すべての性的に無関心な女性が抑圧されているということにはならない。家父長制の支配はしばしば、女性たちがセックスを楽しめないことの原因である。〔けれど〕つねにそうだということではない。性的自由のジェンダー不平等という真実と、女性に自らの性的欲望を称えるよう教えることの重要性は、女性の性解放は一つの姿しかないという考えへと歪曲していった――そして、それはかつての女性たちの生活とは反対の姿だった。過剰に訂正しても、問題は解決しない。恥とスティグマが再配分されるだけだ。

クリスや、女性の性的無関心はつねに抑圧によって引き起こされるというレトリックを信じることにより、つねに多様なかたちでセックスを欲したりセックスをしたりすることがありえたことを忘れることになる。それは、人類学者のルービンが「セックスに関する最も頑迷な考えの一つ」と呼ぶもの、「セックスをする最良の方法は一つで、みながそのようにセックスすべきだ」という考えの犠牲者になることだ。[14]　異性愛の一対一のセックスのみが受け入れられているときにこう信じ込むのは誤りだ。異性愛の一対一のセックスのみが受け入れられていない世界においてそう信じ込むのも、やはり誤りだろう。

特定の行為を楽しむことがあるとはいえ、すでにある欲望に言及すること（もしくは自分が好きになりそうなものを理解しようと探求すること）と、あるはずのものを求めていくこととの間には違いがあると気づいてみてよい。多くの女性たちが抑制され、また、たぶんまだそれを知らないというのは本当だ。〔けれど、〕3Pをしようとしてみない人たちみなが心の内で、自分の本性を見せようと躍起になっているというのは本当ではない。たぶん、本性なんてないのだ。

貪欲なリビドーなるものを誰もが持つと想定することで、性のバリエーションがあるという現実が無視される。何らかの内なる性的自己がつねに実在するという考えが通用してしまうのは、私たちみなが、奥底では同じだと——たとえば、みなが同じものを欲し、いくばくかの人だけが、鞭打ちでイケることをまだ知らないのだと——信じ込んでいるときだけだ。性にはバリエーションがあるのだから、解放されたセクシュアリティの普遍的ビジョンなどない。個人的なことは政治的なことだが、それぞれの人にとって最良のものは異なってよい。解放されたセクシュアリティ——つまり社会的辱めから自由になったセクシュアリティ——は、乱交のように見えるかもしれないし、セリバシーのように見えるかもしれない。そして、解放されたセクシュアリティは多様な形で実在するのだから、性的に保守的であることが性的に抑圧されていることを意味しなければならない理由はないし、性的に保守的であることで政治的ラディカリズムが阻《はば》まれねばならないという理由はない。

個人の解放へと焦点が当たることで、政治的な組織化がもつ真の力から注意が逸らされるとしたら、それもまた厄介だ。型破りのセックスをすることは、個人のレベルでは力強いかもしれないが、より大きな構造を変えることは滅多にない。大きな構造とは政治、法、文化といったもので、他のみなにとってのオルタナティブなライフスタイルやセックスを辱め（また他の形の退行的な規範を強要し）続けるものだ。個人的な、型破りのセクシュアリティを強調することで、「例えば、クィアネスが価値づけ直されることになるかもしれない。［けれど］その元々の低評価の原因である政治的経済的条件は問われないままだ[15]」と、ミズーリ大学の学者のグリックは書いている。

セクシュアリティに基づく政治的門前払いは、セックスの優先順位が高くないフェミニストたちをもまた疎外する。そのようなフェミニストの一人がラフィア・ザカリアだ。彼女はムスリムの弁護士でありアクティビストであり、セックス・ポジティブのフェミニズムについて、大学院のゼミで初めて学んだ。「大学院のゼミが育む競争意識の中で、私のクラスメイトは饒舌になった。3Pについて、感情的に愛着のある恋人を勝ち誇りながら無作法に捨てたこと（ヒマだねぇ）について、そして概して、目一杯のセックスについて」と、『ニュー・リパブリック』に寄せたエッセイで彼女は書いた。[16]「キザな教授は、鼻にピアスをして、ボサボサ髪で、案の定、世慣れ人風にスカーフと安飾りを遊ばせた人だったが、そういったこと全部を推奨した。性解放が単に解放の中心どころか、解放一般の総和となったのはいつ、どのようにしてだったかという問いは、ついぞ話題にのぼらなかった」

ザカリアは大学院のクラスメイトに馴染めなかった。レッテル貼りされるだろうと気づいていたからだ。カマトトとして、「救われるべき、性解放の可能性を教え込まれるべきムスリム女性」として[17]。救われる必要も教え込まれる必要もほとんどない彼女は、むしろ、自由恋愛の精神はすべての女性にとって最も満足のいくものだろうという考えや、性解放は女性解放の要となる必要があるという考え、あたかもその二つを同一とするような考えを退けた。ムスリムのフェミニストという、両立しえないものとして愚かにも見なされがちなアイデンティティを持つ彼女は、自分が性的快楽に反対しているのではないと説明するのに困難を覚えた。反対しているのは、性的快楽が構築される仕方に対してであり、また、セックスについて説かれてきた語りに対してであり、他の諸問題を時に霞ませる、より多くのセックスがより多くの解放となるという空虚な戒めなのだ、と。ザカリアが描くようなセックス・ポジティブの空間が、しばしば上流階級の白人女性の縄張りであることは、偶然ではない。そういった女性たちは、議論の口火を切る、しばしば教室内で最も声の大きな多くのフェミニストたちと、構成員の属性という点で類似している。白人で上流階級の女性は、人種差別と階級差別によって影響を受けることがより少なく、またこれらの問題を強調する、より広範なフェミニズムのビジョンの必要性をあまり見出しそうにない。それゆえ、性解放が女性解放であるという、この狭いビジョンをより中心に置きがちなのだ。

セックスはザカリアのフェミニズムの中心ではなかった。セックスは私のフェミニズムの中心でもない。このことで私のフェミニズムが疑わしくなると言ってくるはずの人々に割く時間など、私にはない。超絶ワクワクするセックス・ライフを送ることに、もはや関心はないのだ。みんなの羨望の的になるようなセックス・ライフを送るべく努力するにしても、それはほぼ、私のためにしかならないだろう。快楽を追求することは素晴らしいことでありうるが、超絶ワクワクするセックス・ライフを送らないからといって、その人が政治的な失敗になることはない。暴力や経済や教育やその他の問題に関して、もっと他にやるべき仕事があるのだから。セックスを嫌悪し、抑圧されているかもしれないとしても、包括的性教育を支持し、賃金平等法を可決するよう立法府に圧力をかける女性は、政治的に成功している。男たちを利用したことを自慢するだけで、より大きな活動の必要性を無視する女性は、さほど成功していない。

もしくは、ネアが書くように、「革命は」――私たちみんなを助けるそれは――「オーガズムの高波に乗ってやってくるわけではないだろう。共有のリビングの床でパートナー七人と続々とよがっても、革命になるわけではない。革命が起きるのはただ、抑圧と搾取のシステムを破壊するための現実的なプランを持つときだけなのだ」[18]。あらゆる種類の性の多様性が重要であり、個人的なセクシュアリティが政治的アクティビズムの限界を創り出すことはない。いずれの方面にも限界を創り出すことはないのだ。

・・・

二十二歳で、高慢で向こう見ずで、またビビってもいた私は、メインストリームのフェミニストたちが持つ強制的性愛に立ち向かうことはなかった。私はまた、それに関連する、別バージョンのフェミニズム的な価値観にもしがみついていた。つまり、男がするとされることを女もできるようにすべきというだけでなく、男のすることを女ができたらより優位に立てるだろうというわけだ――これはセックスという領域では、性的出会いや身体的快楽のためのセックスを意味していた。性解放のこの（見当違いの）バージョンは必要だと感じられたのだが、私は、自分がとても保守的で変われないことで自分自身を責めていた。私は『倫理的なアバズレ（*The Ethical Slut*）』を読んでいたし、「自分自身をポリアモリーに変える」方法を教えてくれるというブログ・ポストを読んで、プリントに記入することで「自分の嫉妬を書き出し」、嫉妬を心中に留めようと、なんならそれを打ち消そうとした。私の一対一の関係への欲望とカジュアル・セックスへの無関心は、褒められる価値のない好みで、乗り越えられねばならない政治的かつ道徳的な失敗だと、信じていた。私は弱く、間抜けなのだと思っていた。

そういうわけで私は友人と、サンディエゴの一区画であるパシフィック・ビーチにあるちっぽけなバーに行った。ネオン・ライトがあって、一つしかないテレビはスポーツ中継を映していて、確か合計で四人の男性がいた。誰にもアプローチする気になれなくて、「今すぐここを離れよう、でも、車で帰る途中に、少なくともカルネ・アサダ・フライ[*11]だけは買おう。それで無駄にした一夜の埋め合わせをしよう」と声高に言う羽目になった。

翌朝、私はOkCupid にログインし[*12]、私のプロフィール・ページを散発的に訪れてくれる、まずまず感じのよさそうな人にメッセージを送った。彼のユーザーネームはもう覚えていない。彼の実名ももう覚えていないし、他のことも覚えていない。ただ、彼が二十八歳で、茶髪で、私が望むことを説明したときに喜んで従ってくれたということ以外には。

＊11　カルネ・アサダとは、スペイン語で焼いた肉のことで、カルネ・アサダ・フライは、スライスした焼き肉とフライドポテト、他にチーズ、ワカモレ、サワークリームなどを混ぜた料理。ただし、カルネ・アサダ・フライはメキシコ発祥ではなく、メキシコに近いカリフォルニア州サンディエゴの名物料理。

＊12　OkCupid は出会い系サイト、アプリの一つ。

一時間後、私たち二人は、私の当時の住まいの近くにあった平屋建てのショッピング・モールの戸外に座っていた。彼は、よくある透明なプラスチック容器に入った寿司を食べた。私は何も食べなかった。彼はテクノロジーが好きで、『Wired』の養成制度に応募することを時々考えていると、私に告げた。同じ制度に応募することを考えていたと私は話した。[*13] 私たちは別々の車で彼の住まいに向かった。

これからもずっと鮮明に浮かぶであろう〔記憶の〕詳細は、その男とも、セックスしたこととも関係がない。私の記憶に焼きついているのは、彼の家に入ったときに感じた驚きだ。家は子どもでいっぱいだったのだ。そのうち少なくとも四人は、おそらく親戚なのだが、桁外れに大きい長椅子の上に積み重なって、長いブロンドの髪のプリンセスが主人公のアニメ映画を見ていた(二週間後、探してわかった。『塔の上のラプンツェル』だった)。誰も私に一瞥すらくれなかったが、これはちょっとした救いで、私はいまだにありがたく思っている。

セックスは痛みを伴うおざなりなもので、すぐに終わった。私は身支度をして家を出た、勝ち誇りながら。感情的には、私は何も感じていなかった――これが結局、重要なところだったのだ。やっぱり、ヘンリーの主張について私が恐れたことは間違いだった！　感情のないセックスは可能だったのだ。だから、私自身についての恐れもまた、間違いだった。私は抑圧されていないし、執着的でもなかったのだ。私は、体現したいと望んでいた言葉そのものになった。つまり、強くて、個人主義で、大胆で、そして、言ってみれば、私自身の無感情によって力を与えられているのだ。

セックスの前に感情的な関わりを求めるなどの、女性のどんなステレオタイプに陥ることも敗北に感じられた。だから、私の人生で唯一の性的出会いは、政治的成長を求めてしたことであり、快楽に少しでも近い何かを求めてのことではなかった。「男みたいに」外出してセックスすることで、私は、真実の愛を待つ感傷的な乙女というお笑い種になる可能性をぶち壊した。その安心のためには、一夜限りの関係——本当のところは一昼限りの関係——を持つことなんて、小さな代償だった。今度こそ、私は十分に進歩的になったのだ。

ヘンリーに告げたとき、彼はおめでとう、よかったねと言った。けれどあの夏に入ってから、暗闇の一夜に、あのとき全部が変だと心のどこかで感じる自分がいたと、彼は私に告げた。彼は、正しく直観していた。ある意味、私の行動は罰であり、不信の表れだと。そして彼が変だと感じたのは、たぶん、彼が心のどこか一隅で、私の初めてになりたがっていたからなのだ。

＊13 『Wired』は、日本版でもお馴染みの、テクノロジーや文化を扱う雑誌で、本社はやはりカリフォルニア州のサンフランシスコにある。なお、著者のチェンは現在、『Wired』にて一つのセクションを監督する編集者になっている。

・・・

私がフェミニズムと呼んでいたのは、実行力を装った意地悪と恐れだった。それは、部分的には、他のみんなが言っていた、愛から切り離したセックスを、私だってできると立証することでもあった（この男性に実際のところ惹かれていたわけではなかったので、性的に他者に惹かれるというのがどういったことかについての私の恐れは何ら和らげられなかったけれど）。それは、支配と〔心理的〕距離とエゴと政治と不確実さに関わることでもあった。

私の最初に寝る人がヘンリーであってほしくなかった。対処できるか自信を持てなくて、というのも、彼にあまりに恋してしまうのを恐れていたからだ。彼を拒むことは力を示すことであり、与えることのできる何か、私が残しておくべきだと思われているような何かを〔彼から〕奪うことだった。それは、彼を傷つけることになるかもしれないし、少し不快に感じさせるかもしれないと私が言われてきたことで、実際私は彼にそのように感じさせたのだ。

私の行動は、性的純潔の重要性を滑稽にも反転させた結果だった。愛を待つという時代遅れの概念を拒絶することで、私は自分がフェミニストなのだと考えたが、時代遅れの概念に反証することが動機になっているということは、そういった期待が影響を及ぼし続けていることの表れだ。子どもに逆心理[*14]をけしかけたことのある人なら知っているように、現状が現状であるというだけでそれに抗って行為すれば、簡単に印象操作されてしまう。特権サークルに関しても言えることだが、反転しても権力は保たれてしまう。独りよがりの女性はかつて、自分が純潔であると証明するために、自分のバージンを失うまいと守っていた。今や、自分が純潔を信じていないことを証明するためにそれを捨て去る方が、一見したところ、より魅力的になりうる。かの女性はかつて、自分が然るべきものだと証明するためにジェンダーのステレオタイプに服従した。今や彼女は、ステレオタイプ的に男性たちがする仕方でセックスすることで価値が与えられる。たぶん、より多くの男性が、女性がすると思われる仕方でセックスするべきなのだが。

私の性格の欠陥が大きな要因であるのに、私の決定ゆえにフェミニズムを責めるのは、不誠実だろう。〔けれど〕ある種のセックス・ポジティブのフェミニズムが私の選択に何ら関係ないと考えることも、ナイーブだ。私はバージンを失ったが、あんなふうに失ったことを、私は後悔していない。傷ついていないし、それについて考えることは滅多にない。私が払った本当の代償は、この出会いによる何らかのトラウマではなく、私がアセクシュアリティというトピックに関して

＊14　逆心理（reverse psychology）は、相手に行ってほしいことと反対のことを言うことで、相手の心理的反発を利用し、狙い通りの行動を取ってもらう手法のこと。

気まずさを感じるということなのだ。私自身の守りの姿勢を常々やりくりしているように感じるのだ。というのも私は、多くの人がアセクシュアリティについてどう思っているか、さらにその延長線上で私についてどう思っているかを、知っているからだ。この新種のセックスの規範性で重要になるのは、若い女性が見知らぬ人に対してバージンを失うかもしれないということではない——私はそんなこと気にしていない——そうではなく、女性たちが自分の在り方に対して、より少ないルールではなく、より多いルールを提示されているということなのだ。私は自分の一夜限りの関係によって影響されてはいない。そもそも一夜限りの関係へと私を導いた思い込みによって、影響されているのだ。

私のであろうと他の誰かのであろうと、アセクシュアリティが話題に上るとしたら、それにはつねに補足説明がつけられねばならない。「私はエースだ」と言って、その言葉をそれだけで通用させられないように感じる。カッカしながら付け足しの言葉を重ねたくなる衝動と、私はつねに戦わねばならない。

一、アセクシュアルはセリバシーと同じじゃないよ！
二、私はアセクシュアルだけど、ヘンタイでもあるよ！
三、多くのエースは交際してるよ！

四、ゲスいユーモアもわかるし、批判ばっかしてないよ！

こういった付け足しの言葉も、私がこれらを使いたくなってしまうことも、両方嫌だ。「私はXだけどYではない」は、つねに誰かを下敷きにしている。「私は女子だけど、クールな女子だ」は、女子がクールではないという既定の見方を強調している。「私はエースだけどヘンタイで、セリベートではない」は、バニラだったりセリベートだったりという人々への侮辱だ。「私はエースだけど、あなたの考えるようにつまんないエースではないよ」もやはりグサッとくる言葉で、冷感症の意味についての教え込みを、ひそかに強化している。セリバシーはエロティックになりうる、と。抑制があるとされることは、その下にある豊かな肉体的欲望を暗に示すからだ、と。結局、イブはリンゴを一口齧った女性だ、と。イブが否認した、旺盛な肉体的欲望のある肉欲的なオンナになるのは面白いかもしれない。欲望がまったくないのは面白くない。それって単に何もないってことでしょ、と。

・・・

上記のことはいずれも、セックス・ポジティブのフェミニストたちが行ってきた偉業を貶めようとしているのではない。女性は性的平等に値するという教訓は、これからもつねに守っていくに値する。こうしたアクティビストたちのおかげで、性教育はより包括的になり、ＬＧＢＴＱ＋とオルタナティブな家族はより受け入れられやすくなってきた。[19] セックス・ポジティブの運動は、『オン・アワ・バックス』（このタイトルは反ポルノグラフィーの雑誌『オフ・アワ・バックス』のもじり）のような、レズビアンによって運営された官能雑誌や、女性がオーナーの伝説的アダルトショップ「よいカンジ／振動《バイブレーション》」をもたらした。*15 明らかに、セックスは積極性《ポジティビティ》の源になりうるし、トリッキーな権力力学のある状況においてさえ、女性たちには力がある。

やっとのことで得られた成果もあるが、性的不平等との戦いという大仕事が終わったわけではない。世界にはこうしたリベラルな僻地があるが、その先にも、また内部においてさえ、古い観念が支配している。ムラムラする女性は依然として恐れられ、女性は声を上げてきたことに対して多くの揺り戻しを受けている。「セックスの減退／不景気」を掘り下げる記事は、新しい性的自由が褒めそやされるにもかかわらず、若者は、どのように進んでいくのが一番よいのか、不安で自信のないままであるということを強調していた。[20] フェミニストでセクシュアルな私の友人のほとんどは、本能的に自身をスラット・シェイミングしたことがあるという。恥に値することなど何もしていないと、彼女たちもわかっているのにそうしてしまうというのだ。

「自分を感じて」にも『ユーフォリア』にも、私が先に挙げたすべての例にも、価値はある。私は『セックス・アンド・ザ・シティ』のサマンサに同意する。みんなが、着たいものは何だって着るべきで、したいなら誰のだってしゃぶるべきだ、と（もししたいなら、ね）。欲望についてのあからさまな歌詞や内容は問題ではなく、このタイプの内容が、若者の、リベラルの、クィアの空間を支配し、そこで無慈悲に推されることが問題なのだ。どんな考えでも一つの考えが支配することは、害をもたらしうる。それは元々の教訓を歪めてしまうかもしれない。

だから、他方の面への注目も必要だ。マッキノンとドウォーキンのステップを正確に踏襲することは必要でない——ポルノやＢＤＳＭ[*16]やセックス・ワークについての彼女たちの見解を私は共有しない——が、セックスに対する彼女たちのより批判的な態度は立ち返ってみるに値する。

＊15　“get off one's back”は「〜の邪魔をしない、悩まさない」といった意味があるが、『オフ・アワ・バックス』の初期から寄稿していたキャロル・アン・ダグラスによれば、この雑誌のタイトルは「男たちが「私たちの邪魔をしない」ように、また女たちが「自分たちの邪魔をせずに」、私たちの解放のために働くようにという両方を意味する」ものだという（carol anne douglas, “cover story: back to off our backs,” *off our backs* 25, no. 2（1995）: 5-7, 19-21. なお、この雑誌はタイトルや人名などの通常大文字とすべき箇所をあえて小文字としているので、それに倣っている）。対して、『オン・アワ・バックス』は、チェンも注記するように、『オフ・アワ・バックス』をもじりながら、ドウォーキンに関する本章の訳注で述べたように、セクシュアルな含意を持つタイトルだ。

実際、そういった転換はすでに始まっているかもしれない。

二〇一五年には、『ニューヨーク・タイムズ・マガジン』が「セックス論争の回帰」と題した記事を掲載した。これは、キャンパスでの性的暴行をいかに扱うべきかをめぐるフェミニストたちの主張を議論するものだった。[21]二年後には、#MeToo運動がセックスと性的暴力の危険性をめぐるさらなる分析に拍車をかけた。そこにはその運動が行き過ぎだと主張するものもあれば、十分に進んでいないと主張するものもいた。かつてアンドレア・ドウォーキンは、自分はフェミニストだが「彼女みたいなのではない」と言うために引用される典型的《フィギュア》な女性だったが、今や新たに評価されるべき最先端の人物《フィギュア》だ。彼女のエッセイ集は二〇一九年に再発売された。

いま重要なことは、アリゾナ州立大学のジェンダー研究の学者のブレアン・ファーズが書いているように、これらの視座を統合することだ。これらの視座とは哲学者アイザイア・バーリンが二つの種類の自由と読んだものに対応する。積極的《ポジティブ》自由と消極的《ネガティブ》自由、もしくは、「〜への自由」と「〜からの自由」だ。[22]セックス・ポジティブのフェミニストたちは「〜への自由」に焦点を当ててきた。セックスすることへの自由、楽しむことへの自由、二重基準《ダブルスタンダード》によって引き起こされる不当な抑制なしに男性が行うことをすることへの自由、というように。彼女たちは正しかった。セックス・ネガティブのフェミニストたちは、「〜からの自由」に関心を寄せていた。性的客体として扱われることからの自由、私たちがクールであると示すためにセックスするよう義務づけられているように感じることからの自由、セックスは元からよいものだという考えからの自由、というように。個人の型破りなセクシュアリティがラディカルな空間への入場料となるべきではないし、性解放が女性の解放の総体であるべきではない。彼女たちも正しかったが、比較的注目を受けてこなかった。

これらすべての視座が考察に値する。私個人はセックスを推していない。私はセックス・ポジティブでもセックス・ネガティブでもない。私は快楽を推していて、それはセックスをまったく含む必要がない。そして私は性的選択を——本当の選択を——推している。みんなが自分の欲することだけをするべきと言うのでは不十分だ。そんなのは誰でも真似できるつまらない言葉で、社会が私たちに特定のものを欲するようどう圧力をかけるかを無視している。その言葉に裏づけを与えろ。セックスに関心がないと公言している、力強い、羨ましくなる女性たちの例を私たちに見せろ。その決意に揺らぎがなく、また、他人から常々疑問視されることのない女性たちの例を。いかにポリアモリーが一対一の関係より進化しているかについてのコメントでもって、新し

＊16　束縛（Bondage）、調教（Discipline）、サディズム（Sadism）、マゾヒズム（Masochism）の頭文字（ただし、DとSはそれぞれ、支配（Dominance）と服従（Submission）でもある）を取ったもので、嗜虐加虐の性的関係、ロールプレイの総称。

い特権サークルを強化するな。もしくは、バニラ・セックスを見下すな。性行動が政治的信念とリンクしているはずだとか、ムラムラが面白い個性だとか思い込むのを止めろ。こんなのが、本当の選択という言葉で私が表そうとしているものにより近い。

私は、セクシュアリティ研究者のリサ・ダウニングが「セックス・クリティカル〔セックスに批判的〕」と呼ぶもので、[23]女性の個人の力といまだ続く社会の不平等との両方に意識的だ。他者に試してみたらと勧める一方で、その人たちがセックスは何ももたらさないと言うならそれを信用することはできる。性行為がとてもヘンタイであることを理由に、もしくはパートナーの数がとても少ないからという理由で、誰かが持て囃されるべきではない。誰かが自分の持てる限りの能力で、圧力から解き放たれて選択することができるならいつだって、それは祝うべき理由になる──また、社会的政治的構造を変えようと努力するならいつだって。そのような構造の変革によって、他のみんなも同じ性的自由を、また他の種類の自由を持てるようになるだろう。

以上が、私が二十二歳で知っていたらよかったのにと思うことだ。不安でビクビクしていて、自分自身に自信を持てず、特権サークルに当てはまろうと躍起になって、脆弱さを恐れていたあのときに。「まさに欲しかったものを手に入れた」と、私は一夜限りの関係を持ったすぐ後で日記に書いた。「私がずっと主導権を握ってたし、それでもまだ私にはヘンリーがいる。心から大好きなあの人」。あのとき私は欲しかったものを手に入れたが、数年後の今、あのときの決断はもちろん違う意味合いを持つものとして見える。あのとき他の何かを欲していたらな、と今となっては思う。いつも主導権を握ることとは別の何か、ヘンリーを押し退けることとは別の何か、自分の力を証明するためにセックスを用いることとは別の何かを。

第5章　ホワイトウォッシュされて[*1]

〔AVENなどの〕最初のフォーラム・メンバーがエースの定義とアイデンティティについての問いを話し合い始めてから十余年が経った二〇一四年、統計学の素養のある有志グループが、毎年恒例となる「エース・コミュニティ調査」[*2]の実施を始めた。[1]調査は完璧にはほど遠い。というのも、調査を受ける人々は、アセクシュアリティについてすでに十分に知っていて、そもそもそれを見つけることのできる人々だけだからだ。それはアセクシュアルの人々一般を代表するというより、オンラインのエース・コミュニティの一片だ。けれど、エースと自認するのはどのような人か理解しようとする人にとっては、価値のある情報源であり続けている。

〔調査結果には〕いくつか目立った傾向がある。エースと自認するのは、シス男性よりもシス女性の方がずっと多く、多くのメンバーはトランスもしくはジェンダー・ノンコンフォーミングだ。エースの多くは神経多様性《ニューロダイバージェント》に属す。[*3]大半は若者だ。調査概要が入手可能な最新の年は二〇一六年だが、その調査の数字からは、回答者の平均年齢は二十三歳で、アローの人にカム・アウトした平均年齢は二十歳であり、回答者の三分の一がTumblrでアセクシュアリティについて初めて

＊1　本章のタイトルにも用いられるwhitewashという語は、元々、壁などを白く塗ることを原義とするが、そこから「（都合の悪い事実を）隠蔽する」もしくは「（そのように隠蔽することで）印象操作する」という意味が生まれた。さらに重要なことに、この語は人種差別の文脈では、原義と派生的な意味をおそらく合わせながら、「白人の利益になるような、もしくは白人の意に沿うような描写をすること、またそうすることで黒人をはじめとした有色の人々の貢献や存在を過小評価すること」を批判的に指し示す言葉として用いられる。例えば、有色の人々が多く参加したゲイ解放運動を白人中心に描くことも、明らかにアフリカ系のルーツを持つ有名人を文字通り白く描くことも、ホワイトウォッシングでありうる。また、本章後半で現れるが、おそらくは「洗脳（ブレインウォッシュ）」の意味を意識しながら、そのようにホワイトウォッシュされたコミュニティの内部で生きる有色の人々に対して、ホワイトウォッシュされていると非難する用法も――個別の場面でのその政治的倫理的妥当性が大いに疑われるべきであるにせよ――ありうる。この語はかように広範かつ重い文脈を持つ語であるため、無理に日本語に置き換えることはあえて控えた。

＊2　調査の始まった経緯については当該調査団体のサイト（https://acecommunitysurvey.org/faq/a-history-of-previous-ace-community-surveys）も参照されたい。日本語訳も提供されている。

＊3　神経多様性とも訳されるニューロダイバーシティとは、自閉スペクトラム症などの神経発達症が、単なる治療の対象というより、脳機能の多様な働き方の一つであると見なす考え方のこと。いわゆる障害の社会モデルから強い影響を受けた考え方である。この見方に沿えば、神経発達という点で健常者と障害者が二分されるのではなく、あくまでニューロティピカル（神経典型）な人とニューロダイバージェント（神経多様）な人が時に重なり合うように存在するだけであり、ニューロティピカルとニューロダイバージェントの関係は個別の社会のありようによって変わりうるものとなる。

知ったことがわかる。[2]

そして多くのエースは白人だ。エース・コミュニティの白さ——二〇一六年の全世界調査の回答者の七七パーセント以上が〔自身の人種構成を〕白人のみと自認していた[3]——は眩いほどだが、必ずしも驚くべきことではない。白人の人々は典型的に、有色人種の人々よりもより多くの経済的、政治的、文化的な権力を有している。白人たちはたいてい、ある主義主張を擁護するときにはより信用を置かれやすいし、より神輿に担がれがちだ。

これまでのところ、アセクシュアルの運動はこのパターンに従ってきた。初期の最も目につくアクティビストたちは、デイヴィッド・ジェイを始めとして白人だった。今日、Tumblrと掲示板と他のオンライン空間は、依然として白いと感じられる。きっちりと明示できるわけではないが、そのように認識されているぐらいに白いのだ。「オンライン上のアセクシュアル文化って、ヘンな感じにとても白いんだ」と、ケンドラは言う。彼女は黒人でエースのライターで、「毎日のフェミニズム」と『エボニー』に寄稿している。*4「エースのコミュニティにより入り込んでいくにつれ、有色の人たちがもっといないか探し始めたかな。だってほんと、白いことだらけだったから」。エース・コミュニティのシンボル——新規の人を迎えるときに送るケーキの絵文字や、黒とグレーと紫といった色など——は彼女にとっては魅力的でない。「そんなに面白いネタじゃないし、誰がケーキに投票したんだろ？　あんな色を選んだの誰？」と彼女はジョークを言う。「スイート・ポテト・パイをもらえないかな？」[*5]

早い時期に神輿に担がれた人の多くは白人で、だから白人によって作り上げられたものを伴う白い（白人の）文化が発展した。白人の人々がこのコミュニティを最も居心地よいと感じ参加することで、コミュニティはさらにもっと白くなる。しかし、アセクシュアリティが白さに結びつけられるのは、コミュニティの最も有名な面々が白人だからだけではない。アセクシュアリティは、セクシュアリティそれ自体が人種と交差する、その複雑なあり方によってもまた、白さに結

＊4　「毎日のフェミニズム（Everyday Feminism）」は、名前の通り、日常的な話題をめぐり平易な書き口でフェミニズムを扱うサイトで、重要なことに、交差性《インターセクショナリティ》の視点を持つことを宣言している。『エボニー』は合衆国の黒人向け雑誌。エボニーという普通名詞自体は、高級感のある黒い木材である黒檀の意。

＊5　アセクシュアル・コミュニティの初期から、メンバーたちは新規投稿者への歓迎の意を込めて、ケーキの絵文字もしくは「ケーキでも食べていけ」といったような文言を書き込んだ。ケーキは「セックスよりよいものって何？」という〈ネタ〉に対する回答として用いられることもあり、アセクシュアル・コミュニティの一つのシンボルになった。ただ、このような説明を必要とすることからも明らかな通り、こういったネタやシンボルは内輪向けのものだ。同じ人種や年齢、社会階層、ジェンダーの人同士でももちろんのこと、アイデンティティの異なる人同士では、余計にこれらへの親しみやすさが異なるだろう。なお、スイート・ポテト・パイにはアフリカ系アメリカ人コミュニティでの家庭的なデザートというイメージがある。ケーキの代わりにそれがシンボルになってもよいのではないかというケンドラの発言はもちろん冗談だが、しかし重要なことに、エース・コミュニティ内部の暗黙の人種的偏重を指摘してもいるのだ。

びつけられる。

・・・

サンフランシスコ・ベイエリアの職場コンサルタントであるセリーナは、高校時代まで、自身のことを性欲動の強いストレートの男子だと思っていた。彼女は親密さと恋愛を欲していたし、東アジアの男性は男性性を欠いた性なき存在だというステレオタイプを忌み嫌っていた。「トランスと自認する前は、私にとっては、「セックスしたがる」ことでそのステレオタイプと争うことが重要だった。たぶん、本当にセックスしたいと思ってる以上にね」と彼女は言う。

性欲動という項目は、しかしながら、セリーナの優先順位リスト上では低いままだった。より一般的な問いは、性的指向と自己表現と、そしてそれらの一方が他方をどのように限定するかに関わっていた。セリーナは女性向けのTシャツやドレス、スカートを着たかったし、そうするためにはいくつかのルールに従う必要があると思っていた。「「この服を着たいけど、この服を着るためにはゲイである必要がある」と思ったんだ」と彼女は言う。「ゲイであることの条件はいくつかあって、男とだけデートするなどもあったけど、そういった交換条件なら受け入れられると思った」

中学時代にカム・アウトした後は、「トランスなことがゲイなことに取って代わって」、セリーナはドレスを着たいからといって誰とデートするかが制限される必要はないと判断した。けれど、彼女のアイデンティティが移行するにつれ、惹かれについての彼女の経験も移行した。なぜなら惹かれは、社会的、心理的な要因によって影響を被るからだ。彼女と同じく東アジア人だった昔からの友人の多くは、彼女の性別移行の後は遠ざかっていき、こうしてデート候補も、誰が周りにいるかも、誰をどんな点で魅力的に思うかも、変わっていった。セリーナが髪を長くし、お化粧し始めるようになって、性のないアジア人男性というステレオタイプに対抗する必要はもはやなくなった。そのステレオタイプはもはや当てはまらなくなったのだが、一つの制限が取り払われると、別の制限に置き換わった。今やセリーナはなるべくセックスしたくなくなったのであり、そうすることで、アジア人女性としての新たな見た目ににわかに興味を抱くフェティシストをやりこめようとした。

人種と紐づけられた性的なステレオタイプは、セリーナのセクシュアリティの経験を形作っていて、彼女が他者に抱く欲望と、他者が彼女に対して抱く欲望とに影響を与えている。彼女の性的惹かれの経験は、彼女のアイデンティティの他の一面から切り離せないものだと言う。トランスであることとアジア人であることについても語るのでなければ、セリーナはエースであることについて語ることができないのだ。

一九七〇年代に活動していたブラック・フェミニスト・レズビアンのグループであるコンバヒー・リバー・コレクティブならば、セリーナが言い表したいことを理解してくれただろう。彼女たちの有名な「コンバヒー・リバー・コレクティブ声明」は、「アイデンティティ政治」という用語を新たに作り、複数のアイデンティティがどう重なり合うかを議論した。コンバヒーのメンバーたちは、彼女たちの後の多くの人々も倣ってするように、「抑圧の主要なシステムは連結している」と看破した。人種的抑圧は階級的抑圧から、また、ジェンダーに基づく抑圧もしくは性的な抑圧から分離しがたいものだ。なぜなら、それらは同時に経験されるもので、「これらの抑圧の総合が、私たちの生の諸条件を作り出す」からであり、たとえば、「単に人種的でも単に性的でもない人種的 - 性的抑圧」に帰結するからだ。[4] アジア人男性とアジア人女性は人種を共有しつつもジェンダーは共有していないが、セクシュアリティは〔人種とジェンダーという〕両者によって媒介されているので、アイデンティティとセックスの経験は、たとえば私と私の従兄弟とでかなり異なる。学者のキンバリー・クレンショーはこの現象を俎上に載せた。彼女が「交差性《インターセクショナリティ》」という用語を一九八九年の法学論文で新たに作ったときのことだ。この論文は、反差別法の最たる弱みを指摘していた。反差別法は単一軸の抑圧しか認めていないのだ、と。[5]

・・・

見てきたように、強制的性愛はストレートの白人男性にとっても存在する。しかし、より脆弱なコミュニティの出身で、社会的な条件づけの余分な重なり合いによって重しを課される人々にとっては、自分のアセクシュアリティが人間の一変異であるか外的に課されたものであるか理解することには、文化的、歴史的な重荷がつきまとう。

セクシュアリティのコントロールは、支配のための古典的道具で、男性によって女性に対し、白人によって有色の人々に対し、健常者によって障害者に対し——もしくは、長いリストを短くしてみれば、権力者によって権力をあまりもたない者に対し、用いられてきた。それは多くの仕方で表出されうる。政治的支配の一つの形としてのレイプ、奴隷を番《つが》わせ家族を離散させる奴隷所有者、といったようにだ。それは、女性たちに対してのみ純潔を強いたり、人種差別的で性的なステレオタイプを長らえさせたり、ある集団には性的欲望がまったくないと想定したりすることでもありうる。

人生とは、マイノリティと権力をあまりもたない人々にとって、継続的な学び直しの過程である。これらの集団——女性、有色の人々、そして次章で主題となる障害者——は、アセクシュアリティを自らのものと主張することを極めて困難に感じることがある。なぜならアセクシュアリティは、性差別や人種差別、障害者差別、そしてその他の暴力の諸形式が産み出すものと、あまりに似通っているからだ。この暴力の伝統によって、コントロールされてきた集団に属する人々は、依然としてどの程度までコントロールされているかを理解するために余計な努力をしなければならなくなる。

これを主題に基づく変奏と呼んでみよう。主題は抑圧だ。その変奏は、抑圧がまさしくどう顕在化するかであり、それがアセクシュアルのアイデンティティにどう影響を及ぼすかである。誰がエースであるのか、これに対し、誰が惑わされているとかナイーブだとかと考えられるのか。こういった問いは、それぞれの個別のコミュニティを超えて問題になる。一方の集団が他方の集団よりもなぜ、アセクシュアリティを受け入れることを、もしくはエースとして受け入れられることを困難に感じるのか。その理由を細部まで見ることで、セックスと権力と歴史がいかに結合してきたかの概略が明らかになる。

人種について言えば、あまりに多くの異なる絡み合った糸が、エース・コミュニティを白いままにしている。アセクシュアリティは理想化されてゆきながらも、否認されてきた。両方とも問題含みだ。アセクシュアリティが白さに紐づけられているのは、白人（特に白人女性）[6]が性的に「純潔」だとしばしば想定されている一方で、黒人とラテン系の人々がしばしば過剰に性的だと考えられているからだ——そしてこれらの人種化された性的ステレオタイプはそれ自体、コントロールの一形式なのだ。同時に、アセクシュアリティはマミー〔特に奴隷制下で、子守役を押しつけられた黒人女性〕やチャイナ・ドール〔従順なアジア人女性〕といった人種的常套句に疑わしいほどに似て見えるものでもありえて、このことがまたしても、有色の人々をアセクシュアリティから遠ざける。

　白人性をニュートラルな背景として、白い壁として描いてみよう。白い壁を水色に塗る方が、濃緑の壁を水色に塗るよりも簡単だ。支配的なメディアは多くのタイプの白人のイメージで満ちている。大部分で、白人たちは自分の好む何にでもなれる自由を得ている。私たち有色の人々は濃緑——人種的ステレオタイプと期待——を、自分が本当にエースであるか見極める前に擦りとる必要がある。私たちは意識の余分なレイヤーを背負っていて、このレイヤーは、とりわけ、私たちのセクシュアリティがどんなものとされているか、また私たちの欲望がどのように見えるべきかを知っていることに由来する。自らを知る試みは、人種的ステレオタイプと、これらのステレオタイプによってコントロールされたくないという私たちの欲望との双方によって、複雑化させられている。

・・・

人種的ステレオタイプは複雑で、一度に多方面に存在する。セリーナが気づいたように、アジア人女性はフェティッシュ化され、時には過剰に性的にされる。他の文脈では、アジア人女性はゲイシャ・ガールやチャイナ・ドールとして描かれて、性を無化される。柔らかな語り口で、人に仕えたがり服従的だ、と。今日の合衆国では、東アジア人はお行儀のよい、手本となるマイノリティと考えられていて、あまりにそう考えられるがゆえに、極右の白人至上主義者のメンバーはアジア人女性とデートしたがるらしい[7]。

自分の欲望や考えをほとんど持たないお行儀のよいアジア人女性というステレオタイプは、セバスチャンが幼い頃に最も普及していたものの一つだった。セバスチャンは中国系カナダ人のモデルで、ジェンダークィアでありつつ、女性として社会生活を送っている。アセクシュアルと自認することは無意味に感じられた。「どうしてわざわざ、すでに〔周りから〕想定されているものですって主張するの?」とセバスチャンは問いかける。アセクシュアリティを認めることで、セバスチャンは自分が人種差別的ステレオタイプに従っていて、それゆえアジア人全体を裏切っているように感じさせられた。しかしながら時を経ると、セバスチャンは他人が信じ込んでいるものを理由にラベルを避けるのは依然として一つの従順さの形だと判断した。あるラベルが他人を驚かさないかもしれないからといって、セバスチャンがそれを使うのを躊躇うなんてことは、もうないのだ。

　セバスチャンと同じく、私は中国系だ。セバスチャンと異なり、私はエースという語を使うのに痛痒を感じない。自分がエースだと認めた瞬間から、その言葉を使うだろうとわかっていた。けれど私は、アセクシュアルであることに関しては満足できていなかった。いわんや、女性でアジア人である上にアセクシュアルであることに関しては。

　かつて私は、人種が何らかの点で否定的に私に影響を及ぼすという考えをくだらないと思っていた。子ども時代に中国を離れてから、私はカリフォルニアのシリコン・バレーに行き着いた。多くのアジア人を擁する地域だ。今日まで、誰も私のことをチャンコロなどと呼ばなかったし、目の端を引っ張って私をマネすることも、私の食べてる物を馬鹿にすることもなかった。出生地や家族の文化、私の華語会話力、そして私の顔、そのすべてが私をアジア人としてずっと変わらず印づけていたが、チャンスに恵まれないなんてことはなかった。

　それと対照をなすのは、自分の人種を意識することなしに、また他人からどう見られるかという意識なしに生きることがどんなものか、私はまったく知らなかったということだ。私はしばしば大使になるよう圧力を感じていた。人としての大使ではなく、メタファーのそれだ。小学校では、カリフォルニアの鉄道を建設した中国人労働者について話し合うときに、みんなが私を見ているのに気づいた。私がほんの五年前にカリフォルニアに来たことなどお構いなしだ。日系人の友達は、歴史の授業中にパール・ハーバーが話題に出るとみんなが振り返って彼女を見るのにうんざりしていた。そのようでなかったらどう感じられるのか、白人であり、いたるところで表象されること、白人がしてきたことについての授業中に振り向かれないことがどんなものか、私たちは知らなかった。

私に影響を与えたのは侮蔑語ではなく見通し《ビジョン》の欠如、否応なく身につけてしまった使い古しの比喩だ。アジア人は創造性があったり面白味があったりはしないと、私たちはみなエンジニアだと、私たちは小心者だといった比喩だ。にもかかわらずこういった期待は、家族が私に望んでいるらしいあり方と一直線で繋がっていた。規則を守るように、柔順であるように、エンジニアである両親と同じくエンジニアになるよう育ってほしい、と。私はピアノのレッスンとバイオリンのレッスンを受け、数学がさほど芳しくないときにはフラストレーションを覚え、両親からは人目を忍ぶように言いつけられていた。

期待は外部から課されるだけでなく、マイノリティの文脈では異なる意味を持つようになる。もし私たちみなが中国にいたら、両親は私に同じことを助言したかもしれないけれど、アメリカにおいてアジア人であることがどんなものかという、この特殊なイメージを私が内面化することはなかっただろう。このイメージは白人の視線の産物なのだから。従属的なアジア人女性であることのステレオタイプを押し退けようともあまりしないはずだ。合衆国では、異なるあり方のお手本となる、私に似た多くの他者には、有名無名にかかわらず出会わなかった。これらのステレオタイプの存在に気づいたのは、ただ私が自分の態度を疑問に付し始め、私が信じるものと私の振る舞い方といった多くのことの陰に、これらの言い分が潜んでいるのを見てからのことだった。

　アジア人は面白味がないエンジニアで、女性は弱く男性に劣ると、とりわけセックスを大好きになることで家父長制の縛りを公然と打ち破らなければそうなのだと言われることに、十分イライラさせられた。今や私にはアセクシュアルというラベルがあった。冷ややかに聞こえ、単細胞組織を思い起こさせたラベルだ。私はすでに内向的だったし、飲酒に興味を持ってもいなかった。アセクシュアルであることは、このステレオタイプの一群を強化し、私をさらに注目に値しないものにするように思えた。ここでもまた、私は打ちひしがれた、欠陥のある存在と見なされるのだった。

・・・・

問題の一端は、エース一般が大衆文化において描かれることが極めて少ないことであり、有色のエースにとっての選択肢はさらにずっと限定されているということだ。大衆メディアを消費する私たちはみな、ある集団がどのようなものかについてのメッセージを吸収している。たとえそのメッセージにバイアスがあって間違っているとしても、たとえバイアスがあって間違っていることを知っていても。私たちもまた、それを身につけ、バイアスを受けながら育っていく。表象が限られているというのはほとんどあらゆるところにある問題だが、アセクシュアリティはすでにとても見えにくいものだから、その帰結は甚だしくなる。

映画はもうまるっきり諦めよう。それにベストセラーの本だって大して役には立たない。テレビでは、アセクシュアルの人間を最初に描いたのはおそらく「アセクシュアルの代表格セバスチャン」で、これはCBSの『ザ・レイト・レイト・ショー』の二〇〇三年のコーナーでコメディアンのクレイグ・キルボーンによって演じられたキャラクターだ。[8] 白黒で撮影された、セバスチャンのこの短い映像はアセクシュアリティの危険な側面を描いている。危険な側面というのは、もっと詳しく調べなくたって、アセクシュアリティがどんなものかわかっていると思い込まれてしまうことが当然ありうるということだ。批評家のサラ・ガーレブはテレビのエース表象を振り返る中で、こう書いている。「このキャラクターは、アセクシュアリティが実在の指向であるという考えを〔番組の〕ライターが何ら持ち合わせていないことを明らかにしている。ノンセクシュアルであるという考え自体をオチにしてしまっているのだ」[9]

眼鏡をかけ、鼻にかけた声で話し、スカーフに身を包んだセバスチャンは、女々しいステレオタイプによるからかいだ。高校時代、彼は体育の授業を免除されていて、その際医者の診断書には「この少年の鼠蹊部《そけいぶ》は干上がった不毛の地である」と書かれていた。「アソコに触れる」衝動を感じるときはいつも、セバスチャンは自身に催涙スプレーをかける。彼の夢は、性器の代わりに三本目の小指を得て、それでお茶のカップをもう一杯つかめるようにすることだ。「棒」という言葉は彼を不快にし、*6 彼は「自分のリビドーを開ける鍵をなくして」いて、彼のセラピストは〔お手上げになって〕銃で自殺した。

あらゆるところにいるエースにとってとても幸運なことに、セバスチャンはほとんど知名度のないままだ。大衆文化に意義深いかたちで影響を与える、明らかにエースとわかるキャラクターは極めて少ない。少なすぎて、そのほとんどを後続の一段落で言及できてしまえる。『ゲーム・オブ・スローンズ』のヴァリスはその一つだ。ヴァリスは架空の地に住む去勢された宦官《かんがん》だ。も

＊6　原語はwoodで、ご存知の通り「木」を意味する単語だが、これは勃起したペニスの隠語でもある。拙訳では「木」に近いもので、ペニスの隠語となるものを選んだ。

ちろん実在のエースの人々はそうではないのだが、少なくとも彼はおふざけキャラではない。ヴァリスは鋭い知見を持つ、心根の優しい人物で、好都合にもアセクシュアリティの利点を売り込んでいる。彼が言うには、欲望が人々と政治にしでかしてきたことを見れば、「それに関与しなくていいのはとても嬉しい」というのだ。[10] 明らかにエースだとわかる別のキャラクターは、ラファエル・サンティアゴで、彼はキャンプ[*7]的表現のある十代向けドラマ『シャドウハンター』に彩りを与えた。ラファエルは若く見えるが七十代のバンパイアで――またしてもだが、実在のエースはそうではない――、けれども彼は少なくとも、気の利いた言い回しのできるホットな存在だ。

最も重要なのは『ボージャック・ホースマン（*BoJack Horseman*）』のトッド・チャベスだ。『ボージャック・ホースマン』は人間のように暮らす動物たちの世界を設定にしたアニメ番組だ（トッドは人間だけど）。第四シーズンで、トッドは自分がアセクシュアルかもしれないと思い、エースの集まりに参加する。そこでの会話はぎこちない――「アセクシュアルというのはただ、セックスに興味がないというだけのことで、アセクシュアルにはアロマンティックもいれば、他の人と同じように関係を持つ人もいます！」[11]――が、このエピソードが実質的に教育特番としての働きも持っていることを考えれば、これは致し方ない。ライターがちゃんとわかっているのを見ると、驚くとともに感動させられる。エースの視覚的象徴の具体物（集まりはエースの色〔黒、グレー、白、紫〕の掲示物に光を当てている）と細部への気遣いは敬意の表れだ。トッドは時々自分を見失うし、ちょっと変わり者だけど、悪気はなくて可愛げがある。彼のアセクシュアリティは曖昧ではなかった。それはからかい抜きに描かれていた。そして、トッドが単に存在するだけで、世界中にいるエースの数が増えた。これは表象がなぜ重要であるかの証拠になっている。

別の言い方ではこうだろう。「もっとエースの表象があったら、もっとずっと早くに自分がエースだと気づいていただろうな」。このように、二十七歳のエースのブロガーであるコイは数年前に私に告げた。『ボージャック』でトッドがカム・アウトする以前のことだ。コイのコメントは、エースの人々がどのくらいいるのか問われて私が躊躇いを覚える理由の一片だ。二〇〇四年のある研究[12]から取られた最も一般的な統計では人口の一パーセントだ。しかし、性的惹かれを経験しないとはどのようなことかについて誤解がとても多く、また、大衆文化におけるエースの肯定的な例がとても少ないのだから、その数字はもっと高くなるかもしれないと私は疑っている。人は

＊7　キャンプとは派手さや誇張、不自然さを愛する感受性のことで、とりわけゲイ・カルチャーと深い関わりがある。「《キャンプ》についてのノート」（スーザン・ソンタグ『反解釈』高橋康也ら訳、ちくま学芸文庫、一九九六年　所収）を書いたソンタグでさえ、この概念のとらえどころのなさを指摘していたが、身近な例としては、ドラァグ・クィーンによる女優のモノマネを思い浮かべれば理解しやすいかもしれない。

自分が目にすることのないものになれはしないが、ありがたいことに、トッドは一般大衆に対してそれを可視化する多くの仕事を担ってくれた。『スポーツ・イラストレイテッド』のジャーナリストであるジュリー・クリーグマンは、アセクシュアル・コミュニティがトッドにいかに反応したかについて報道する中で、自分がエースであることに気づいたと私に告げた。別の友人は、彼女の子ども時代からの友人が、自分はエースだろうかと疑問に思い始めたそうだと話してくれた。私は彼女の友人がその語を知っていることに驚いたが、それを『ボージャック』から学んだのだとわかった。表象は現実を反映するだけでなく、実際に現実を変えるのだ。

トッドは愛されキャラだが、完全な解決策ではない。まず、『ボージャック』は終わったし、『ゲーム・オブ・スローンズ』も『シャドウハンター』も終わってしまった。GLAADメディア・インスティチュートはテレビのクィアなキャラクターを記録しており、そこに数年前からアセクシュアルのキャラクターも含め始めたが、この団体によれば、プライムタイムのテレビにはアセクシュアルのキャラクターはゼロだ。[13]

より重要なことに、一人のキャラクターが何らかの指向の顔になることはできないし、なるべきでもない。トッドとヴァリス、そしてラファエルは視聴者に気づきをあたえ、一部の視聴者に自身がエースだと認識させる手伝いをしたが、大半のエースは、自分たちを反映する描写がないまま取り残されている。セバスチャンとヴァリスは白人で、ラファエルはラテン系で、トッド・

チャベスが白人かどうかは謎のままだ（彼は白人俳優のアーロン・ポールに声を当てられており、『ボージャック』の製作者のラファエル・ボブ＝ワクスバーグは、トッドがラテン系かもしれないなんて考えもしなかったことを「恥ずかしながら認めます」と言った）。[14]＊8　この一群には、時々エースとして解釈される、いくつかの主流のテレビ番組のキャラクターが加わる。ガールフレンドがいたが当初彼女に性的関心をほとんど抱いていなかった、『デクスター』の連続殺人鬼デクスター・モーガンや、シャーロック・ホームズ、そして恋愛的な筋書きのないドクター・フーなどである。全員が（少なくとも直近のドクター・フーまで）男性だ。ほとんどが控えめだったり信じられないほどに理知的という性質を共通して持っていて、殺人者であったり、もしくはドクター・フーのように、文字通り人間ではなかった

＊8　チャベスが南米、特にメキシコに多い名前であることをはじめとして、トッドがラテンアメリカ起源の女子の成長を祝うパーティーの準備を上手くこなしていたことなどの伏線的な仄めかしもあって（けれどトッドは、ズボラな割に謎の知識経験があるキャラクターとして描かれているため、そういった状況証拠は決定打にはなっていなかった）、彼の人種的アイデンティティは議論の的だった。しかし、最終シーズンのあるエピソードにて、彼はラテン系の継父のいる白人であることが明らかになった。この点については、著者が［14］にて引いている同じ映画批評家が、移民の経験について説明しながら白人の見えざる特権を指摘する形で論評している（Carlos Aguilar, "'BoJack Horseman': Unpacking the Character of Todd Chavez and White Privilege," *IndieWire*, November 18, 2019, https://www.indiewire.com/2019/11/bojack-horseman-todd-chavez-white-privilege-1202190348/）。

り、ともかく十分な人間味のないようなものとして描かれることがある。黒人やトランスやアジア人は一人もいない。私とセバスチャン、ケンドラ、そして他の人々のようなエースの人がなりうる、もしくはなりたいと望む存在のためのビジョンはほとんどない。

・・・

セバスチャン（テレビのキャラクターでなく、エースのモデルの方）と私が、ステレオタイプにあまりにきれいに陥ってしまうことを懸念する一方で、自身のアセクシュアリティが期待されるものとあまりに異なっているように思えることで、もがく人々もいる。ラテン系のエースは、自分たちのエース・アイデンティティの信用性を損なう、「スパイシーなラテン系女性」や「エキゾチックなラテン系の恋人」といった決まり文句にイライラしてしまうと言う。シカゴ在住の二十九歳のセラピストであるキャシーは、自分の体が他者にどんなシグナルを送るか、あけすけに語る。「私は黒人のシス女性だと思われてるのね、大きなおっぱいと大きな尻があって」とキャシーは言う。「社会的に言えば、私がセックスマシーンじゃない可能性なんて、完全に全っ然ありっこないってこと」

確かにない。白人のアメリカ人たちが黒人女性のことを性的に淫乱なイゼベルだと考えている場合には。これは純粋／純潔で端正な白人女性の反対で、混血をめぐる人種差別的不安の標的である。「イゼベル」という語は今日では時代遅れと思われるかもしれないが、黒人女性たちは依然として過剰に性的なものとされ、若い黒人の少女は白人の若い少女よりもセックスについてより多くのことを知っていると思われている。[15] そして、ボストン大学の英語圏文化研究の教授であるイアナ・ホーキンス・オーウェンが示すように、反対のステレオタイプもある——性がなく、性的に欲望されようのないマミーというステレオタイプだ。白人の子を保育する黒人女性の人種差別的な南部の比喩表現で、白人の主人を性的に誘惑しないだろうから安全に雇えるというのだ。[16]「アセクシュアルの黒人女性であることは、マミーの陰で生きることのように感じられる。マミーとは、周りのみなを母のように養うことが期待されているという理由だけで、そのアセクシュアリティが考え出される存在の戯画化なのだ」と、シエロンダ・J・ブラウンは書いている。「マミーが人種化された過剰な性的意味づけから自由になることを許される理屈は一つしかない。そうすることで彼女により多くの時間とエネルギー、空間を認め、彼女が終わりなき義務を果たせるようにするというだけなのだ。彼女は欲望や欲望されるに値する価値を持つことを許されていないし、性的快楽と親密な関係を探し求めることを許されていない。なぜなら彼女は、自身の家庭内労働と感情労働に全焦点を当てるべきだからだ[17]」

キャシーにとって、他人が彼女にごく気軽に当てはめてくるのは、「お手軽な」セクシュアリティの引き受けだった。セックスマシーン発言はおふざけだが、高校時代に、友人がキャシーはエースかもとそれとなく言ってきたとき、キャシーはその友人をちょっと嫌な女だと思った。田舎のイリノイでは、キャシーと兄弟はしばしば学区内唯一の黒人学生だった。すでに過剰に視線にさらされ、自身を守るのにももう慣れっこだったキャシーは、奇妙なものに結びつけられることを拒んだ。アセクシュアリティだって？　ダメダメ、そんなものは秒で却下だ。

大学でＢＤＳＭのグループに加わってから、キャシーはあの高校時代の友人のコメントを考え直し始めた。グループのリーダーはアセクシュアルを自認していたが、キャシーにセックスの経験について問いかけてきて、キャシーはこう説明した。自分はすべてのジェンダーを美的には魅力的と思うけど、「誰ともセックスしないのがクールかな、だってほらセックスって気持ち悪いと思うんだ」。あらまぁ。

セックスはキャシーの関係にとって当然のことではない。この認識が広まり始めると、がっかりされる。黒人の身体の過剰な性的意味合いについて聞き及んでいたことが真実ではなく、キャシーは「フリー・セックス」の提供源でもないし、「セクシーなブラック・ママ」にもなってくれそうにない、とがっかりされるのだ。キャシーの拒否は失望そのもの以上のことだった。マス・メディアのイメージによって条件づけられていたために、そこにはある種の狼狽も伴われる。キャシーが黒人でなかったら、ないかもしれないはずの狼狽だ。

ステレオタイプを裏づけしてしまったら大変だ。ステレオタイプを破ってしまっても大変だ。それに、ステレオタイプを破っているのはただそれをとても忌み嫌っているからだと思っているとしても大変だ。教師になるために勉強している黒人の大学生メイは、自分が三つ目の状況にいると気づいた。彼女は自分が性的惹かれを経験するとは思っていなかったが、その動機の正しさに確信が持てずにいたため、アセクシュアルと自称するのを躊躇っていた。

メイは両方の世界の最悪を目の当たりにしていた。「すべての黒人男性はセックスを望む」のだから黒人のアセクシュアル男性など存在しないと主張する人々。アセクシュアリティは白人至上主義の道具だと、黒人のエースは惑わされているのだと、黒人女性は人生において男性を欲さなくてはならず――必要としなくてはならず――、子どもをもうけて黒人家族を支えたいと思わないのなら自己中心的だと主張する人々。「私が育った環境では、ストレート以外のすべての存在は「白人がでっち上げた」ものだって聞いてた」とメイは言う。「それに、「ヨーロッパ人以前にはアフリカに同性愛など決してなかった」ことについて、アフリカ系アメリカ人が話しているのを聞いたこともある」

・・・

入り組んだ混ざり合いだ。エース・コミュニティは人種差別的でありうる。匿名希望のある黒人女性は、数年前のAVENのスレッドについて私に話してくれた。スレッドは開催の迫ったある会議に有色のエース向けのセーフ・スペースが設けられるべきか問うものだった。特筆すべきことに、そのスレッドは白人のエースにも回答を許可していて、セーフ・スペースはコミュニティをぶち壊すだろうからダメだと言う人もいた。この黒人女性が、白人はこの問いについて決定権を持つべきでないと反論すると、悪意をもって分断しようとしていると責めてくる人もいた。「[コミュニティが]有色人種の人々にとって安心できる場所《セーフスペース》だという感覚は、本当のところ、私にはまだないな。たぶん、今だったらほんの少しは安心できるようになってるかもだけど」と彼女は言う。

黒人コミュニティもまた、偏見から自由でない。クィアフォビアが存在しうるが、これは、白人が黒人のセクシュアリティを支配してきた長い歴史に由来する、当然持たれてよい疑いと混ぜこぜになっている。それはどんな人をも悩ますだろうし、メイは何を信じるべきか確信が持てなかった。「自己懐疑の気持ちとたくさん葛藤した」と彼女は言う。「私が争いたいと思っているステレオタイプのせいでに自分をアセクシュアルだと思ったのか、それともそれは私が心から感じていたものなのかって」

自分の性的指向が実は人種差別への反発だろうと疑うことで、落ち着かない気持ちになる。それは偽りであり、ヤキモキさせ、裏切り行為であるように感じられる。自分自身についてこれらを問うことが必要に思われ、それには余分な心理的作業を要する。その作業は、辺りを見回して自分に似た他人を目にすることができたなら、不要なものかもしれない。抑圧されていると思われることに葛藤する白人女性のエースは、他のたくさんの白人女性のエースに支援を請える。有色のエースは、さらにずっと隔絶されてしまうかもしれない。

メイの恐れは、黒人のエースのブロガーであるヴェスパーの著述を見つけたときに和らげられた。ヴェスパーは黒人のエースとしての自身の葛藤について書いていたので、メイもエースと自認するのをより気楽に感じた。

メイと同様に、ヴェスパーも自分のアセクシュアリティ——というかアセクシュアリティが白く感じられること——によって白人コミュニティと黒人コミュニティの双方から疎外されているように感じさせられたと言う。私は、アジア人であることと結びついた期待が、私の属する人口集団の内部と外部双方に由来すると気づいたが、それとちょうど同じく、ヴェスパーは白人アメリカ人文化と黒人アメリカ人文化の双方が黒人を性的にしうると指摘する。支配的なイメージは容易にマイノリティ集団によって内面化され、様々なかたちで蔓延していく。

ヴェスパーはラスベガスで育ち、数年間日本で英語教師をしていたが、黒人は極端に性的で、また床上手なはずだという考えを長い間吸収していた。今やヴェスパーは恐れている。同じ考えを信じている、もしくはアセクシュアリティは白人支配の道具だと信じている他の黒人が、自分のアイデンティティに批判の目を向けるだろう、と。「白人といるよりも黒人といる方がより危うい感じがするよ。だって別の黒人と出会った瞬間、その人が私について何か違ったことがあると気づくかもって恐れてるから。無意識に、またきまって白さと結びつけられる何かがあると気づかれるかもってね」とヴェスパーは言う。ヴェスパーは、自分の趣味や「ビヨンセのファンとか何とかじゃないこと」のせいで自身があまり黒人らしくないものとして目立っていたと、長いこと自ら気づいていた。「何かセクシュアリティに関係することについて口を開こうとする前から、すでにその土台はあったんだ」

「よく聞くよ、「ああ、アセクシュアルなの？　白人のアセクシュアルにしか会ったことないな」って。それって、「テレビで白人のクィアのキャラクターしか見ていなくて」それが黒人にとっては選択肢にすらならないと思ってたときに私が感じたのと、同じ分断なんだ」とヴェスパーは続ける。「驚きまくりだよ。性的惹かれを経験しないことが、私がホワイトウォッシュされてると言われる、もう一つのやり口になるなんて。まさに、私のセクシュアリティによって私はまたもやホワイトウォッシュされてることになったわけ」。白人とアジア人のエースは、貞淑と思われることについて不満を述べるが、人々はヴェスパーについてそんなことを言わない。貞淑という非難はない。あるのは、黒人のエースがいるなんて、という驚きだけだ。確かに、ヴェスパーのような人はテレビに出てこない。人々は自分の想像力の強さを信じ込みたがるものの、それはそこまで強くはないのだ。

そうして、古いステレオタイプと権力構造が長らえて、一つのタイプのエースの経験が他の経験よりも強調される。多くのエースは歓迎的になろうとはしているものの、何らかの集団を本当の意味で多様なものにする作業は難しい。けれど、いくつか希望の持てる兆しはある。ヴェスパーに、メイはあなたの書いたものを役に立つと感じていたらしいと伝えたところ、ヴェスパーは喜んだ。可視性を高めること、他者の人種差別と自分自身の内面化された人種差別と戦うこと。全部を同時にするのは努力がいる。その努力を役立つものと感じているメイのような人々がいると知ることは、そうした努力がすべて何かのためになっているということだ。ヴェスパーは、黒人が自分自身のものだと主張できる経験を押し広げてきたのだ。

・・・

セリーナはもはや、ジェンダーとセクシュアリティのすり合わせに悩んだその人ではない。ドレスを着たいと思いながら、そうすることで自分がゲイ男性になるのだと思った彼女ではない。彼女はエースでトランスでアジア人であり、これらのすべてでありうるが、彼女自身のこれらの部分について別々に話すことは依然としてできない。たくさん考え、問いかけ、話すことで、セリーナは自分がエース・スペクトラムの一点にあると確信できたが、彼女がエースであることをどれほど確かなことと感じるか——またエースであることが偏見への反発ではないと彼女がどれほど自信を持てるか——は、彼女が自身の他のアイデンティティをどれほど確かなことと感じるかということと繋がっている。「私のアイデンティティの一面だけでもって力づけられるなんてありえないんだ。同時に他のすべての面も含めて力づけられるようにしなくちゃ」と彼女は言う。

かつて、他人からどう見られているかいつも気にしていて、その見られ方について不安に思っていたとき、アジア人男性やアジア人女性であることの意味について性的に想定されることが、セリーナの惹かれの経験に強く影響していた。今日、彼女は言う。正真正銘エースだと感じるための鍵は、そういったステレオタイプを心の内からできる限り拭い去り、それらを信じる人々からできる限り離れることだ、と。人種とジェンダーとセクシュアリティは交差するし、それらが限定的な仕方で交差しないことによって、各々の可能性が支えられる。

セリーナが文化的に拠りどころを失ったように感じることはたやすいだろう。あまりにトランスでありすぎてアジア人でいられないとか、アジア人でありすぎてトランスでいられないとかといったように、両方のアイデンティティを損ねてしまうのだ。セリーナのジェンダーと人種を尊重せず、「トランス」と「アジア人」なら理解しているからといって、すぐさまトランスのアジア人とはどのようであるはずか見当をつける人々に彼女が囲まれていたら、彼女にとってアイデンティティは、ステレオタイプの合成以外の何物でもないように感じられてしまう。そのときエースはもう一つのレイヤーを加えることになり、それらステレオタイプのすべてが一緒に合わさったり、もしくは緊張関係にあったりすることによって、セリーナは閉塞感を感じさせられるだろう。たとえばトランスの人が性的惹かれを経験しないのは奇妙かどうかということによってそう感じさせられるのだ（トランスジェンダーであることは過剰に性的であることにしばしば結びつけられる）。「あまりよく知らない人といるときは、私のアイデンティティがどうあるべきかについてのその人たちの感じ取り方を私が感じ取ってしまい、それに基づいて筋書きに沿うように私のセクシュアリティ自体が動いているって感じるの。で、それって本当にめちゃめちゃになるよ」と彼女は言う。

　セリーナがアジア人であることとトランスであることとが、戯画化されたもの以上のこととして肯定されれば――それらが彼女の性格や行動を予言するもののように扱われるのでなく、彼女独自のアイデンティティとして敬意を持って扱われれば――、彼女のエース・アイデンティティもまた、より意義深いものと感じられる。エースであることも彼女の一部であり、人種やジェンダーの期待を裏づけたり破ったりせざるをえないものではない。ある人種やジェンダーがどんなふうであるべきかについて思い込みを持たなければ、そもそも裏づけたり破ったりすべきものも存在しないのだ。

男性性を欠いた東アジア人男性として見られるどころか、今日、セリーナの判断は別の方向へと向かっている。「正直言うと、すごく注意を引くような格好をしてるの」と彼女は言うが、これは明言されるまでもないことだ。セリーナのInstagramのフィード欄は虚栄礼賛だ。私はありうる限り最良の意味でそう言っている。そこには彼女がポージングをした写真が次々とアップされていて、彼女はいつも全身黒の装いだ。ロングブーツ、クロップ・トップ〔ウエストが露出するトップス〕、黒の四角いメガネ。レザーのレギンス。胸元まで伸ばしたストレートの黒髪にアンダーカットを入れ、時にはセルリアン・ブルーのような明るい色のメッシュを入れて。メッシュ・トップス、暗い色の口紅。もう、おわかりですね。

私たちがニューヨーク市でのんびり過ごした日、セリーナはピチピチのフェイク・レザーのパンツと膝まで伸びたコートを着ていた。六月の半ばだったが、これは彼女のテイマー風の着こなしの一つかもしれない。「私のぜんぶが、とても目につきやすいんだけど。複雑だね。だってモテたい感じで自分を見せてるんだから過剰に性的な人だろうって、多くの人が思い込んでるんだから」と彼女は言う。「私がセックスしたいんだろう、してくれるんだろうと思い込む人がいて、その人たちからすれば、私の「いいえ」はすごく扱いにくくなる。もう、「君がエースなら、なんでそんな格好してるんだ、なんでそんなふうに話すんだ?」みたいに」

これらは、英国のモデルであるヤスミン・ブノワに向けられるのと同じタイプのコメントだ。ヤスミンはアロマンティックでもあるが、白人ばかりの町で「黒人でゴス系でアセクシュアル」に育った。彼女は九歳のときに自分が性的惹かれを経験しないと気づき、以来、変わっていない。ヤスミンが自分のアセクシュアリティを疑うことはあった——「自信がなかったり不器用だったりするからなのかと思ったけど、それから成長して、今はもう自信なしでもさほど不器用でもない」——が、十分な時間が過ぎると、疑いの多くはなくなった。アセクシュアリティが白い指向と見なされていることも彼女ははっきりわかっていて、だからこそ、有色のエース女性でありモデルである彼女の役割を果たそうとし続けている。

そういった仕事をしていると、不幸にも見知らぬ人からメッセージを受けることがある。ファッションに気を遣ったり、扇情的な写真を投稿したりしているならエースではありえない、といったメッセージだ。「人が着飾るのは他の人のためなのだと私たちは依然として期待していて、女性が自分をよく見えるようにしていると、それは誰かを惹きつけるためなのだと考えている」と彼女は言う。こういったメッセージにうんざりして、ヤスミンは「#ThisIsWhatAsexualLooksLike（エースってこんなの）」というハッシュタグを始めた。たった一つのエースの美的感覚などないのだと示すためだ。にもかかわらず、彼女はエースであるふりをすることでモデルのキャリアを進めようとしているのだ、と主張し続ける人々がいる。それは真実ではない。彼女自身のためだ。

それがヤスミンのありようで、それがセリーナのありようで、疑う理由などあるべくもない。「人に注目されるの好き！　面白い存在になるの好き！　だけど、こういったことは全部、私たちの社会的語りがセックスに結びつけているものなの」とセリーナは言う。アローにとっては、セックスが行動にとっての自然な説明で、創造的な着こなしをすること自体が目的でそうしたがることや、見られたいがために見られたがるといった他の理由は汲み取りにくいかもしれない。「『私を見てほしい、でも私とヤッて欲しくはないし、それらは互いに関係ない』って感じ」とセリーナは続けて言う。「でさ、アローはすごく笑えるよね。だって、それらは互いに関係ありまくりって言い張るんだから」

セリーナとヤスミンを一種の表象《レプリゼンテーション》／代理として支持するのは葛藤があることだ。何かを表象／代理する誰かは、もはやその人自身ではなく、そのようなプレッシャーをかけることは敬意を欠くことになりうる。しかし、彼女らのバージョンのアセクシュアリティ――そこでは有色人種の女性のエースが注目を自らのものにすることができ、欲望されたいという自身の欲望を自らのものにすることができる――が力強いものだということを、私は否認したくない。唯一の価値ある形のエース表象とは期待をぶち壊すようなエース表象であると仄めかすことに、居心地の悪さはある。けれど、私たちの生活全体を通じて、彼女たちのような人々をもっと知れていたなら、アセクシュアリティに対する私の抵抗感も、他のたくさんのエースたちの抵抗感も、その多くはもっと和らげられていたことだろう。私はそう認めてみたい。

ヤスミンもセリーナも、科学を愛し感情から目を背ける控えめな白人男性や空想上の宦官ではない。両者は実在の、全き人間で、スタイリッシュで流行りに通じていて、面白く、人と異なることを恐れない。誰かが彼女たちの存在に、とりわけ有色の女性としての彼女たちの存在に驚かされるたびに、セックスの意味や、誰がそれを欲し誰が欲さないのかということについてのステレオタイプがまたひとつ暴かれる。私が彼女たちの存在に驚くことはないが、それでも彼女たちの態度に晒されることで、私はリアルタイムで変えられていくように感じる。

・・・

セリーナとヤスミンに話しかけることで、私の想像力の至らなさが浮き彫りとなった。それは文化の作り手の心の狭さによって形作られているのかもしれないが、私自身の行いによるものでもある。私は受動的と見られることを恐れていたが、しかし他人が信じていたこと――エースについて、女性について、そしてアジア人について――を受動的に吸収し、それを受け入れていた。筋書きを弾き飛ばし、自分自身の筋書きを型作ろうとすることなしに、ただ居心地の悪さを感じるにとどまっていた。他のストーリーも手に入るはずだった。私はアセクシュアリティを、他の物とは異なり、私を物事に動じなくさせる一種の力として捉えることもできたかもしれない。もしくは興味を掻き立てる差異の一点として見ることも。アセクシュアリティは、ニュートラルな一片の豆知識、つまり私がロシア小説とホラー映画を好むという事実と同じくらい容易にほっぽられるものでもありうるし、いかに多くの女性が性的に自分を欲するかを鼻にかけるような男性に対する嘲笑いでもありうる。

ヤスミンは例えば、アセクシュアルであることに何か恥ずかしいことがあるとは決して思わなかった。「いずれにせよ私は慣例に従わない人だったから、これは私の変な個性を記した長いリストに付け加えるべき、もう一つの変なことだったわけ」と彼女は言う。「それに、友人が彼氏を巡って大騒ぎしたり、彼氏がいないことを巡って大騒ぎしたりしているのを見たら、私が何か楽しめるものを見落としているなんて感じないよ。人生の他のことに加えて、さらにこんなことにまで焦点を当てる必要があるなんて感じない。そんなの、生きるうえでは余分な努力みたく思える」

彼女の見方では、エースであることが元々の状態だ。他のすべてのことは余分な努力なのだ。他方で私は、ちょっと申し訳なく感じた。私の見方では、アローであることが元々の状態だった。他のすべてのことは幾分劣ったものに思えて、フラストレーションの源だった。私は自分がアジア人、女性、エースであることについてどれほどアンビバレントに感じたかを、ここまでずっと描写してきたが、それをあるがままに呼んでみよう。それは内面化された人種差別とミソジニー、自己嫌悪であって、いつも白人の眼差し、男性の眼差し、アローの眼差しのために過剰に振る舞おうとしたがっていること、最も理解してくれなそうで、最も何も与えてくれなそうな人々からの承認をいつも気にし過ぎることなのだ。

アイデンティティの問題に取り組む時間が長くなればなるほど、歩むべき微妙な境界線があることに私は気づいた。支配的な権力による思い込みを認めることと、私たち自身を真ん中に据えることとの間の微妙な線、私たちが白人のアローの眼差しを意識していることについて率直であることと、その視線から意識的に逸れるのに時間を割きもすることとの間の微妙な線だ。そのような二重の〔三重？　幾重の？〕意識をもってもがくのはあまりにも当然で、また、別の準拠集団、つまり、まるっきり軽蔑的ではなくとも当惑している一般化された他者との関係のうちにつねにあることも、あまりに当然だ。私が自分の怠惰なマゾヒズムから一歩踏み出すには、長い時間が必要だった。あまりに長い時間だった。他の人はそんな〔他者の〕承認を気にするのはずっと前にやめていた。私はまだそれに取り組んでいる。

物語の持つ力について誰よりも知っていたトニ・モリスンはかつて、彼女の視点を通して見れば黒人しかいない、と宣った。「私は境界線に立ち、縁に立ち、それが中心だと主張した」と彼女は言った。「中心だと主張し、そして残りの世界すべてが、私のいる場所にやってくるのを許した」[18]。初めてこの一節を耳にしたとき、私は長らく声を発せなかった。もちろんトニ・モリスンは、人種差別についても、白人が考える黒人のあるべき姿についても知っていた。にもかかわらず、なのだ。黒人作家が黒人を中心に据え、白人の眼差しのために書かないことは、まったく並外れたことでないはずだが、それでも並外れたことだと感じられた。

エースも同じことができる。アセクシュアリティは、私たちのアイデンティティの他のすべての部分がお荷物として扱われるときには、また、ステレオタイプに次ぐステレオタイプによって私たちが押しつぶされそうなときには、まことにお荷物のように感じられる。私が人種差別とミソジニーを内面化していなかったら、エースであることは、アジア人であることと女性であることに加わる一種の追加的な重荷のように感じられはしなかっただろう。

アセクシュアリティは、私たちエースが私たちのアイデンティティを極めて狭く評価する眼差しを拒絶すれば、お荷物のようにはあまり感じられなくなるだろう。たとえ──とりわけ──その眼差しが私たち自身のものであるにしても。私たちは、人種的なものであろうとそれ以外であろうと、ステレオタイプと戦うことができるし、また、セリーナが言ったように、私たちを余すところなく見てくれる人々と一緒に過ごそうとすることもできる。私たちはマゾヒズムから一歩踏み出すこともできるし、それを自身の心の内であまりに重く受け止めないようにすることもできるし、私たちの創造性と自尊心のすべての源を用いることも、既知の物語を書き直すこともできる。私たちエースは私たち自身のようになれるし、私たち自身になれる——注目を得ようとしていて流行に通じているものに、慣例に従わない不器用で内気なものに、そういったことの狭間にあるすべてのものに。私たちエースが自分自身のしたいように性的な世界を突き進むために、性的惹かれを経験する必要はない。

内なる皮肉がこの指南のうちに現れている。本書はあるところまでは、アローにアセクシュアリティを説明することを試みるものであり、たくさんのエースが私にありがとう、そういうものが必要だと言ってくれた。その説明が先述の読者層に届くことを望んでいる。私はまた、時を経て、何らの説明の必要もないと感じられるまで私たちが歩み寄り、また同時に、私たちがこういった他者から理解される必要性を投げ捨てられればいいと思っている。こういった他者には考えたいように考えさせておけばよい。私たち自身の注目は少なくとも、より強く私たち自身に向けられてよい。ステレオタイプは巷にある。私たち自身の心の中では、自己についての多くの語りが同じ大本の原料から紡がれうる。

第6章　病めるときも健やかなるときも

車椅子は隠せない。脳性麻痺のある二十八歳の障害アクティビストであるカラ・リーボウィッツにとって、彼女の車椅子は明らかな差異の印で、人生の早くから生じ始めたたくさんのコントラストの一つだ。個人向けにあてがわれた教育プログラム。「踏みつけられないように五分早く教室を離れねばならないこと。理学療法のために授業をしょっちゅう途中で抜けなければならないこと。セクシュアリティもまた、カラと彼女の健常な友人とでは同じでない。「どっちにしても、誰も私を性的に魅力的に見てくれはしない」と彼女は言う。カラが言うには、車椅子の障害者女性がセックスするのに興味を持つかもなんて誰も思わない。

セクシュアリティと健康がいかに相互作用するかについて理解するための、完全で鉄壁の定式などありはしない。しかし、それでも人々は、簡潔だが正しくない言い分を信じてしまう。つまり、セックスを欲さない人々は病気であり、また、病気である——すなわち精神的にもしくは身体的に障害があるか、何らかの点で異なっている——人々はセックスを欲さない、と。

部外者にとっては、エースと自認するカラの存在はこの誤った信じ込みを裏づけるように思える。しかしながら、障害者コミュニティとアセクシュアルのコミュニティの人々にとっては、カラは矛盾だ。彼女のアイデンティティは彼女を両方のグループと反目させてきた。これらのグループはそれぞれ、セックスに関して異なる仕方で周縁化されている。障害者コミュニティは長きにわたって、障害者はアセクシュアルである、もしくはそうあるべきだという考えと戦ってきた。エース・コミュニティはできてからずっと、アセクシュアリティは障害と関係がないことを証明しようと奮闘してきた。

障害者のエース女性はこれら両方の政治的アジェンダを複雑化しており、おそらくこのような状況においてこそ、正当性と集団内の忠誠心をめぐる問いが最も鋭く投げかけられる。両方のコミュニティに悪意はないが、両者は「熱いジャガイモであるかのように人を互いに投げ合う」とカラは言う。私たちがSkypeで話をする間、編み物をしており、また、「哀れみなんてクソ食らえ（PISS ON PITY）」[*1]と書かれた黒いシャツを着ていたカラは、こうも述べる。「そうすると自分の居場所がマジで見つけられなくなるんだ」

・・・

これは複雑な問題領域だ。なので、まずはセックスを欲さない人々は病気だという考えを紐解いてみよう。西洋の医者たちは少ない性的欲望という「問題」について頭を悩ませてきた。遅くとも十三世紀からのことで、教皇グレゴリウス九世は「冷感症《フリーギディタース》」の問題について記していた。その当時、冷感症はインポテンツに近い男性の問題と考えられていたと、『冷感症――ある知の歴史（*Frigidity: An Intellectual History*）』の共著者で学者のアリソン・ダウンハム・ムーアはインタビューで述べる。冷感症がより女性に焦点を当てた心理的欲望の問題となるのは十九世紀になってからで、その変化がなぜ起きたかは「ちょっとした謎」だと彼女は付け加えている。

今日、少ない性欲は医療的機能障害の一つだと主張する人々には『精神疾患の診断・統計マニュアル第５版（ＤＳＭ-５）』の中に都合のよい記述がある。合衆国での精神医学診断のバイブルだ。一九八〇年より、このマニュアルにはある診断が含まれていて、それはかつては「性的関心欠損症（inhibited sexual desire disorder）」と呼ばれ、のちに数度名前を変えて、現在は「性的欲求低下障害（hypoactive sexual desire disorder）」、もしくはＨＳＤＤと最も一般的に呼ばれている[1]（ＤＳＭ-５では、この障害は男性と女性の型に分けられているが、事をシンプルに保つために、一般的なＨＳＤＤに専念しよう）。[2]ＨＳＤＤの生物学的指標などはないのだから、基本的な判断基準は、人々が数世紀前に冷感症について悩んでいたときに基準となっていたことと極めて似通っているように思える。つまり、性的幻想と性的関心を永続的に欠くことだ。[3]アセクシュアリティみたいだ。

こういった診断がそうした本の中に記載されていたら、アセクシュアリティが治療されるべき病気だと広く考えられてしまうのもまったく不思議ではない。性器にワインを擦り込むといった[4]昔々の冷感症《フリーギディタース》に対する治療法は現在ではお笑い種のように思えるが、ＤＳＭは、現代医学の権威と現代科学のエスタブリッシュメントとしての重みとをほしいままにしている。少ない性欲への懸念はたとえＤＳＭが明日なくなったとしてもおそらく残るだろうが、ＨＳＤＤという診断の存在はこれらの懸念を正当化し、増幅している。ＤＳＭの公式的性格は、私たちエースが自分は病気でないと本当に思っているか、また私たちが治療されるべきでないと本当に思っているか、エースに問うよう他者に促し、また、そう自問するよう私たちエース自身に促している。

そして、製薬会社が私たちにいかに治療薬を売りつけたがっていることか。ＨＳＤＤの症状は稀なものではない。とりわけ女性の間ではそうで、主にＨＳＤＤの診断を受けているのは女性である。三万一千人の女性を対象にした二〇〇八年のある調査は、一〇パーセントが診断基準

＊1　障害者への寄付を募る名目でのテレビのマラソン企画（いわゆるテレソン）は世界各地にあり、そのような企画がかえって障害者を哀れみの対象とすることへの批判もあらゆるところで提起されてきた。このスローガンもそのような文脈にあるもので、一九九〇年のロンドンで行われたテレソンに対する障害者たちの反対運動の中で、ジョニー・クレッシェンドというアクティビスト兼ミュージシャンによって広められたという。

に合致しうると突き止めた。[5] このことを〔恋愛などの〕関係の維持に対する恐れ――セックスは健康な生活にとって必要だとか[6]、健康であることは個人の道徳的責務だとか[7]というメッセージは言うまでもなく――と合わせてみれば、解決法を持つ会社が富を得るだろう。

リビドーを高める女性向け新商品を作ろうという試みのリストは、余すところがなくて巧みだ（男性向けの治療についてはほとんど言われることがない。その理由の一つは、性的ステレオタイプの意味するところによれば、人々は男性の欲望を高めるという考えにはさほど居心地よく感じないことになるからだ）。会社はホルモンを標的にしようとしてきた。P&Gは女性の低い性的欲望に対処するためにテストステロン・パッチを作ったが、合衆国食品医薬品局（FDA）は安全性への懸念を理由にそれを棄却した。[8] また、会社はEROSクリトリス施術装置のような製品を作ることで性器を標的にしようとしてきた。クリトリスと外性器への血流を改善することを目指したバイブレーター風の新商品だ。[9] これはいまだに巷にあるものの、まったく人気にはならなかった。すると会社は脳を標的にしようとしてきた。バイアグラを製造するファイザーは八年を費やして三千人の女性たちを研究し、男性を勃起させるのと同じ薬が女性にセックスを欲するようにさせるかどうか見極めようとした。薬にその効果はなく、ファイザーのセックス研究チームで当時リーダーを務めていたミトラ・ブーレルは、女性においては脳が決定的な性的器官なので、チームの研究者たちは女性の性器から〔脳に〕焦点をずらすと『ニューヨーク・タイムズ』に述べた。[10]

過去五年間でFDAは、脳に作用する、新しいリビドー亢進薬を二度承認した。二〇一五年にはFDAはアディ（Addyi）という薬にオーケーを出したが、これは失敗した抗うつ薬で[11]、「ピンク・バイアグラ」として装いを変え、再び市場に送り出されたものだ[12]。アディは製薬会社から資金提供を受けた「やり返せ（Even the Score）」というキャンペーンに支えられていたが、このキャンペーンは、成功するかわからない製品を売るのにフェミニズムが利用される最たる例だ*2。「やり返せ」は、薬が焦点を当てているのは女性の快楽なのだから、それを認めるのはフェミニズム的だろうと主張した。あらゆる合併症《コンプリケーションズ》／複雑化もお構いなしにだ。すなわち、女性はこの薬剤を日常的に摂取せねばならず、摂取する間はアルコールを飲めず、吐き気と失神を含む副作用を経験したのに、だ。ここまでしても、この薬は「性的に満足いく出来事」を月に〇・五回増やしたにすぎない[13]。嬉しいことにアディは失敗したが、それは必ずしも欲望を高める薬への反対ゆえにそうなったわけではなかった[14]。つまるところ、低い有効性、薬品製作会社の機能不全、そして飲酒の禁止のせいで、それは魅力的でないオプションになったというわけだ。

＊2　even the scoreという表現自体は、「（スポーツのスコアなどを）同点にする」というのが原義で、そこから「仕返しする」という意味が生まれた。これがフェミニズムの利用と言われる所以は本書第四章を読めば理解されるだろう。

現在のところ、バイリーシ（Vyleesi）があるが、これは脳を標的とした女性向けの打開策で、FDAが二〇一九年に承認した。[15]バイリーシはアディほど多くの制限はないが、女性がセックスしたいと思う四十五分前に、腹部や大腿部に自身で注射しなくてはならない。吐き気を催させもするし、またしても、薬がうまく働くかは不明だ。総計したところ、バイリーシを摂取しても、統計上有意には「性的に満足いく出来事」が増えることにならない。[16]FDAにとってはそれで十分かもしれないが、私のような疑い深い人間には十分でない。リビドーを高める薬への需要があるにもかかわらず、製薬会社の側でこうした薬を作ろうと躍起になっているにもかかわらず、安全で広く効果的なリビドー亢進剤は存在しない。あのね、そんなのあったらみんな知ってるでしょ。製薬会社だって薬が得られるようにするでしょ。

・・・

医学の権威は、それが想像上のものだとしても、力強いものでありうる。医者は私たちエースに私たちが病気かどうか自問するよう促すし、また、エースの人がどんなことを考えるだろうかなんてまったく気にせずに、診断し宣告する。アセクシュアリティなど不健康な人の錯覚だという態度を捉えたものとして、人気医療ドラマ『ドクター・ハウス』の「よき伴侶」と題された回の右に出るものはない――エースの間ではあまりに不人気な一時間ドラマで、砕けた会話ではしかめっ面しながらただ「あの『ドクター・ハウス』の回ね」と言われるような有名なものだ。

医師のグレゴリー・ハウスは、他人の感情に敏感な男ではないことで有名だ。同僚が診ているアセクシュアルの患者について耳にしたとき、彼はまず、その女性が藻の生えた大きなプールなのか、つまり極めて醜いのかと問うた。幸運なことに、番組プロデューサーたちは、醜いエースの女性が自分のプライドを守るために嘘をついていると人々が考えるだろうと正しく直観していて、お決まりの女性的魅力のありとあらゆる印――長いブロンドのウェーブ、ぴっちりしたピンクのセーターに包まれた曲線美――を患者役に与えて、当の問いをそらす。こういったことすべてが、女性がブロンドで可愛いならアセクシュアルであることは端的にありえないのだと記号的に示している。

ハウスはその後、自分がこの女性の性的指向と思しきものの医学的原因を見つけることができると言って、同僚に百ドルの賭けをもちかける。ハウス曰く、「多くの人はセックスしない」が、セックスは種《しゅ》にとっての礎となる欲動なので、「それを欲さないのは、病気か、死んでるか、さもなくば嘘つきでしかない」のだ。

後に判明したところでは、ハウスが言う三つのうち二つが当たっていたことが判明した。彼は正解するのにDSMを参照する必要すらなかった。女性は死んではいないが、アセクシュアルでもなかった。アセクシュアルの夫を愛しているから、アセクシュアルであるふりをしていたのだ。意外な展開だったのは、夫もまたアセクシュアルでないということだ。彼の性的欲望の欠如は脳腫瘍によって引き起こされていて、腫瘍は容易に治療でき、科学の迅速な介入があれば二人はすぐにでも、二人にとって当然の、異性愛婚姻間のセックスを楽しめるということになる。ハウスは賭け金を得て、同僚に対して、ハウスの関心をこの患者たちに向けさせたこと、そうすることで「二人のやたらに捻じ曲がった世界観の行く末を正《ただ》してやったこと」を祝った。ハウスが言うには、「ヤってから失った方が全然ヤらなかったよりもよいんだ」

二〇一二年に最初に放映された「よき伴侶」は、主要な番組の中で最も目立つアセクシュアリティの描写の一つであり続けている。多くの人にとってこのドラマは、この「やたらに捻じ曲がった」指向への入門となった。今日でも、私がアセクシュアリティについての本を書いていると言うと、多くのアローはこの回に言及して、この回のせいで当時混乱し、今もまだちょっと混乱していると、おどおどしながら付け加えるのだ。

『ハウス』を定期的に見る人なら誰だって、このキャラクターの傲慢さは番組の特徴であってバグではないと知っている。彼は気のよい人ということにはなっておらず、彼が他の人々の感情について思い悩むのに時間を費やすなんて誰も期待していない。しかしハウスは、明晰で権威的ということになってはいる。他の下々の者のことなどお見通しで、彼らの戯言を暴き立てる天才だ。彼が金《きん》中毒の曖昧な症状を専門的に診断するときには、ドヤ顔でひらめく瞬間も楽しい。[*3] けれど彼の思い込みが、私たちアセクシュアルの人々が自身の経験について真実を語るなんて当てにできないという考えを助長してしまうなら、さほど楽しくない。まさに、〔私たちエースが〕ハウスの疑いの標的となることで、どれほど強制的性愛が受け入れられているかが明らかになる。ハウスは実在しないが、この回を書いた人々は実在していて、彼らはこの筋書きを認めるのは問題ないと考えていた。そうすることで彼らは、エースとエースに近い経験のある人々の誤認を正す必要があるという考えをがっつり下支えするのだ。明晰なお医者さんがそう言うのだから、他の者はしっかりと聞いて、疑いを持つべきなのだ。彼の世界、つまりは私たちの世界に、アセクシュアリティは存在しない。それは嘘か、はたまた病気なのだ。

・・・

それでは、HSDDとアセクシュアリティの違いとは何だろうか。もっと言えば、HSDD

*3　『ハウス』第二シーズン十五話では、金を含む薬品で夫を殺そうとした妻の目論見が暴かれる。

と「フツーの」レベルの少ない欲望との違いとは何だろうか。何年にもわたって、二つを分けようとする試みがなされてきた。一つの試みは、「苦痛（distress）」という判断基準で、これは一九九四年にほとんどすべてのDSMの診断に付け加えられた。[17]その考えとは、欲望が少ないことで気を病む人々はHSDDだが、同じ症状があっても自分自身について問題ないと思う人々はHSDDでない、というものだ。その後、二〇〇八年には、エースのアクティビストたちがタスク・フォースを作り、DSMの委員団に、患者がアセクシュアルと自認する場合は欲求障害と診断されないようにと勧告した。[18]二〇一三年以来、DSMはこのいわゆるアセクシュアル例外規定を含んでいる。[19]

HSDDという医療問題を、問題とならない少ない欲望から切り分けようという、こうした双方の拙い試みは満足のいくものではない。人々は多くの状況に関して苦痛を感じるが、それは状況自体が問題であるからではなく、偏見が人々の人生を困難にするからだ。ゲイの人々とトランスの人々は一般に、ストレートでシスの人々よりも精神的健康が悪化している[20]――ゲイであることやトランスであることが病気だからではなく、頑迷な偏見が苦痛を引き起こし、精神的健康を犠牲にするからだ。同じことはエースにとっても真実だ。アセクシュアル例外規定については、それが存在することにより、奇妙な仕方で頭を悩まさねばならなくなってしまう。ある人がエースだと自認しない限りその人はHSDDだと言うことは、同性への惹かれを経験する人は同性愛者だとたまたま自認しない限り精神医学的な異常がある、と言っているに近しい。例外規定があることはないことよりもマシだが、同性への惹かれを経験すること、もしくは何らの惹かれすら経験しないことは、病気ではない。人が個別の経験を描写するのにどの言葉を使うかにかかわらず、だ。

精神医学的な病気とアセクシュアルという指向とを真に隔てる特徴は、性的惹かれの量でも、何らかの生物学的指標でも、ある人が苦痛を感じるかどうかでもない。差異のほとんどは社会的なものだと、この件についてのある論文で、エースの研究者であるアンドリュー・ヒンダーライターは説明する。[21] ＨＳＤＤとアセクシュアリティは別個の知的起源と別個のアプローチ、そして別個の解釈を有している。

欲求障害が性科学という医学分野から来ている一方で、アセクシュアル・アイデンティティの探求はクィア・スタディーズと社会正義の言説とに根ざしてきた。欲求障害は上意下達の医学的知識の問題で、そこでは障害を診断する際の究極の権威は医者である。エースは個人の探求を促し、一般に自分がアセクシュアルであるかどうかを自分のために決定しなければならないと強調している。私は他の人々に、私に説明してくれたような経験は他のアセクシュアルの人たちの経験とも整合するよと伝えたことはあるが、誰かをアセクシュアルだと「診断」したり、そのように自認しなければならないと言い張ったりしたことは決してない。

最も重要なことに、両者の差異は、性的欲望の少なさが暗示していることについて人々が信じていることのうちにある。欲望の障害は、差異を目にしてそれを問題だと呼ぶことを目的としている。アセクシュアリティは、アセクシュアルであることがたとえ不都合になりうるとしても、違いがあることを受け入れ、障害という言葉を避けることを目的としている。私は、そしてほとんどのエースも、少ない欲望とか性的惹かれの欠如に何か不具合があるとは端的に思っていない。性的欲望を増進するのに勤しむべき何らかの道徳的義務があるとは思っていない。セックスを欲することが健康や人間性の要件であるべきではないのだ。

さらに進んで、エースのアクティビストであるＣＪ・チェイスンは、人々がアセクシュアルであること（もしくは欲望が少ないこと）を受け入れるべきなのは、ただその人々がより性的にはなりえない場合のみだという考えを批判する。それは、エース・フレンドリーの研究者やセラピスト、そして私たちエース自身の間でさえ共有されている考えだ。「でも、レズビアンである人にもこんなこと言うでしょうか」とチェイスンは問う。「もし彼女がストレートになれるかもしれないなら、私たちは〔そのレズビアンを〕ストレートにしようと思うけど、ストレートになれないなら自分が同性愛者であることを受け入れられるようお手伝いしよう」そう言うだろうか。「私だったら、誰かが変わることができるかどうかなんて問題にならないと言うでしょうね。私たちはそういった期待の中身を明るみに出してみるべきです。人々が変えられるべきだという期待、セックスを欲する方がよいという期待、私たちがアセクシュアル・アイデンティティを受け入れるのは、ただその人がアセクシュアル以外にはなれないときだけだという期待です」。チェイスンは続ける。「トランスやノンバイナリーの人々についても同様です。何らかのジェンダーのトランスであるという人々を受け入れるのは、その人たちがシスになれないときだけだという考えを、私は拒否します。そんなの馬鹿げてます」

より性的になることが可能かどうかにかかわらず、誰もがより性的になるようプレッシャーを感じるべきではないという点で、チェイスンは正しい。ただ、個人の選択は重要で、もし安全で広く効果的なリビドーを高める薬が存在したら、私はそれを入手するのを人々に禁じようとはしないだろう――とはいえ、その薬が使われるべきなのは、あくまで情報提供を何度もした後でしかありえず、また「治療」という言葉を用いずに売られるべきだが。性科学者のバーバラ・キャレラスが『アウトライン』紙に語るように、バイリーシのような薬は、医療的問題の解決策としてではなく、快楽を増進する仕掛けとして市場に出されるべきなのだ。[22]

私は断定的に診断に反対しているわけでもない。診断がコミュニティを提供することはあるし、専門的治療へのアクセスに必要な保険法を提供することもある。現状ではしかしながら、ＨＳＤＤに対する最も有用な治療はたいていが味気ない古いセラピーで、何らかの特別な薬物ではない。人を使い勝手のよいサービスに繋げてくれそうではあまりなく、その人が医学的に不しい。

健康だという考えを強化しそうである診断にどんな目的があるのかを理解することは、私には難しい。

もし私が明日、HSDDのアロー女性だと自認し始めるとしたら、〔現在との〕主な違いは、私が自分自身について気を病むということだろう。私はアディやバイリーシを処方されるかもしれないが、そのプロセスには時間とお金がかかるし、薬は効きそうにない。HSDDについてより学ぶことはできるだろうが、多くのオンラインの資料はその容態がいかに破滅的かに焦点を当てていて、あらゆる欠陥についてすでに思い悩み不安でいっぱいな心を助けることにはほとんどならない。代わりとなる、より肯定的な考え方が存在するときには、HSDDの診断はほとんど使い物にならない。その考え方とは、エースと自認することや、もしくは単に、性的欲望の少ないことは病気ではないという考えのことだ。また、医療的診断を退けるからといって現状に満足するよう強いられるわけでもない。もう一度言うと、何かによって苦痛を抱くことはありうる——多くのエースはエースであることについて苦痛を抱く——が、その苦痛の原因がそれ自体として問題であるとは限らないのだ。

多くのエースは、かつては障害があると診断された（そして規定利用外のホルモンを処方されていた）アローだった。エースは後にアセクシュアリティについて学び、あるがままでよいのだと判断したのだ。一方から他方へと、つまり病気から健康へ、障害から差異へと移行するのに必要だったのは、ただ視座の変化だけだった。実際、ＨＳＤＤは社会的構築物だという批判はまったく新しいものではなく、その区分の社会的性質は研究によっても確かめられている。エースを自認する人と欲求障害だと診断されたアローとを比較した、二〇一五年のある研究によれば、概してエースの方がＨＳＤＤと診断された集団よりも性的欲望が少なかったが、自分自身についてより好ましく感じていた。[23] それはとても曖昧な区別だが、曖昧さこそがつねにＤＳＭの特徴だったのだから、これは驚くべきことではない。

何らかの判断基準をささっと作り、投票でそれを承認すれば、何でも公式の精神医学の障害になってしまいかねない――このことは、ＤＳＭが長いことバイアスを映し出す鏡であり続けたことを意味している。今日も多くの人を脅かすであろうバイアスだ。五十年前、男とセックスしたい男は精神障害があるとして分類されただろうし、このことは同性愛についてのＤＳＭの記載項目によって支持されたことだろう。一九八〇年代まで完全には削除されることのなかった記載項目だ。[24] 今日、パートナーのいるセックスにほとんど関心を持たない男性は、精神医学上の障害を持っているといまだに考えられている。どちらの診断も偏狭から生まれているのだ。

・
・
・

私たちが、エースが病気だという考えと闘っている一方で、障害のある人々は、自分たちがアセクシュアルではないと証明しようとしてきた。病気の人々はセックスを欲さない（もしくは欲するべきでない）と信じる人々を言い表す《レプリゼント》のに、六つの単語を提示《プリゼント》してみたい。三世代の痴愚で十分だ（Three generations of imbeciles are enough）。*4 曰く付きの最高裁判事オリバー・ウェンデル・ホームズ・ジュニアがこの一節を、その直截さで驚くべき一節を、一九二七年に書いた。「不適合者」を強制的に不妊化する権利を支持するために。[25]

［ここで］問題となっている「知的障害者」のキャリー・バックはこの三世代の真ん中で、社会的体裁の基準を満たし損ねたある女性の子どもだった。幼い頃に、キャリーは母エマから引き離され、より品位のあるジョン・ドブズとアリス・ドブズの家に送られ、そこで生活することになった。キャリーは十七歳のとき、育ての父母の甥にレイプされた。レイプにより起きた妊娠のせいで、ジョンとアリスは社会的に微妙な立ち位置に置かれた。二人は甥を救うために、キャリーを犠牲にすると決め——彼女を「精神薄弱」としたのだが、これには証拠がなく、彼女は健全な知能を持ち、学校でトラブルを起こしたこともなかった——、彼女をヴァージニア州立てんかん者及び精神薄弱者隔離施設に置いた。

　キャリーを収容することはことさらに困難なことではなかったと、ジャーナリストのアダム・コーエンは『痴愚——最高裁、アメリカの優生思想、そしてキャリー・バックの不妊化（*Imbeciles:*

The Supreme Court, American Eugenics, and the Sterilization of Carrie Buck)』において説明する。[26] この時代、人種構成は変わりつつあり、それが支配層の裕福な白人たちの恐れに火をつけた。優生思想、もしくは、「不適合者」に繁殖／再生産《リプロダクション》をさせないことで社会はより向上されるはずだという考えは、価値のないものたちが世界に群がるという脅威と思しきものに対する、完璧に合理的な解決策に見えた。それはアイビー・リーグの大学で教えられ、最上級の思想家によって擁護された考えで、プリンストン大学の学部生だったF・スコット・フィッツジェラルドが書いた「愛か優生思想か」と呼ばれる歌の主題にさえなった（「男たちよ、どちらに行ってお茶を注いであげたいか／お前の心を燃やすキスか／さもなくばお墨付きのあるアマか」）。*5「不適合者」とは、しかしながら、権力者が好まないものなら何でもそうなりうる。それは単に「特権階級でないもの」になりうる。例えば、最上級の研究者らによる研究は、九八パーセントにのぼる売春婦が「標準以下」の知能しかないと示唆していた。[27]

ヴァージニア州立隔離施設に拘禁されながら、キャリーは「バック対ベル」裁判の原告になる

＊4　「痴愚」は中度知的障害者のこと。言うまでもなく、現在は差別語である。同様に次の段落の「精神薄弱(feeble-minded)」も、現在では知的障害を表す差別表現であり、当時とは違い、公的場面で使われることはない。

こととなった。[*6] 誰も自らの意思に反して不妊化されるべきでないという主張を述べたのだ。裁判は最高裁まで至った。ホームズにとってキャリーは――若く、未婚で、乱交的かつ精神的に欠陥があるということになっている――、永続してはならないアメリカのビジョンを表していた。それゆえ彼は、隔離施設の指導監督者で優生思想家のジョン・ベルに有利となる判決を下した。反対意見は一つしかなく、それゆえキャリーは不妊化された。裁判はナチスが自らの優生思想的なプログラムを展開する際にも引用された。[28] 判決はいまだにまったく覆っていない。

・・・

バック対ベル裁判について初めて学んだという人の多くは、ドブズ夫妻がキャリーの知能について嘘をついたことに恐れ戦くが、彼女が実際に「精神薄弱」だったかどうかは問題ではない。彼女を強制的に不妊化することは彼女の身体的自律を侵犯したのであり、たとえ彼女が本当に知的障害やてんかんを持っていたとしても、この一件はまったく同じくらい恐ろしいものだっただろう。バック対ベル裁判は最高裁の最も凄惨な決定の一つで、合衆国の歴史における優生思想の傾向を喚起し続けている。

障害のある人々は、世間がアセクシュアルであると思い込む、もしくはアセクシュアルにしようとする集団の一つだ。障害者ら自身の考えや欲望などお構いなしにされている。「性的でなくすること《ディセクシュアライゼーション》とは、障害者の身体からセクシュアリティを分離するプロセスであり、セクシュアリティを障害者にとって無関係のもの、もしくは釣り合わないものにしている。障害者は社会において望ましくないことになっているからであり、障害は性的な無能力に至ると信じられているからといってそうするのだ」と、ジェンダー研究の学者ユンジュン・キムは書いている。障害とアセクシュアリティについて重要な研究をしている学者だ。[29]

　障害者を性的でなくすることは強制的性愛の反証となると思われるかもしれないが、実は強制的性愛の作用の微妙な加減を明らかにしている。強制的性愛は肉欲を持つことが「フツー」だと

*5　prophylactic という言葉は「予防的な」という意味で、ワクチンのような措置やコンドームについても用いられる語だが、当時は優生思想的基準を満たす（とされる）人々のコンテストもあり、そのようなコンテストの出場者などは prophylactic なものとしてまさしく証明書というお墨付きを与えられることもあった。ただ、フィッツジェラルドはこの歌で、dame という女を表す侮蔑的な語を合わせて用いており、優生思想をあまり信用していないように見えるかもしれない。フィッツジェラルドの歌を手がかりに当時の事情を論じ、それを現在のコロナ禍での衛生にまつわる言説と比較しながら論じた以下の文献も参照されたい(Cynthia Barounis, "Choosing Love over Eugenics," *JSTOR Daily*, August 5, 2020, https://daily.jstor.org/choosing-love-over-eugenics/)。

*6　合衆国では裁判に言及する際に、その原告名と被告名でもって呼ぶことが一般的である。

いう信じ込みだが、その裏面があって、「フツー」以下とすでに見なされている人々——例えば高齢者、自閉症の人々、アジア人男性、マミーという人種的ステレオタイプ、もしくは障害者——は性的でなくされ、他者にとって性的に魅力がないと考えられ、自身の肉欲を持たないと思い込まれているのだ。美しい健常者の女性はバージンのままにとどまるように言われ、恥を教え込まれて貞節を守らされるが、彼女たちの身体は依然として欲望の対象と考えられ、映画の中の小道具として、またビールを売るために、用いられている。しかしながら、身体障害のある人々の身体は逸脱的で醜いと見られていて——そして障害者は永遠に子どものようでセックスには向かないと考えられていて——、それゆえに性欲動のある障害者という考えは嫌悪感を催すことになる。障害者で大学教員のトム・シェイクスピアが『アトランティック』誌に語るところでは、障害とセクシュアリティのイメージは、障害者を一方で「倒錯的かつ過剰に性的」[30]なものとして示す。キャリーがそう思われたのと同じく、そのセクシュアリティは危険すぎて不妊化の必要がある、と。他方でそのイメージは、障害者を無性《アセクシュアル》なものとして示しもするというのだ。

　多くの健常者は身体障害が性的欲望を取り去ると思い込んでいるが、それはつねに妥当なわけではない。およそ千人の女性についてのある研究では、これらの身体障害のある女性は、対照群である障害のない女性と比べたとき、とても近いレベルの性的欲望を認めているとわかった。[31]知的障害の人や自閉症の人も性的でなくされる。性欲を経験するにはあまりに純粋だとかナイーブだとか思い込まれているのだ。結果として、障害のある子どもは頻繁に性教育から排除される。それがその子どもたちにとって無関係だろうという、〔思い込みに〕呼応する考えゆえにだ。[32] そして障害のある人々はしばしば、健常者の人々よりもデートをし始めるのが遅くなる。[33]

障害者がセクシュアリティを探求する妨げとなるのは、ステレオタイプだけではない。障害者の身体は不親切な医療体制によってモノや重荷として扱われると、エースで脳性麻痺のある障害アクティビストのカラは言う。診察の際、看護師や医者、そして施術者は彼女の足を振り回した。彼女は理学療法と手術を行い、傷痕が残った。「障害者、特に障害とともに成長した人は、私たちの身体が快楽の源になれることを教わっていないと思う」とカラは言う。「私が物事をどんなふうにするか、平均的な人と違ってどんなふうにするか理解することは、毎日のプロセスなの。一日に二回は、「なんで私には身体なんかあるんだろ」って感じ」

同様に、二十八歳のジョーは言う。若い頃から継続的に痛みがあったので、他の人が自身の体に持つのと同様の身体との繋がりを持てなくなっていた、と〔ジョーは、グラスゴー大学のセクシュアリティ研究者であるカレン・カスバートが、障害とエースという二つのアイデンティティをやりくりするとはどのようなことかについて研究するためにインタビューした、十一人の障害者のエースの一人だ〕[34]。「たぶんそのことは、私が他の人の身体や身体接触一般をどう見ているかに関係していた」と、ジョーはカスバートに告げている。エリンという名の女性――「ヘンな感覚の問題」を伴う関節過剰運動の問題を抱えている――はこう言う。彼女の精神と身体の間にまさに断絶があり、そのことが彼女が誰とも性的に関わり合いになりたくない理由なのだろうかと時々思い悩む、と。

そういった疑問は身体的差異〔のある人〕にのみ限られるわけではない。二十二歳のステフはカスバートに、自分がセックスについて気にかけないのは自閉スペクトラム症だからだと思っていたと告げた。「親密さに関心を持てないのは、私のアスペルガー症候群のせいだって責めてた」と彼女は言う。「アスペルガー症候群がなければ、もっと早くに自分がアセクシュアルかもしれないと疑ったと思う[35]」

こういったことすべて――見当違いで悪意のある信じ込み、敬意に欠ける医者、合衆国最高裁によって認可される真の暴力――に対する応答として、障害者コミュニティが、障害のある人は健常者と同じ性的欲望を持ち、同じ性的権利を持つに値すると主張することになったのは、完全に理解できることだ。「はい、やります（Yes, We Fuck!）」というグループは、障害とセクシュアリティに焦点を当てたドキュメンタリーを制作した[36]。アンドリュー・ガーザの『黄昏の障害（*Disability After Dark*）』のようなポッドキャストは同じトピックを議論している[37]。二〇一二年の映画『セッションズ』は、セックス・サロゲートと協働する障害者男性に関するもので、その問題に注意を向けさせた。セックス・サロガシーという実践をめぐって続いている政治的議論がそうさせたように[38]＊7。

　とりわけ、障害学学者のモーリーン・ミリガンとアルドレッド・ニューフェルトは、障害者の間でのアセクシュアリティとは大方、神話であり、しかも自滅的で勝手に続く神話なのだと主張している。「身体的精神的な機能不全《インペアメント》は大いに機能を変えるかもしれないが、基本的な欲動や愛、愛着、そして親密さを求める欲望を排除することはない」と二人は書く。[39] ミリガンとニューフェルトは、障害のある人々はセックスする機会が比較的に少ないかもしれないが、だからと言って欲望それ自体が不在だということにはならないと主張している。問題は欲望の量ではない。問題は他の人々が彼らの欲望の量についてどう考えるか、また全体の状況がいかに挫折をもたらしうるものかということなのだ。

＊7　セックス・サロゲートとは、セックスを含む性的関係に困難を抱えるクライアントのために、しばしばセックス・セラピストとともに、性的行為を時に含むサービスを提供することで、クライアントの問題を解決しようとする人。直訳すると「セックス代理人」となるが、単にセックスの相手をするというだけではないので、少なくとも理念的にはセックス・ワーカーとは一致しない。ただし、セックス・ワーカーとも共通する問題（性的搾取、サービス提供者の安全や権利保証、スティグマの解消、サービス提供者とクライアントの権力関係など）は当然ありうるし、また、性的関係や行為についての悩みを解決するという名目の裏側で、性的行為や関係自体の理想化を促進しかねないという点では、強制的（異）性愛の問題も指摘されうる。

・・・

自分が健常者からどのように見られているかについて鋭く意識的だったカラは、二十代まで自分がストレートの女性だと思い込んでいた。デートを始めてから、カラはそれが本当だろうかと思い始めた。セックスは心を乱すものでも悪いものでもなかったが、彼女が言うには、「セックスできるかNetflixを見れるかだったら、私はNetflixを選ぶね」。ある種の性的活動は快楽をもたらすものだと感じられたが、快楽が性的惹かれから来るとは思えなかった。髪にブラシをかけたり膝の後ろを伸ばしたりするのが気持ちよいのと同じように気持ちよかったので、「エース・スペクトラムのどこか」〔にいる〕と自認するのが正しいように思えた。エース・アイデンティティは、彼女が自分の人生について知っていることに合致するのだ。

すべてのエースがカラのような人々について歓迎してきたわけではなかった。エース・コミュニティの構成員は、とりわけ初期は、障害者のエースを完全に退けていて、そのような人々がアセクシュアリティの正当性を損なうだろうと、また、アセクシュアリティが障害と病気に関連しない（もしくは、それらによって引き起こされていない）と証明するのを不可能にしてしまうだろうと言い張っていた。アセクシュアル例外規定をＤＳＭに加えようとする努力さえ、エースはいかにハッピーかということに焦点を当てることにより、名状しがたく健常主義的なものになってしまった。「その例外規定は精神病とアセクシュアリティの両方に対するスティグマを疑うというより、アセクシュアリティから精神病のスティグマを取り除こうとしている」と、ウェイク・フォレスト大学のジェンダー研究の学者であるクリスティーナ・グプタは書く。「そのような標準化の戦術は交差的《インターセクショナル》な分析と連帯の可能性とを犠牲にすることで現れるのだ」[40]

　大変なことだ。同時に、カラはまた、ヤりたくないがゆえに自分が「悪い《バッド》障害者」であるようにも感じる。「ステレオタイプにただ屈してるだけだって感じることは時々ある」とカラは付け加える。「ほら、「もちろん車椅子の女の子はセックスなんかしたくないよね、だって一体誰がそんな子とセックスしたいの」って」。彼女のアセクシュアリティの「由来」についても、完璧な答えはない。〔障害とアセクシュアリティの〕分離をはっきりと認め、二つが関連していないとはっきり知っている障害者のエースもいる。けれどもカラにとっては、彼女がエースであるのは「ただそうであるから」なのか、それとも脳性麻痺が何らかの役割を果たしているのか、明らかでない。「子どもの頃、ちょっとシェルターにいたからかな」と彼女は思い悩む。「誰も今までそんなことを教えてくれなかったんじゃないかな」

・・・

完璧なエースの人という幻想がある。上述の疑問を自問する必要などまったくない人のことだ。大金星のアセクシュアル（gold-star asexual）、また無敵のアセクシュアルとも呼ばれる人は、自分のアイデンティティについて何らの疑いも持たない（この語はブロガーのサイアトリクスによって二〇一〇年に新たに作られたもので[41]、男と一度もセックスしたことのないレズビアンを意味する大金星のレズビアンという語と同様のものだ）。大金星のアセクシュアルは私たちみんなの救世主なのだろう。アセクシュアリティが正当なものだと、性的惹かれを引き起こしうる他の要因が一つもないのだから端的にそうなのだと、証明しうる人なのだろう。

カラは大金星のエースではない。障害は自動的な失格条項で、おそらく最大の失格条項の一つなのだ。その他の大きな失格条項は、性的虐待や性的暴行のサバイバーであることだ。「長い間、エース・コミュニティの中で最も支配的なたくさんの声が「私は虐待されていない、トラウマを持たされてはいない」という言葉を何度も何度も繰り返してきました。アセクシュアリティの原因とされる虐待やトラウマから、自分自身を引き離そうという欲望があるからです。もしそれらが原因となったらアセクシュアリティは直したり治療したりされうる問題になってしまうと言わんばかりの欲望です」と、オーバリン大学のジェンダー研究の教授で、『複数のアセクシュアリティ――フェミニズムとクィアの視点（*Asexualities: Feminist and Queer Perspectives*）』の共編者であるＫＪ・セランカウスキは私に語る。「その結果、性的虐待やトラウマといった過去のある人々は――そのことが自分のアセクシュアリティとどう関係するのか自信がない人々です――追放されてしまいます」

　大金星のエースはあらゆる点で健康的《ヘルシー》だ。二十歳から四十歳の間で（なぜなら高齢者はいずれにせよ性的《アセクシュアル》でないと想定されているから）、シスで、セックス・ポジティブで人気者でもある、とサイアトリクスは書いている。[42] 大金星のエースは美しく、その結果、憤慨したインセルだという非難を躱《かわ》す。宗教を信じていることはありえない。なぜなら、そうだったら単に抑圧されていることになってしまうからだ。マスターベーションもしないし、性的問題の遍歴もない。セックスを以前に試したことはあるかもしれないが、その後はずっと一度も、エースであることについて心変わりしたことがなく、性的好奇心のかけらも感じたことがない（もしひたむきな交際をしたことがあればボーナス・ポイント加算ね）。ケイトという名の自閉症の女性が、十分に神経典型に見えなければアセクシュアリティを「面汚し」してしまうかもしれないと心配するのに対し、大金星のエースならば、そんなことまったく心配しないだろう。そもそも大金星のエースは自閉症ではないだろう。大金星のエースなら、いつも溶け込める。溶け込めるどころではない。大切にされる。

アセクシュアリティの起源への執着、つまりアセクシュアリティを証明するのをほとんど不可能にしてしまうこのプレッシャーの出所は――もうおわかりですね――すべての人が性的であるべきだという信じ込みだ。その信じ込みが一般大衆から来ていようとも、特定のコミュニティの中で強化されていようともだ。好みや行動が社会的に受け入れられているなら、その起源は気にされない。その起源が〔たとえばアセクシュアリティと〕同じく複数の要因によって影響を受けていてもだ。科学者は長い時間を費やして「ゲイ遺伝子」を特定しようとしてきたが[43]、同量の努力がストレート遺伝子を見つけようとするのに費やされたことはない。ストレートであることは理想的なことと考えられていて、それゆえそれが先天的《ネイチャー》か後天的《ナーチャー》かわざわざ思い悩まれることなど、めったにない。ストレートであることが先天的でも後天的でもあるにもかかわらず、また、アドリエンヌ・リッチが明らかにしたように、ストレートであることは選ばれるというより、しばしば条件づけられたことであるにもかかわらずだ。エースであることは理想的なことと考えられておらず、それゆえこの異常の原因は関心事となる。なぜなら、チェイスンの指摘したように、エースにならないこともありうるかどうかを見定めることが、社会がいかに受容的であるべきかという問いを導くことになっているからだ。

強制的性愛はアセクシュアリティをダブルスタンダードにかけられやすくする。ある人が子どものときに虐待されていたとしてもその人の異性愛は偽物とは考えられないが、子ども時代の虐待はしばしば、自動的にアセクシュアリティの元凶とされる。ストレートの人々は自分がストレートであることを「単なる一時のこと」と言われることなしに、それぞれ自認し始めることができるが、エースは――そしてストレートでない他のすべての人々は――型にはめられがちだ。ゲイ男性に対して、ふさわしい女性をまだ見つけていないだけだとは決して言わないであろうセンシティブな人が、同様のことをエースに対して言うことには、ほとんど抵抗を感じない。ある五歳の男の子にどのクラスメイトをガールフレンドにしたいかと問う親が、別の五歳のエースやゲイの男の子に、どうやって自分のセクシュアリティを知ったのかと問う。ストレートの人々は、自分の性的指向を知っているからといって偏狭であるように扱われることはめったにないが、エースは〔自分のアイデンティティに〕自信がないと思い込まれていて、すべてを変えてくれるだろう〔運命の〕人をいつだってもう少しで見つけられると思い込まれている。

　だからエースは怖がり、集結し、そして排除する。大金星の理想からわざわざあまりに遠くに離れようとする人みんなを。あまりに多くの疑問をあげ、その他の人々を落胆させかねない人みんなを。要求の項目表は増えていき、ほとんどの人にとって達成できない基準からなる長々としたリストが作り上げられる。尊重されたいという思いから、人々は健常主義的で偏見持ちになり、自らをハッピーで健全《ヘルシー》／健康に見せようと躍起になる。巷にいるすべてのアンハッピーで不健全／不健康なストレートの人々と同じく、アンハッピーで不健全／不健康なエースであってもよいはずなのに、だ。

排除したって上手くはいかないだろう。アセクシュアリティを追放しようと決め込んでいる人は何だって手段を見つけるのだ。ＤＳＭであれ、繁殖／再生産の適応度の論理であれ、子どもを持つ義務であれ、その他何であれ用いる。エース・コミュニティの夢は、共通の経験のある人々を集め、私たちがお互いを見つけたり、リソースを作ったり、大丈夫だと感じあったりするのを手助けすることだった。いつも否定ばかりするような人を喜ばせようとしたところで、こういった目標に私たちが少しでも近づくことはない。大金星の理想にどれほどぴったり合致しているかという条件次第でエースが受容されるなら、適合しない人は誰もが自らを疑いで苛む。条件つきの受容は、包摂されるべき人々を排除し、のちには私たち自身を疑うようにもしてしまう。

私は大金星のエースに会ったことはない。大金星のエースは幻想であり、偽りの約束だ。それは私たちの注意を、私たちが助け合うことではなく他人を宥《なだ》めすかすことに向けるし、幻想を追いかけることは、今、まさにここにいる実在のエースの人々を傷つける。この理想にしがみつくことで、これまでの章を通じて紡がれてきた問いを、何度も何度も問うことが規範となってしまう。アセクシュアリティとは何か、そして脳性麻痺とは何か。家父長制の影響とは何か、内気さやシェルターに入れられることの影響とは何か。何がステレオタイプや恥の結果で、何がそうでないのか。あまりに多くの要因のせいで、アセクシュアリティが信用されづらくなっているのに、どうすれば私たちは、アセクシュアリティを自らのものと主張して大丈夫だと感じることができるのか。そして、いつ私たちは問うことを止めてよいとされるのか。

・・・

短い答えもあるし、長い答えもある。短い答えは個人的かつ実践的なもので、個人が次に何をすべきか、また、どのくらいの間私たちは思い悩むべきかについてのものだ。ほとんどの人は、これらの問いに完全無欠の答えを与える余裕などまったくないだろう。それは、私たちの他の好みのうちのいくつかが何千もの他の要因による影響をどれほど受けているのか、私たちが決して知りようがないのとまったく同様だ。相互作用はあまりに入り組んでいる。カラもエースの人もみな知っているように、問うことは〔エネルギーを〕消耗するし、無駄だ。経験はのちのち勝手に変化するかもしれないし、しないかもしれない――それゆえ、ある程度の努力をしたら、こういった作業はもはや助けにはならない。より重要になるのは受け入れることだ。

ハイヒールを履けというプレッシャーだろうと、泣くなというプレッシャーだろうと、有害な社会的条件づけからは逃れようがない。身につけてしまったけれど捨てられるべき教訓のリストは無限に近いが、時間とエネルギーはそうではない。それに、性的欲望についての問いが取り組むべき最も重要な問題ではないと判断してもよい。他の問題に焦点を当てることがより大きな報酬をもたらすだろうと判断してもよい。すべてのエースがコミュニティへと歓迎されるべきだ。私たちの中には大金星のエースはいないけれど、私たちがそのせいで劣った者になるわけではない。

長い答えは社会的なもので、より大きなレベルで移り変わるべきことについてのものだ。他人が私たちに対して抱く期待や、そういった期待の起源と目的を問うことが真に必要だ。それぞれの人が、自らは何者か、何を望み、そういったことすべてがいかに変わりうるのか、探究すべきだ。

そのことはエースと自認する人々にとっても当てはまる。エースだと自認することが自分の役に立たないのなら、そうしない自由があるべきだ。エースでありながら依然としてセックスに好奇心を持つ自由も、エースだと自認してから心変わりする自由もあるべきだ。たとえば第一章のルシッド・ブラウンは、一人に対してだけだが、性的惹かれを経験することに気づき、その後にデミセクシュアルだと自認し始めた。ルシッドはそのガールフレンドを除いては誰にも性的に惹かれないが、それだけで移行するには十分だったし、その切り替えをめぐって不安などあるべきでない。

「異性愛と同性愛とクィアであることとを、人々は様々な仕方で行き来すると思いますが、なぜそういったことがアセクシュアリティについても真実であってはいけないのでしょうか」と、ジェンダー研究の学者であるセランカウスキは問う。「人々には自分が様々なセクシュアリティに当てはまると気づく様々な状況があります。ですから、私たちが性的アイデンティティについてより複雑に考えるにつれ、動きと流動性を認めなくてはならないと思うのです」。年齢と健康はたとえば、性的アイデンティティと性的経験に影響する要因となるかもしれないし、「性的アイデンティティの形成に対する、こういったより流動的なアプローチを取ることは、アセクシュアリティを否定することでは必ずしもありません。アセクシュアリティが本質的で人生にわたって続くものではないとしても否定しないのです。単に、セクシュアリティを経験するのに異なる仕方があるというだけなのです」

しかし、流動性と探求を勧め、身につけたステレオタイプを捨てることを勧めても、人をより性的になるようずっと駆り立て続けるだけなら、それらのことはほとんど意味がなくなってしまうだろう。いったんメタ的になってみると、問いかけの作業とその標的（「私は密かに抑圧されているのか。ステレオタイプに従っているのか」）はしばしば、社会的コントロールと条件づけの産物でもある。単に違う側面から産み出されるだけだ。もしアセクシュアルとアローセクシュアルという選択肢が等しく手に入るものであって――〔社会での〕見えやすさという点でも、これらのアイデンティティが意味することについて人がどう思っているかという点でも――、そのときある人がアローセクシュアルを選ぶなら、それはその人がアローセクシュアルであるという合理的な証拠である。〔けれど〕もし唯一の受け入れられるべき選択肢がアローセクシュアリティで、そのときある人がアローセクシュアルを選ぶなら、この選択は、異常であることを恥ずかしく思うことから来ている可能性がかなり高い。人々は自分がエースであることを否認することになり、自分がアローであると最終的に判明することを望みながら、永遠に探求することになるだろう。

探求は、エースの完全な社会的受け入れとペアになっていなければ、不毛なものだ。あらゆるタイプの人々がエースになりうると、また、アセクシュアリティが劣ったあり方ではなく、単に異なるあり方なのだと承認することが最重要だ。さらに、エースであっても大丈夫と単に言うだけでは不十分だ。自分がアセクシュアルであるかどうか決められるよう、また、アセクシュアルな人生の楽しみについて学べるよう、積極的に奨励されるべきだ。そうしてからこそ、探求はさらなる自由に行き着く。すべての人が自由に自分を理解すべきだが、この自由から、エースであることは誤っているとか別の答えを見つけようとし続けねばならないとかといった考えを引き出してはならない。

・・・

障害者コミュニティとエース・コミュニティの両方が障害者のエースを歓迎することは、道徳的義務だ。障害者コミュニティが障害者のエースを受け入れねばならないのは、性のバリエーションがあるからで、障害者もエースでありうるからで、また、エースであることに何ら間違ったことなどないからだ。エース・コミュニティが障害者を受け入れなければならないのは、性のバリエーションがあるからで、エースの人も障害者でありうるからで、また、障害者であることに何ら間違ったことなどないからだ——そしてエース運動の力は、起源の純粋さに依拠していないからだ。

人々がアセクシュアリティを退けたがるのは、それが外的な影響力の結果であるかもしれないからというだけではない。アセクシュアリティが人生を破滅させるだろうと思われているからでもある。セクシュアリティの欠如は、干上がってすり減っていることを意味する。それは子どもと結びつけられるだけでなく、高齢であることとも結びつけられる。高齢者は「唇が初めて触れ合ったときや、服が床に落ちた最初の瞬間に起こる興奮の殺到」[44]を感じることなど二度とないと思われているからだ。「性的な存在であることを今すぐ止めてしまう」という恐れ、また、自らのセクシュアリティを失うことで自分が「消え去ったり蒸発してしまったり」することになるだろうという恐れについて何気なく話す人もいる。[45]そのせいで、そもそも特に性的でない私たちは、自分がすでに消え去り、すでに蒸発しているのかと思い悩むばかりだ。そういったコメントは理解はできる。セクシュアリティを欠いたり失ったりすることには現実に喪失感がありうる。私は同情するし、これらのコメントが検閲されるべきだとは思わない。けれども、それらはある特定の語りを強化している。しばしばただ一つの物語である、それを。

アセクシュアルな世界観は重要だ。なぜならそれは、幸せでアセクシュアルな存在というめったに見られないビジョンを提示し、このことが可能である（もしくはそうでありうる、もしくは少なくともそうあるべきだ）と示すからだ。人々は様々な状況下でも、あらゆるあり方でも幸せであるべきだというメッセージのどこが誤っているのか。このビジョンの強みは、アセクシュアリティがつねに何にも由来しないとか、それが人生にわたって続くとか、それ以外の何かによって決して形作られたり引き起こされたりしていないといった主張に依拠してはいない。その力は単に、どんな理由であれ、それを欲したり必要としたりするかもしれない人々に対して、異なる生き方を見せることに由来するものだ。アセクシュアリティに多くの形式と多くの原因があるという事実は、これを否定しない。

あなたの障害がアセクシュアリティを引き起こしたとしても、あなたはアセクシュアルであってよい。性的トラウマがアセクシュアリティを引き起こしたのだとしても、あなたはアセクシュアルであってよい。性的欲望を人生後半にして失うとしても、あなたはアセクシュアルであってよい。アセクシュアルのコミュニティはこれらすべての場合に助けとなるべく存在すべきだ。あなたが永遠にアセクシュアルのコミュニティの一員である必要はないけど、起源にかかわらずエースにとっての幸せな生活が可能だという教訓は重要で、またあなたをも包摂してくれる。あなたがエースと自認しないにしても、それはあなたのためにあるんだ。アセクシュアリティが問題ないなら、その他のあらゆる少ない性欲や性的機能不全とされるものも問題ない。「フツー」より少なかったり多かったりする欲望や惹かれのどんな形があっても、誰だって依然として大丈夫であってよい。「大丈夫」よりももっとよいものなんだ。

　極めて多くの集団が究極的には同じことと戦っているが、その戦うべき同じものとはセックスしないことではなく、むしろ性的規範性と性的コントロールなのだ。これらすべての集団はアライになりうる。より大きな戦いは、「フツー」である必要なんてないとみんなに認めさせることだ――必要なのはただ、私たちが居心地よく感じられるものと、私たちが自分の身体と語りと人生とで何をしたいか決める能力だ。真の性解放とは、多くの選択――永遠にセックスなし、一日に三回セックス、そしてその中間にあるすべてのこと――を持てることだ。そのどれもが等しく手に入れることができ受け入れられていると感じられ、また、自分にとって正しければ幸せに導いてくれる、そんな選択だ。文脈が問題となるが、本来的に解放的な性行為も本来的に抑圧的な性行為も、どんな類の性的ステレオタイプもないだろう。

　強制的性愛を捨て去ることはまた、過剰に性的にすることも性的でなくすることも捨て去るということだ。多くの声が必要とされている。セックスを欲さないことで変に思われるなんてもうたくさん。セックスしたら驚く人ももうたくさん。私たちは人々に何を欲するか尋ねるべきだけど、答えが何であれ驚くべきじゃない。そして私たちはその人たちにこう伝えるべきだ。あなたの答えがどんなものだとしても、すべての人にとって生きることがよいものになりうるよう、私たちは努力するつもりだ、と。

Part 3　他者

第7章　恋愛再考

「私は君と友人愛の関係（friend-love）にあるんだと思う」。[*1] このセリフをタイトルにした漫画の語り手はそう言う。『サディ・マガジン』にて二〇一二年に掲載されたユミ・サクガワ作の漫画だ。[1]

「君とデートしたいわけでも、何ならセックスしたいわけでもないよ。だってそんなのヘンだろうし」と、漫画は数コマにわたって続ける。その語り手が望むのは、

君に私のことをすごいと思ってもらうこと
一緒にぶらぶらして多くの時間を過ごすこと
真夜中過ぎにFacebookでチャットすること
ヘンなブログのリンクをメールすること
お気に入りの本を交換すること
お互いのツイートにメンション付きで返信すること

君のお気に入りのフード・トラックに歩いて行くこと
一緒に最高の穴場カフェを見つけること
内輪のジョークを言うこと
でもこういったこと全部を「もちろん、プラトニックにね」

君と近しくなりたいし、君にとって特別になりたい。君が私にとってそうであるように。でも、君と性的になりたいわけではないんだと、この漫画は言う。君と感情的に親密になりたいし、君と愛し合う関係になりたいけど、そういう仕方でじゃない。女医と言うことが医者はデフォルトでは男だと暗に示しているのとちょうど同じように、この気持ちを友人愛だと明確にすることは、愛——本当のそれ、恋愛的なそれ——はセックスのためにあると暗に示している。実際のところ、サクガワの描くプラトニックな友人愛は、多くのエースが性的でない《ノンセクシュアル》恋愛的《ロマンティック》な愛と

＊1　抜粋した原語からもわかる通り、友人と愛とをそのまま合わせた造語。なお、「友愛」という語があるが、これは一般的に、「兄弟愛」とも訳される fraternity の訳語であり、男性中心的な語感があるため、当該単語の訳語としては不適当だろう。

呼ぶであろうものに似ている。

性的でない恋愛的な愛は、矛盾した言い回しに聞こえる。恋愛的な愛の気持ち——結婚したパートナー同士の社会的役割や、「愛してるよ」と言うなどのロマンティックな行為とは別個のもの——についての定義はほとんどすべて、性的な次元に織り込まれている。人々は実際にはセックスしていないかもしれないが、セックスを望むことは、気持ちがプラトニックではなく恋愛的であると認識するための鍵である。性的欲望はその二つを隔てるルビコン川だとされているのだ。

そんなわけない。エースはこのことを証明している。定義上、エースは性的惹かれを経験せず、その多くはセックスに無関心であるか、それを嫌悪している。それでも恋愛的惹かれを経験するエースは多くいて、恋愛的指向（ヘテロロマンティック、パンロマンティック、ホモロマンティックなど）を用いて、自分が恋愛的に思いを寄せたり熱愛するようになったりする人々のジェンダーを示している。

直観的には、人々が性的な気持ちなしに恋愛的な気持ちを経験することがあるというのは理解できるし、私が性的指向とは別の物として恋愛的指向を定義しても、混乱する人は少ない。その理解が崩れるのは、人が次のように問うときだ。もし誰かとセックスしたいというのが［恋愛的な愛をはかる］適切な尺度でないとしたら、誰かに恋愛的な愛を感じるとはどのようなことなのか。

それはプラトニックな親友を愛するのとはどう異なるのか。セックスが介在しないのなら、その二つのタイプの愛の間に線引きするときに人々が心の中で感じられるその差異とは何なのか。セクシュアリティなしの恋愛的な愛とは何なのか、と。

またしても、これはエースだけに当てはまる問いではない。アローも新しく知り合った人に惚れ込んだり、どの恋愛的なパートナーよりも親友の方に、より愛着を感じたりするかもしれないが、性的惹かれの欠如ゆえに恋愛的な気持ちの可能性を否認できる。「一緒に寝たい人はいるけど、君と寝たいわけじゃないから、これはプラトニックなだけだね」と、アローは手を振りながら言うことができるのだ。

アローがカテゴリー分けをするのに性的欲望を用いることができるのはご都合のよいことだが、これは世界を評価するには窮屈でもあるし、アローもまた、エースと同じく自らの気持ちに戸惑いを覚えているように見えることもある。アローにとって、感情的な親密さと興奮は、それが性的惹かれを伴わないときには混乱を招くものやナンセンスなものになってしまうことがある。多くのアローが、相手側も自分側も性的惹かれがないのに友だちを愛しているように感じて困惑を覚えた、と話してくれた。ライターのキム・ブルックスは『カット』誌で長いエッセイを発表し、自分がストレートであるにもかかわらず、どうして女性たちと執着的な関係を持つことになったのだろうと困惑していた。大学時代のルームメイトについて彼女はこう書いている。「その関係は性的なものでは決してなかったが、私の青春時代で最も親密な関係の一つだった。私たちはお互いの服とベッドとボーイフレンドを共有したのだ」と。[2]

エースは知っている。セックスが、ある関係が恋愛的かどうかを決める分割線につねになるわけではないのだと。私たちは別の見方をして、こう言う。「あなたはたぶん、友人を愛してしまっているのだ。たとえ彼女に性的に惹かれてはいないのだとしても」と。恋愛的な愛の定義について問うことは、エースにとっては愛と恋愛について予想だにされてこなかった方法で考えるための出発点だ。友情と恋愛を超えた新しい明白なカテゴリーを考えることに始まり、恋愛的な愛が何にも増して価値ある愛の典型だとは見なされない世界を作る機会（法的、社会的、さらにはもっといろいろな機会）まで考えていくのだ。情熱的な絆はつねにセックスを根っこに持つものでなければならないという信じ込みをはじめとする、関係についての考え方をアセクシュアリティは揺らがしていく。

・・・

当時十六歳のポーリン・パーカーにとって、一九五四年六月二十二日は「幸せな出来事の日」だった。それをずっと待ち望んでいたことがはっきりわかるよう、彼女はこの言葉を日記の上部を埋めつくすように小ぎれいに書き記していた。「とっても興奮したし、昨夜は「クリスマス前の夜みたいに」感じた」。そして彼女はその下にこう書いた。「さあ立ち上がるぞ！」[3]

幸せな出来事はポーリンが望んだように起きることとなったが、その後長きにわたって起きたことは彼女が意図したものではなかったはずだ。その日の午後遅く、ポーリンとその友人、十五歳のジュリエット・ヒュームは、ポーリンの母親を連れ立って、ニュージーランドのクライストチャーチにあるヴィクトリア公園を抜けて散歩に出かけた。三人が人気《ひとけ》のない道に入りこむと、ジュリエットは石を落とした。ポーリンの母親が屈んでそれを拾い上げようとすると、二人の少女は、ストッキングに入れたレンガで彼女を殴り殺した。代わる代わる殴って殺したのであり、彼女の顔をほとんど認識できないほどに打ち据えたのだ。[4]

このティーンエイジャーたちの出会いはその数年前にさかのぼる。ジュリエット――美しく、裕福で、英国の上流家庭出身――がまだこの国に来たばかりのときだ。ポーリンはそれほど見栄えがよくもなかったし金持ちでもなかった。彼女の父親は鮮魚店を経営していて、母親は下宿を営んでいた。ジュリエットとポーリンは分かち難い仲になり、しばしば豊かな空想の世界に耽った。その絆が脅かされたのは、ジュリエットの両親が彼女を南アフリカの親戚のもとで生活させようと決めたときだ。ポーリンは自身の母親が許せばついて行くこともできたのだが、この提案が認められることは決してないだろうとみんなが思っていた。少女たちにとって、唯一の道はあのレンガであり、またアメリカでの新生活へと逃げることだと思えたのだ。[5]

殺害当時から、また、殺害により触発されたピーター・ジャクソンの映画『乙女の祈り』〔の公開時〕、そして事件への魅力が続いている今日に至るまで、ポーリンとジュリエットは、二人がセックスしていたのだろうという疑いをずっと払拭できずにいる。ジュリエットは二人がレズビアンだということを否認したけれど、世間の目からすれば否認したところでほとんど意味がなかった。とりわけ性的な愛のみがこういった型の相互執着を触発するのだと、世間では信じ込まれていたのだ。[6] この信じ込み——プラトニックな愛は穏やかである一方、強度のある情熱的な、もしくは執着的な気持ちはセックスが動機となっているに違いないというそれ——はありふれている。けれどそれは現実に沿ってはいない。

情熱的な気持ちは性的欲望が何らなくとも存在すると言うエースを信じられなくとも、ユタ大学の心理学者リサ・ダイアモンドのことなら信じるべきだ。彼女はエースと同じことを言っているのだ〔ダイアモンドは「惚れ込みと感情的愛着」という気持ちを「恋愛的な愛」と呼んでいるので、私もここではそうする。この気持ちが実際に恋愛的かどうかという問いには後で立ち戻りたい〕。ダイアモンドは、〔情熱的な気持ちと性的欲望の〕二つは別の目的に資するのだから別々でありうると理論化している。性的欲望は遺伝子を拡散するよう私たちを操る一方で、恋愛的な愛が存在することで私たちは、誰かに親切にしようと感じたり、この上なく無力な生物、つまりはご存じの通り赤ん坊を育てられるぐらい十分長い間協働しようと、意欲的になったりする。恋愛的な愛は性的惹かれよりも広範でありうる。なぜなら異性間の性的惹かれは、子どもを産み出すのに通常必要となる一方で、協働での子育てを実りあるものにするには必要とされないからだ。エースの言葉遣いを用いるなら、性的惹かれと恋愛的惹かれは一列に連なる必要などないのだ。

ダイアモンドが初めてこの情熱とセックスの混同に気づいたのは、女性たちに、どのようにして他の女性に性的に惹かれるようになったかについてインタビューしていたときのことだ。「とても多くの［女性たち］が、若かったときに女性の友人に対して抱いた、本当に強い感情的な絆について語ってくれたものです。そして彼女たちは「だからまぁ、これが前兆だったんだろうな」という感じでした」と彼女は私に告げる。密接な女の友情は、情愛的で恋愛に準ずる言葉をしばしば用いはするし、こういった言葉が、芽吹きつつある性的欲望を複雑でわかりにくくすることもある。けれども時々、話はより込み入ったことになることもあって、性的流動性についての専門家であるダイアモンドは、情熱が潜在的に性的なものとつねに等しくなければいけないのかと問い始めた。

性的欲望が恋愛的な愛に必要だとしたら、思春期をまだ経ていない子どもは熱愛をしないことになってしまうだろう。けれど多くは実際にしている。調査が示すところでは、パートナー同士のセックスを理解するには幼すぎる子も含めて、子どもたちは真剣な愛着を頻繁に育んでいる。

私は小学校のときに熱愛したことがあって、私の多くのアローの友人も同様だ。[7] 大人は思春期を経ているが、性的欲望がつねに大人の感情的な欲望を司るかというと、そうでもない。ダイアモンドが参照するある研究では、六一パーセントの女性と三五パーセントの男性が、セックスの欲望など何らなしに惚れ込みと恋愛的な愛をしたことがあると述べた。[8]

性的欲望が惚れ込みとケアを含む必要がないのは、すでに当然のこととされている。一夜の情事やヤリ友の取り決めはまったく明らかに性的であり、明らかに非恋愛的だ。比べてその反対の結論――一部の人々にとって、惚れ込みに性的欲望が含まれることは一度たりともなく、またそれに転化することもないということ――は、少なくとも西洋では受け入れがたい。別のところでは事情は異なる。グアテマラ、サモア、そしてメラネシアの文化からの歴史的報告は、これらの密接で性的でない関係がいかに承認されていたかを記している。時には指輪交換のような祝儀でもって称えられることのあるこれらの関係は、友情と恋愛の中間地点と考えられており、しばしば単に「恋愛的友情」と呼ばれたのだと、ダイアモンドは私に告げる。

これらの文化では、結婚はしばしば、愛の縁組みというより経済的パートナーシップのようなものだった。現在の西洋と異なり、婚姻の絆と性的な絆は最も重要な感情的関係だと自動的に想定されていたわけではない。恋愛的友情は結婚を脅かすものとは考えられていなかったし、性的でない関係は性的なそれと同じく熱烈なものでありうると比較的容易に信じられていた。恋愛的友情はそれ自体で情熱的だった。情熱は多くのタイプの関係においてありうるからだ。

・・・

特別で張り詰めたエネルギーを含むすべてのものは性的に違いないと信じ込むのは、単純すぎるだけではない。関係の感じ取られ方を有害な方向にシフトさせることもある。雑誌『カタパルト』に寄せた見識に満ちたエッセイで、ライターのジョー・ファスラーは、教師と学生の関係のエロティシズムについて書かれた『ボストン・レビュー』の記事[9]に応答している。彼の高校時代の教師がどのようにして彼にセックスを強いたか記し、またセクシュアリティという言葉を濫用することの危険性について警告することによって応答したのだ。[10]「［『ボストン・レビュー』の記事］の著者らは、情熱的な教育が人々の間にある種の高まったエネルギーをもたらすと指摘する点では正しい。教室で働くとき、私もその感覚を経験してきた」と彼は書く。「しかし、その現象を記述しようとして都合のよい略称——恋愛的惹かれという言葉——に逃げ込むのは、どんなによく受け取っても、誤っていると私には思われる」。[11]これは『カット』のライターのキム・ブルックスが犯しているのと同じ間違いだ。彼女はそこで性的不実という言葉をすることで[12]自分の強烈な友情を捉え、それを「情事」と呼んでいるのだ。あたかもその強烈な友情が自動的に裏切りとなるかのように、あたかも他の比較対象がありえないかのようにである。これは私たちみんなが犯す間違いでもある。そのとき私たちは、言葉をぞんざいに性的なものにし、そのように性的にすることが気持ちに対する怠惰な解釈であり、気持ちそれ自体ではないということを忘却しているのだ。

言葉は私たちを裏切る。性的な惹かれを達成や興奮それ自体の類義語にすることによって。クリエイティブな共同製作者たちの精神融合や牧師と会衆の間の信頼のような、様々なタイプの社会的エネルギーや親密性を記述するときに、性的なものに頼らないメタファーはほとんどない。誰かと「親密」になりたがること——感情的に親密にということであっても——は、淫らに思われうる。友人と「交際」するというのは、ちょっと奇妙に聞こえる。情熱的と類義語辞典を引けば、「浮気性」「好色」「リビドーまみれ」「興奮した」「濡れ濡れ」、そしてまぁなんと、「セクシー」といった類義語が出てくる。

「私たちに必要なのは、教師と学生の間の強烈な絆を記述するためのよりよい、より適切な語彙ではないか——エロスという言葉から分けられたそれではないか[13]」と、ファスラーは問う。彼は続けて言う。トレーニングがあれば、善意の教育者は「師弟関係のときめき」をそれ以上の何かと間違えないよう学ぶだろう。セラピストが患者に喚起しうる複雑な感情を、その関係が本質的に恋愛的だと思い込むことなしに扱うよう学ぶのと、ちょうど同じように。

この〔感情と関係の〕力学に気をかける必要があるのは、教育者とセラピストに限らない。快楽には一つの種類しかなく、他のすべては派生的なものだと考えるよう言葉によって仕組まれている世界に住む人全員に、その必要がある。学ぶことの楽しさとセラピーの感情的達成感は、友情の密接さと同じく、それぞれ独自の仕方でどれもみな素晴らしい。これらの気持ちに注意を払い、その重みと重要性と経験、またそれらが私たちの生活をどのように豊かにするか、そして、いかにそれぞれがそれ自体の価値を持っているかに注意を払ってほしい。「人は時に、本当は恋愛的な熱愛でないものをそのようなものとして理解することがあると思います」と、エース研究者のＣＪ・チェイスンは言う。二人の近しい友人が、お互いに恋愛的に執着しているのにそれを否認しているのだと詰られることは、からかいだとしてもよくあることだ。そのような人たち自身も、自らのお互いへの気持ちが恋愛的だろうかと思い悩むかもしれない。「その「否認」が双方に向かないのはなぜなのでしょうか」と、チェイスンは続けて言う。「友人としての親密さを否認しているだけかもしれませんよね」

感情的親密さを性的誘いだと思うことなく、それについて率直に話すことができるように言葉を発展させ、標準化すること。そうすることで世界がシャープに見えてくる。意図を混同したり感情を誤って解釈したりすることが不適切となるときもあるが、よりよい言葉のおかげで私たちはそうせずにすむだろう。よりよい言葉はまた、現存するエネルギーを何か別物へと変えようとすることなしに、そのエネルギーを高めることを可能にする。よりよい言葉のおかげで、関係について、関係そのものとして私たちは語れるようになるだろう。その関係が似ている何か別のものとしてではなくて。

・・・

セックスが恋愛的な愛とプラトニックな愛の分割線でないとすれば、何が分割線なのだろう。学者たちは長い間、さまざまなタイプの関係性を区別するような感情の構成要素をバラバラに分離しようとしてきた。終わりなく定まらない部分はありうるが、人類学者のヘレン・フィッシャーによって展開された一般的に用いられている一つの枠組みは、三つの基本的構成要素を取り上げている（フィッシャーがそのモデルを展開したのは、とりわけ恋愛的な愛の構成要素と形式を説明するためだが、それはすべてのタイプの気持ちを分析するのに有用でありうると私は思う）。セックスしたいという欲望がある。惚れ込みがある。そして感情的親密さとケアすることがある。これは心理学者らがしばしば、やや専門用語的な言い方で「愛着」と呼ぶものである。[14]

これらの構成要素がかけ合わさって、二人の人々の間で生き生きと育まれる、特定の気持ちを作り出す。愛し合う関係のいずれであっても、惚れ込みが多かったり少なかったりするし、性的欲望がたくさんあったりまったくなかったりするなどといった具合だ。気持ちの違いは現実にあるものだが、気持ちが「プラトニック」や「恋愛的」といった相互排他的なカテゴリーにつねにきれいに収まるわけではない（奇妙なことに、プラトニックという語は、日常会話で用いられるところでは、それではないものとしてのみ定義されるように思われる。つまりそれは性的でないことと恋愛的でないことの結合なのだ）。感情の組み合わせの要素が同じであっても、プラトニックな愛や恋愛的な愛などとして、多様にカテゴリー分けされうる。

「愛着＋惚れ込み」はたとえば、心理学者のリサ・ダイアモンドと他の多くの心理学者による恋愛的な愛の定義の仕方である。他の人々にとっては、愛着と惚れ込みという同一の組み合わせであってもプラトニックに感じられる。友人について興奮する、というようにだ。惚れ込みやセックスなしの愛着だけならたいていの場合、友人と家族に対してのみ抱くプラトニックな愛として経験される――しかしそのことを、長期の関係を持ちつつ性的関係を持たないエースや、さらには長いことセックスしていないアローに言ってみるがよい。「愛着＋セックス」もまた、もやもやとした事例だ。これらはしばしば恋愛的と考えられるが、友好的で気ままなセックスの取り決めの構成要素でもある。

どのケースでも、〔要素が〕かけ合わさるというこの妙技によって、それぞれの感情の組み合わせにとってのありうる――そしてしばしば相反する――ラベルの多様性が生まれている。「恋愛的」と「プラトニック」は、人々が別様に経験するカテゴリーだ。セックスと性的欲望がないために、ジュリエット・ヒュームとポーリン・パーカーはお互いへの愛を恋愛的なものとして経験したかもしれないし、プラトニックなものとして経験したかもしれない。他の二人の少女であれば、同じことを感じたとしてもそれを別様に名づけたかもしれない。

カテゴリーを崩し分類する、より詳細な試みは、心理学者のヴィクター・カランダシェフによるものだ。『文化的文脈における恋愛的な愛（*Romantic Love in Cultural Contexts*）』という本において、カランダシェフは社会科学の文献を再検討し、この二つの気持ちを区分すると言われている最も一般的な判断基準を挙げている。世界の人々を調査したところ、ロマンティックな気持ちは、典型的には以下のものを内包する。惚れ込み、理想化、身体的かつ感情的な近さを欲すること、排他性〔相手と自分だけの関係〕を欲すること、自分の気持ちを相手からも返してもらいたいと思うこと、相手の行動を考えすぎること、相手に感情移入しケアすること、相手のために自分の人生の一部を変えること、そして相手が好意を返してくれなければより執着することだ[15]。

すべて十分に理に適っていると思われるが、私がカランダシェフのリストをシカゴ在住のクィア・エースのライターであるリー・ヘルマンに読み上げたところ、リーは、恋愛を区別するとされているすべての感情は、他の感情的場面においても見つかるものだと指摘した。敏感になることと、愛着、そしてケアすることは、あらゆる健全な関係の一部である。ポリアモリーの人々は、排他性への欲望なしに、複数の恋愛パートナーを持つ。惚れ込みは、恋愛的な愛がどのような感じかということについての広く普及した考えに最もぴったりと合う要素かもしれないが、新しく知り合った人を理想化することや親友が他の誰かと密接になるときに独占欲を感じることはよくあることだし、また恋愛的な愛は、初めにあったエネルギーがすり減ったら自動的にプラトニックになるというものではない。

「嫉妬することもあるし、友人を大好きになったり友人に献身的になったりという経験もある。こういう熱烈な修飾語は全部、多くの場合、恋愛的な愛に対して使うものだよね」とリーは言う。「過去の交際では、「私は実際のところ恋愛的で性的な愛を欲しているんだろうか。それで、誰かを本当に強烈にプラトニックに愛しているんだろうか、その人が私の人生にとって重要であるように私もその人の人生で重要なのだという、ある種の確証が欲しかったのかな」って感じだった」

・・・

本書について説明するときに、私はみんなに、その人の恋愛的指向にかかわらず、どのようにしてプラトニックな愛と恋愛的な愛を分けているのか尋ねた。リーのような人々は分けることをしなかったし、できなかった。違いはあるけれど、その違いがどのようなものでありうるかを説明するのは難しいと主張する人もいる。ある人は、「接触の惹かれ」という違いを指摘した。セックスしたいという欲望ではなく、手を繋いだり抱きしめたりといったように、別の身体的な仕方で近しくなりたいという欲望のことだ。別の男性は、誰に対しても性的惹かれを感じはしないけれど、男性ではなく女性を美的には美しく思うのであり、美的な惹かれに恋愛的な分類を任せているのだと言った。

マレーシア出身の大学院生であるシモーヌは、誰も恋愛的惹かれをちゃんと説明してはくれなかったとしながらも、自分が恋愛的惹かれを経験しないことを受け入れてきたと言う。「誰かと特別な関係を持ちたいという衝動を感じることはまったくないね、とても仲のよい友人に抱く友情以上に特別なものは」と、シモーヌは言う。とはいえエースの中には、献身的関係を欲する人もいる。多くの人々が恋愛的な愛だと考えるものにまさしく似ていて、まさしくそのように構築された関係だ――言い換えれば、これらの人々は恋愛的なパートナーの社会的役割を満たす誰かが欲しいのだ――、たとえ他の人に対して恋愛的な気持ちを持つことはないにしても。

アリシアは柔らかな語り口の三十代の学者で、十代の頃からパートナーがいる。彼女は恋愛的に男性と女性に惹かれるのがどのようなものか知っている。ボーイフレンドを見て彼がなんとイケメンなのだろうと賞賛することがどのようなものか、それでも彼とまったくセックスしたいと思わないことがどのようなものか知っている。「それに、友人熱愛（friend crush）がどんな感じか知ってる」とアリシアは付け加える。彼女はその惚れ込みの気持ちをよく知っている。相手が自分の気持ちに報い、自分のことも好きになってくれるよう望む気持ちだ。それでも彼女は自分のパートナーのこととなると違うところがあると感じる。彼女は一旦話すのを止め、打ちひしがれているように見えた。彼女にとってこれ以上説明するのは不可能なのだ。

自分自身にこの問いを投げかけ、答えようとして、私は心の内で、ボーイフレンドのノアに対する恋愛的な愛を、友人ジェーンに対するプラトニックな愛と比較した。そして、その違いの多くは、異なる期待と、そのような期待につきものである、重くて複雑な感情に由来するのだとわかった。恋愛的な気持ちを取り出すために、私は私たち〔エース〕に社会的な役割と振る舞いを削ぎ落とすように頼んでみたが、違いはある程度、その両方によって作られていると思われる。「プラトニック」と「恋愛的」は一種の気持ちである一方、「友人」と「恋愛パートナー」は社会的な位置づけであり、後者が前者を型作るのだ。

私はジェーンを愛しているけれど、彼女はいくつか州を跨いだところに住んでいて、年に二度彼女に会えればラッキーだ。私たちの生活はずっと前に枝分かれした。将来もう一度私たちの生活が交差する可能性はほとんどなく、私たちがそうなるように一緒に努力するだろうという期待もほとんどない。私とノアとのような慣習的な恋愛関係の場合は、私たちが残りの人生を一緒に過ごすことが期待されていて、それにより新たな不安やより大きな相互依存がもたらされる。

　浅薄なことかもしれないが、ノアの一つ一つの選択は〔ジェーンのそれと比べて〕もっと自分事に感じられる。というのも、それらは私や私自身の社会的価値により降りかかってくるからだ。些細な癖と考えごともより大事《おおごと》になるし、感情もそれに伴って高まる。ジェーンの食事の癖が嫌だと思ったらイライラはするだろうが、彼女に会う数回我慢するぐらいならまったく苦にならない。ノアの食事の癖を嫌いになったら、私がこれを永遠に我慢できるか、これを永遠に我慢する必要があるべきか、どうして彼は私が望む通りであってくれないのか、どうして私はもう少しお堅くならずにいられないのか、などなどといった疑問が出てくるだろう。ちっぽけなイライラが雪だるま式に膨れる。残りの人生、毎日その状況に耐える必要があるかもしれないとなれば、なんだってみな耐え難くなる。

　そういった区別は元からあるというより、状況次第のものだと思われる。もしジェーンと私がずっと一緒に暮らすよう誓い合っていたら、同様の感情と期待の混ざり合いが生じるかもしれない。もし今後五十年間毎日お互い顔を合わせることになると知っていたら、ジェーンの食事の癖ももっと〔二人の関係にとって〕暗雲たち込める感じになるかもしれない。私は彼女の選択をより綿密に調べ上げるかもしれない。彼女を気遣ってのことだけではなく、彼女の選択が、私と私たちと私たちの人生にとってどのような意味を持つかを気遣うからだ。

感情を区別することは、誰かが性的惹かれを経験するかどうか理解することと同じく、現象学的な問題だ。[*2] 私の苦味の経験とあなたのそれとが同じであるかどうかを完璧に比較する方法なんて誰も見つけていない。また、私たちが同じことを感じているかどうかも比較できない。なのに、私たちの〔異なる〕社会順応の仕方が原因で、あなたはそれを恋愛的な愛と呼び、私はそれをプラトニックな愛と呼んでいるのだ。また、私たちがそれぞれの人々に感じる感情は同じかどうかも比較できない。なのに、ある人が私たちの人生において果たす役割に基づいて、その気持ちを何と呼ぶかを変えるのだ。私がノアに惚れ込んでいるのは、ジェーンに惚れ込むのと同じようにではない――しかしこれは一つには、恋愛パートナーを称え続けるのが一般的で期待されることであり、同じことが友人に当てはまるわけではないからかもしれない。もしかすると、時間が経てばそれらの感情が異なってくるかもしれない。なぜなら私たちは、それらの感情を別々の仕方で強化するからだ。私たちは一方のケースでは感情を称えて養い、別のケースではそれをあえ

＊2　現象学は意識に与えられた経験としての現象、もしくはそのような経験をする意識のありようを探究する哲学分野の一つだが、しばしば一般に、経験される現象の分類という意味合いでも用いられる。ここでも、特定の哲学者の議論を念頭に置くというよりは、感情の分類（の困難）の問題としてこの語が使われているだろう。

て見ないでおくよう教え込まれてきたのだ。

間違えないでほしい。私は恋愛的な愛とプラトニックな愛とが実は同じだと主張しているのではない。その二つを区別するいくつもの小さな要因や要因の組み合わせがありうる。何と言っても、ジェーンと私がずっと一緒に暮らすと誓い合っていない理由がある。私は美的にはノアに惹かれ、ジェーンには惹かれない。両者は私にとって大切だが、現在ではほぼノア以外には、私が一緒に寝たくなる人などいない。

また、恋愛的な愛はプラトニックな愛であり、ただそれよりどことなく深いなどと主張しているわけでもない。愛ではまったくない、浅薄な恋愛的執着は実在するが、それは、恋愛的な絆に勝る、深淵で愛に溢れる友情が実在するのと同様だ。私が言っているのは、人々は恋愛的な愛とプラトニックな愛を二つの別個のカテゴリーとして考えるけれど、そこにはしばしば重なり合いがあって、きれいに分離などできず、ある関係をどちらか一つに決める唯一の感情的特徴や本質的構成要素もないということだ。

愛着があり、またセックスしたいという欲望があり、そして惚れ込みがあり、すべてがあらゆる周囲の状況とあらゆるタイプの関係において感じられ、様々な期待によって形作られ、様々な名称で呼ばれうる。「恋愛的な惹かれは、性的な惹かれとほとんど同じように、それを感じているときにそれとわかるもので、そうでないときにはわからないのです」と、アロマンティックと自認するチェイスンは言う。「というのは、あまり助けになりませんね。チェックリストはなさそうです。ひとまとまりの必要条件や十分条件もなさそうです。なぜなら、ひとたび関係の種類の分類に取り組み始めると、ぼやけた境界線があるということになりそうだからです。それで大丈夫なのです。そういうものなのです」

シカゴ在住のライターであるリー・ヘルマンは、これらのカテゴリーのぼやけを認識することで、新しい機会を得た。その重なり合いを受け入れることで、言葉を新たに用いることができるし、古い思い込みの安易さと重荷を払い除け、外的な経験を内的な気持ちに、より密接に適合するよう形作ることができる。

・・・

リーは十六歳のときにクィアだとカム・アウトした。彼女の現在の年齢の半分ほどのときだった。「長い時間をシングルで過ごした」とリーは言う。「私の身長は六インチ一フィートだけど、ガリガリのスーパーモデルではないの。私にはいろんな側面があってね。それで、私のジェンダー・アイデンティティも、自分でそれを理解する前からすでに、伝統的な女性らしさという考えとぶつかり合ってた」

リーは大学卒業後、フルブライトの奨学金で韓国に渡り、後に夫となる男性と出会った。アジアで五年を過ごした後、リーは大学院のために合衆国に戻ることを決意し、二人が一緒に過ごすことを望むなら、配偶者ビザがあれば移住が簡単になることを知った。そうして二人は結婚した。ヘンだった、とリーは言う。悪いというのではなく、ただ予想外のことだったのだ。長い間独り身でいることに慣れていて、自分のことを時にはパンロマンティックで、時にはアロマンティックだと思う人にとっては。

合衆国に戻ってから、リーは文芸創作を学び始め、アーティストたちと過ごすことになり、そしてテイラーと出会った。リーは、自分が内向的なのに対しテイラーが外向的であることを、また、テイラーが実践的で、テキパキと物事をこなす人であることを好ましく思った。「多くの人はぼーっと座って、何かしたいと思ってもしないでしょ」とリーは言う。「わかるよ！　物事って難しいし人生も難しくて疲れる。私たちみんな疲れてる。それについてガミガミ言いたいわけじゃないよ。でもそうすると、「これが欲しいな、これを得るには何をしなきゃいけないだろう」って感じになってくれる、ある特定のタイプの人が必要になる。テイラーはそんな人だったの」

リーはその当時まで、クィアでアローセクシュアルだと自認していたが、自らのアセクシュアリティについて理解し始めた。テイラーはリーと話すことを通じて、自分がアロマンティックだと認識した。二人は近しい友人になり、自分たちの関係を何か別のものにしたいと決意した。別の時代であれば、この関係は恋愛的友情の一つだったかもしれない。心理学者リサ・ダイアモンドが書いている、性的になることなく情熱的で愛情がほとばしる関係だ。この関係はそれと同じ型の関係で、西洋世界に存在していたものの、読み取られたりすんなりと理解されたりすることはなかった。語彙と概念が極めて長い間欠けていたからだ。この時代に生きるリーとティラーは別の用語を用いた。「友人」と「恋愛パートナー」の間の社会的間隙《かんげき》を記すのに利用可能な数少ない明確な呼び名の一つ、「クィアプラトニック・パートナー」である。

クィアプラトニック・パートナー（もしくはQPP）という理念は、エースとアロマのコミュニティに端を発している。「恋愛が人々の付き合い方の中心となる世界に対してフラストレーションがあり、私たちは［その概念を］展開したのです」と、s.e. すみすは言う。[*3] 仲間のライターであるカズと共に二〇一〇年にこの用語を新しく作ったジャーナリストだ。文化的には、恋愛が友情

＊3　周知の通り、通常英語で人名を書く際は、頭文字を大文字で書くが、s.e. smith はいずれも小文字である。このような表記の理由は様々で、たとえば、先祖代々続く姓という制度の根深さを問題視し、姓を普通名詞と同様のものとして脱権威化するために小文字表記にすることもあるだろう。QPPの提唱者がこの表記を望む理由は明らかでないが、拙訳ではその異化的な作用を重んじて平仮名表記とする。

に打ち勝つことは否定できない。恋愛は〔友情よりも〕重要性の階層《ヒエラルキー》の高みにあり、より面白みのある本質的なものとして描かれている。「単なる友人」や「友人以上」といった何気ないフレーズは、友情を、何かあまり特別でない、完全性のないものに格下げしている。友情の価値を見下げることに対するフラストレーションは目新しいものではない。新しいのはＱＰＰという用語だ。

　クィアプラトニック・パートナー同士の絆は性的ではなく、そのようなパートナーシップにある人々にとっては、恋愛的であるわけでも必ずしもない。自分のクィアプラトニック・パートナーについて、友人や恋愛パートナーとは異なるように感じる人々もいる。他の人々にとっては、クィアプラトニック・パートナーシップは、独特な感じ方というより、お互いの重要性を、明白に恋愛的でない関係としては稀な仕方で認めることに関わっている。これらの関係は友情という関係単体のなかに典型的に見出せるものの境界を越える。その際、「恋愛的」と描写されるのが誤っているように思えるとしても越えるのである。〔クィアプラトニックの〕「クィア」という部分は、ジェンダーに関することではなく、社会的境界線を揺らがす《クィアリング》ことに関わっている。相互性が鍵である。すみすは友人の子の人生において積極的な役割を果たしているが、それに関わる大人たちの誰一人としてその関係をクィアプラトニックとは見なしていないのだ。別の人が同じ状況下にいたら、その関係を別様に描写するかもしれないけれども。

「クィアプラトニック」は、より適切な言葉を展開しようという試みだ。人々が私たちの人生において占めうる役割の広さは、手に入る数少ない語よりも多様で、その広さにクィアプラトニックは言葉を適合させようとするのだ。社会的ラベルは情報を提供する。それらは信号と指示である。ラベルは感情的重みを持つ。デートしているけれど「本当にそうだというわけではない」人々にとっても、お互いをボーイフレンドやガールフレンドと呼んだら関係を一歩進めたものにしかねないがゆえにそう呼ぶことを拒む、一対一《モノガマス》のカップルにとってもだ。

クィアプラトニックの意味を最もシンプルに捉える方法は、医療メロドラマの『グレイズ・アナトミー』から得られるかもしれない。仕事仲間のメレディス・グレイとクリスティーナ・ヤンは性的にも恋愛的にも決して関係していたわけではないが、彼女たちの関係は、同僚の間や多くの友人の間でさえ典型的には見られないレベルの信頼と献身を含んでいた。極めて重要となるシーンで、クリスティーナはメレディスに、彼女の名前を中絶処置のための緊急連絡先として書いたと告げる。「病院には決まりがあって。緊急連絡先の人を指定しない限り、〔診察の〕予約を認めてくれそうになかったんだ。ほら、処置のあと、何かあったときそこにいてくれて帰宅するのを手伝ってくれる誰かね」とクリスティーナは言う。「何にせよ、あなたの名前を書いた。妊娠してるってあなたに打ち明けたのはそういう理由。あなたが私のその人なの《ユア・マイ・パーソン》」[16]

「あなたが私のその人なの」は大衆文化に浸透し、「あなたのその人を思い出させてくれる『グレイズ・アナトミー』からの10の引用」といったまとめ記事を生み出し[17]、また、マニア向け商品が売れるいたるところで、「あなたが私のその人なの」商品（マグ、シャツ、ジュエリー）のエコシステムを生み出した。「あなたが私のその人なの」は、親友よりも強い略称で、「ソウル・メイト」や「私の最も信頼する人」のジェンダー・ニュートラルな呼び方になった。

「あなたが私のその人なの」は公的な恋愛関係の地位に結びつけられてはいない。メレディスがクリスティーナのその人であるというのは、クリスティーナがデート相手を見つけられないからではない。この二人の女たちはボーイフレンドを見つけてからもお互いを捨てはしなかった。彼女たちのお互いにとっての重要性は、恋愛とは異なる性格を持つのだ。クリスティーナは、メレディスとの関係を自分のボーイフレンドに説明しながら、こう言う。「もし私が誰かを殺したらね、居間の床にある死体を引きずっていくのを手伝ってと私が電話するはずのその人は、彼女なんだ」。彼女なんだ、彼じゃない。

・・・

リーとテイラーのお互いへの接し方は、二人がクィアプラトニック・パートナーになった後も変わらなかった。二人はすでにとても近しい仲で、さらにリーは結婚していたので、どれぐらい頻繁に落ち合うか作戦を練ることに二人の会話の焦点が当たることはなかった。「会話するときには、お互いへの感情的な献身について率直に話し合った」とリーは言う。「私たちの関係がどのように働くか、どのように私たちが私たち自身を定義したくて、どのように他の人によって定義されたいか、そういったことを私たちがどう理解しているかってね」

リーにとってＱＰＰは、自分のテイラーへの気持ちがすべてのうちで最も重要だとか、他の誰に対する気持ちよりも強いとか、そういったことを示すこととは関係がなかった。ＱＰＰは特別な友情のようなものでもなかった――もしそうだとしたら、友情自体がよりぞんざいな、献身的でないものになってしまうが、私が今まで出会った人々の中でもかなり思慮深い人であるリーは、友情を今一度貶すことには興味がない。リーにとってのＱＰＰは、完全に独自の気持ちというより、活動と態度の問題だった。それは、伝統的な恋愛関係がしばしば、パートナーとその絆への明白な献身ゆえに作用するのと同じだった。リーは、自分たちの気持ちを分類する入れ物と、ひとまとまりの規範とを共に作り出そうと、テイラーにも誘いをかけたのだ。ＱＰＰの要点は脆さを抱えながら大胆に何かをお返しとして望むことだった。強度のある関係と明白な価値づけを保証することだった。リーが欲しいとしばしば考えていた関係と保証である。

社会的ラベルが信号と指示を提供するからこそ、それらはまた束縛もする。ク、ィ、ア、プ、ラ、ト、ニ、ッ、ク、は友人や恋愛パ、ー、ト、ナ、ー、についての言わずもがなの期待から仕切り直しをして、そうした関係を新しい場へとねじ込む。新しい義務と新しい期待とを共に築いていく能力を与えるのだ。クィアプラトニックへの転換は言葉と思考の双方の変化である。それは、ロシアの文学理論家が異化と呼んだこと、すなわち、何かを取り上げてそれを新しい仕方で見ようとし、そうしてかつては見えていなかったかもしれないものに気づくことの、関係性における例である。

友情においては自分の立ち位置が不明確になりうると、リーは説明する。感情的コミットメントについての会話はよくあるものではないし、自分の立ち位置がわからなければ、自分の居場所もわからない。ＱＰＰにおいては、これらの問いはすでに取り組まれていて、その答えも一緒に作られてきた。意見と好みをより平等な土台にのせて言語化することが可能になった。すべてはより自由になったのだ。テイラーは、自分の母親にリーについて告げた。リーはテイラーを、クィアの集まる場所ではパートナーと呼び、また、パートナー〔という語〕が疑念を生み、それに答えるのにあまりに時間がかかりそうな状況では、「本当によい友人」と呼んだ。

リーのもう一方のパートナーであるリーの夫は、テイラーとの「強度のある友情」について知っていたが、ＱＰＰの概念を正確に理解したわけではなかった。細々とした点を掘り下げることにも興味はなかった。彼の懸念は主に性的な忠実さについてであって、リーとテイラーが一緒に寝ているわけではなく、そうする意図もないことが一旦明らかになると、心配もさらなる好奇心も何一つとして消え失せたのだ。

「自分のことをポリ〔ポリアモリー〕だと思う?」と、私はリーに尋ねた。よくわからない。リーの夫は二人の結婚がオープン・リレーションシップだとは考えておらず、リーとテイラーの関係も正確には恋愛的ではなかった。他方でリーが言うように、「私の気持ちが、夫とQPPとで本当のところ異なるのかなんてわからない。もしあなたが私の気にかける少数の人の一人なら、あなたを含めたみんなについても大概同じように感じるはず。それが私の関係のやり方なんだ」

・・・

恋愛的とプラトニックの意味をよりしっかりと見つめることで目を瞠《みは》ることもありそうだが、意味論に訴えかける必要はない。恋愛とセックスを分離して、クィアプラトニックという用語に頭を悩ませるのは意味のあることだけど、私としては、言葉を変えるようみんなに強いるよりも、人々の関係を巡る振る舞い方を変えることに関心を抱いている。

言葉は他者と共有されているから、単語の選択を取り締まることは逆効果になりうる。私はユミ・サクガワに、漫画の題名を「私は君と性的でない恋愛関係にあるんだと思う」に変えるよう要求することはないし、彼女の感じ方は実は恋愛的だと言い張ることもない。二人の近しい友人を指差して、二人の関係は友情ではなく、実際はクィアプラトニックだと告げようとは思わない。人々の関係が実際にはかくかくしかじかであると告げたり、慣習的な社会的役割を描き出すのに友情と恋愛パートナー〔という語〕を使ってはならないと言い張ったりすることは、進むべき道ではない。定義上の混乱と言語学的なひっかけが生じさせる迷宮への入り口は、そんなふうにして広がっているのだ。しかも、そういったことは敬意に欠ける。これらの新しい考えが意図しているのは喚起であり、規定ではない。

私はしかしながら、友情と恋愛の間に私たちが設ける区別と、私たちがそれらを別様に扱う仕方を、またなぜそう扱うのかを、みんながより注意深く考えたらどうなるだろうといったことには興味津々だ。多くの人々は友人に「愛してる」と言うのを躊躇うし、「一緒に過ごす時間をどう思ってるの。私たちにとって、お互いって何なの」と問うことはなおさらない。リーが気づいていたように、恋愛の枠外では「関係を定義すること」についての話など、事態がすでにまずい方向に向かっているのでない限りは存在しない。カップル・セラピーのセラピストは通常、恋愛カップルに焦点を当てていて、友情の喪失から立ち直るのを手助けしてほしいときに利用できるアドバイス産業はない。友人との別れが恋愛的な別れと同じように壊滅的でありうるにもかかわらずだ。友情の緩さと公的義務の欠如は多くの人にとって喜ばしいことだが、一般的な決まりとして、あまり重要でないものはぞんざいに扱われがちだ。

そうである必要はない。クィアプラトニックな関係が見せてくれるように、私たちは恋愛的関係の言葉と規範から借り物をして、他のタイプの気持ちを構築できる。クィアプラトニック・パートナーは、通常軽く受け取られるタイプの関係を引き受けて、それが十分に重要であり、通常ならざる、ぎこちなくなりかねない会話に値するほどのものだと判断する。多くの種類の関係が十分重要になりうる。そういった対話をあえてしてみてよいぐらい、もしくは期待をかけ専念してよいぐらいに。

「恋愛的」や「プラトニック」（もしくは「友人」や「パートナー」）といったラベルを活動や期待の指針にするかわりに、欲望それ自体を活動や期待の指針にすることは可能だ。指示を与えてくれるラベルに頼るよりも効果的なのは、それをすっ飛ばして、私たちが欲するもの——時間、触れ合い、献身などなどといった、デイヴィッド・ジェイが書いていたようなことをめぐって——を直接求めることだ。それらを欲望することで、これら二つのカテゴリーがどんなものであるべきかという頑迷な考えに混乱が生じるかどうかなんて、どうでもよいのだ。欲望がラベルに合わないなら、調整されたり捨てられたりすべきはしばしばラベルなのであって、欲望ではない。みんなが論理的に振る舞うのなら、ある関係が予め想定されていた社会的役割に当てはまるかどうかは大したことではない。その関係がプラトニックにも恋愛的にも感じられないにしても、はたまた同時に両方であるように感じられるにしても、大したことではないのだ。

テイラーとリーは一緒になってから一年後に別れた。性的アイデンティティやラベルとは関係のない理由によってだ。そのことをちゃんと言っておくのも重要なのだ、とリーは言う。クィアプラトニックなパートナーシップは、感情的な嵐から守られた「あまりに純粋であまりにお上品な」関係のように、理想化されたりお子様的なこととされたりすべきではない。それは転覆的でありうるし、深く根づいたヒエラルキーを変革するかもしれない。しかしそれは依然として人と人との関係であり、人にはつねに欠陥がある。恋愛的な愛に独特のものと思われている感情的構成要素は、他の文脈においても経験されうるし、だからこそ恋愛的関係の難問や葛藤は、他のタイプのパートナーシップにおいても経験されうるのだ。そして、テイラーとの関係は終わったけれども、その関係を一緒にやりこなしたことは、リーが関係において何を望み、自分にどんな価値があるかを認識することの助けとなったし、また、リーが虐待のある婚姻関係から離れる助けにもなった。

愛とケアすることは貴重なことであり、恋愛的なものを超えた文脈においても現れる。それらは恋愛的文脈において最も力強いわけでもない。この真理をとりわけ鋭敏に感じる人々がいる。アロマンティックもしくはアロマの人々だ。これらの人々は恋愛的な愛を崇めたてることがみなを傷つけることになると知っている。これらの人々は他の人も〔自分たちの認識に〕追いついてほしいと思っている。

・・・

「誰かを愛する人だけが／人間と呼ばれる権利を持つ」とロシアの詩人アレクサンドル・ブロークは一九〇八年に書いた。[18] その一世紀後、ポップス歌手のデミ・ロヴァートは似たようなメッセージを伝えた。「誰かをものにするまでは、何者にもなれっこない」[19]

恋愛パートナーが現状いないなら、他人がその現状を不完全だと見なすこともあるのだろう。誰かを愛する――しかもその詩曰く、ブロークは恋愛パートナーへの愛のことを言っている――人だけが人間と呼ばれるという言葉に含意されているのは、私たちの人間性は私たちのコントロールを大方超えた状況に依拠している、ということだ。すなわち、他の人々、世界の成り行き、まったくの運といった状況にだ。私たちが人間であるのはただ、私たちが一つの特定の感情を経験したり、他者が私たちについてそのように感じたりするときだけだと信じるだなんて、ゾッとする。にもかかわらず、恋愛関係への欲望はしばしば、自分の道徳性を証明するのに必要とされる。そうしてアロマは断罪され、人間性を否認される。

デイヴィッド・コリンズはたとえば、恋愛小説《ラブ》が大好きで、友人のことが大好きなのだが、しばらくの間、自分はソシオパスだろうかと思い悩んでいた。「こういうこと――人々を気遣うけれど恋愛的にはそうしないこと――は悪人のやることだって考えがあるんだ」と彼は言う。「『はいはい、自分は善人じゃないし、人とは関われないし、こういうことは〔架空の連続殺人犯の〕デクスター・モーガンがやることなんだろ』ってマジでそんなふうに感じてた[*4]」

アロマンティック・コミュニティはアセクシュアル・コミュニティと繋がっているが、アロマンティックの人がみなアセクシュアルというわけではない。デイヴィッドもそうではない。彼はパンセクシュアルで、性的惹かれを経験するが、はっきりと恋愛的な関係を望むことがどんな感じか知らない。彼の話は、エースから私が聞いてきたのと多くの点で合致している。現在二十代のデイヴィッドは、子どもの頃、他の人がパートナーをつくるのを見て、自分も成長したら、周囲のみんなと同様に、恋愛を望むようになるのだと思った。十四歳以降、何度か交際をしているにもかかわらず、望んだ変化はまったく起こらなかった。自分は心の奥底では人々を体目的で利用する、病気で自己中心的な人間なのだ、という懸念を振り払うことは難しかった。

デイヴィッドが十八歳ぐらいのとき、友人がアロマンティックというあり方について教えてくれた。彼は最初はそれを「インセルなこと」だと退けた。それからデイヴィッドは、それは抑うつの人向けに、もしくは何らかの曖昧な心理的問題について否認している人向けに、でっち上げられた用語かもしれないと決めつけた。

数ヶ月後、ガールフレンドを連れてタイムズ・スクエアを歩いて通り抜けながら、デイヴィッドは今一度考えることを強いられた。かの観光者狙いの場所を通り抜けるとき、ガールフレンドは彼のことをどれほど情熱的に愛しているか告げた。この女性はデイヴィッドにとってあらゆるレベルでウマが合う人だった。二人はコンピュータ・サイエンスを学び、政治についても意を同じくし、ホラー映画が大好きで、大衆文化を分析することや同人小説を書くことも大好きだった。二人はお互いを支え合い、お互いの伴侶であることを楽しんだ。しかし、デイヴィッドは、彼女の言葉に報いることができないということしか考えられなかった。彼は彼女を気遣い、彼女に幸せになってもらいたいし、彼女にやさしくしたかったが、彼女が彼について感じるのと同じように彼女について感じることはできなかった。何かが、何らかの言いようのない気持ちが欠けていた。彼女が彼に感じることは何であれ、彼女が説明していることは何であれ、彼は経験したことがなかった――彼女に対しても、他の誰に対しても。

「文字通り座りこんで自分に話しかけるなんて、人生のうちでもそうそうなかったと思うよ」とデイヴィッドは言う。「『今すぐこれを解決しなきゃ』って」。孤独な一年を過ごしながら彼は次

＊4　デクスター・モーガンはジェフ・リンジーの小説シリーズ『デクスター』とその同名のテレビ・シリーズの主人公。人を殺す衝動を抑えられない人物だが、継父の教えにより殺人者のみを殺すことを信条とする、いわゆるアンチヒーローである。

のように思い始めた。自分は人を愛するかもしれないけれど、自分が欲しがることになっている特定の関係を一生望むことはないなんて、本当なのか、と——そしてそのせいで、彼は冷たいとか道徳観念がないとかとつねに思われるかもしれないのだ。メディアの中で目にする自分に似た人々は、殺人犯だった。見聞きできる範囲では、恋愛なしの人生についての話なんて滅多になかった。

・・・

恋愛的なプロットがいたるところにあることに初めて私が注目したのは、「うんざりしたアセクシュアル」というペンネームの人物が『スレート』誌のお悩み相談コラムニストである「ディア・プルーデンス」に、恋愛のない本のおすすめはないかと投書したときだ。[20] 親切な読者が短いリストをつくって答えた。[21] その多くはヤング・アダルト小説から選ばれたものだった。まさかね、と私は思った。当てはまる小説のリストはもっと長いに違いない、と。

自分で試してみようと、以下の判断基準を作り上げた。

・その小説はヤング・アダルト（YA）小説やSFではない（恋愛をサブプロットに入れない

YA本はたくさんある。想定された読者がより幼いという理由と、最近のYAの著者はセクシュアリティのスペクトラムに沿ったキャラクターを話に盛り込む可能性が高いという理由でだ）。

・その小説は恋愛についてのものではないか、恋愛——もしくは恋愛への熱望——があったとしても、それはプロットの主なポイントではない。カップルがいるかもしれないが、その関係は当然のこととして受け取られ、その本はその関係の進展に焦点を当てていない。誰かがデートに行くかもしれないが、デートが話を前進させることはない。

・その小説は明らかなセックス・シーンや性的主題（性的暴行を含む）を有していない。

・その小説は恋愛的な愛を、成長開花にとって必要かつ中心的なものとして提示していない。この最後の要件は決定的に重要だ。たとえセックス・シーンがなくて、誰もデートに行かなくても、もしメイン・キャラクターがどうやってデートすべきかしょっちゅう考えているなら、その小説はリストから除く。

さあやってみよう、どんなものを思いつくかな。

こういった例を挙げるよう強いられてみて初めて明らかになったことがある。そうすることがこんなに大変であるべきではない、ということだ。そして、恋愛がなければ人生は哀れだと言わんばかりの本に囲まれていることで、アロマンティックの人がなぜ打ちひしがれた気分になるのかを理解するのは簡単だが、このような事態は、人がどのような自認をするにせよ有害である。

文化は自らが価値あるものとするもの——セックス、恋愛、金——への欲望をつねに作り出しているわけではないかもしれないが、これらが意味するものについての一つの語りがあることで、欲望は増大させられうるし、必然的であるように思わせられるかもしれない。大多数の語りが恋愛的な愛を究極のゴールとして据え置き、パートナーのいない人々を負け犬として位置づけるなら、人々はそういった狭いレーンの外側で考えようとしない。もし適切な表象が、階級や人種やジェンダーについて話すときに重要となるなら（実際重要だが）、表象はまた、話の筋や、重要となる事柄についての現存する物語、人々が欲するもしくは欲すべきもの、そして、よい人生にとって必要なものについて話すときにも、重要となる。

〔第三章の〕ハンターはヒーローみたいな気持ちになりたくて、『アメリカン・パイ』から、ヒーローになる最も簡単な方法はセックスをすることだろうと学んだ。私はといえば、深遠な気持ちを得たいのだが、私の目につく語りは、そうするための最も簡単な方法は色恋沙汰をかき立てることだという。アロマ・エースのファンタジー作家であるローレン・ジャンコウスキーは友情について書きたいと思っているが、著作権エージェントから、[*5]アセクシュアリティやアロマンティックというあり方は十分に説得力がないので売れないと言われてきた。「二人の親友がいてお互いのために戦い、お互いを守ろうと戦う物語が一体どうしてありえないんだろうか」と彼女は問う。「冒険に出かける友人グループがどうしてありえないんだろうか。あたかも、誰かに愛着を感じないなら、どうしてそれが語りになるのかって聞かれてるみたいだよ」。ローレンにとってその答えは明白だ。「それがクソ面白いからなんだよ」

恋愛を含むサブプロットは、恋愛小説でない本にすらあるほどいたるところにあるが、そのことが示唆するのは、恋愛ありの語りのみが大きな感情を伴いうるということ、また、恋愛は人間の他のすべての一連の経験よりも自動的に面白くなるということだ。友情や野心、家族、仕事から生み出される感情に、より焦点を当てた本ならどうだろう。その強度も同様に高尚なものだとしたらどうだろう。

・・・

＊５　日本では著者と出版社が直接やりとりをすることが多いが、英語圏では、著者に代わって出版社に作品を売り込んだり契約を取り付けたりする著作権エージェント（もしくは代理人）がいるのが一般的である。

私が試しに作った判断基準を満たす本がいくつかある。アルベール・カミュの『異邦人』と『ペスト』、クヌート・ハムスンの多くの作品は規定条件に当てはまるし、ボルヘス、カルヴィーノ、そしてマークソンのシュルレアリスム的小説もそうだ。[*6] 歴史的な語りや家族の語りもよい候補で、ペール・ペッテルソンの『馬を盗みに』とハリー・ムリシュの『侵攻(The Assault)』は第二次世界大戦下の複雑な家族力学を扱っている。より同時代的なところから選べば、マリリン・ロビンソンの『ハウスキーピング』、家族の秘密と南北コリア、移民の経験をめぐるキャサリン・チョンの『忘れられた国(Forgotten Country)』、個人の欲望と共同体の期待との対立をめぐるハイム・ポトクの『俺の名前はアシャー・レフ(My Name is Asher Lev)』がある。ここ数ヶ月で最も私の心を動かした語り――ダンカン・マクミランの戯曲『人々、場、そしてモノ(People, Places, and Things)』――は、〔依存症の〕リハビリ施設を舞台に、ある女優が試みを繰り返すさまを時間に沿って記している。コーマック・マッカーシーの『ザ・ロード』は、荒涼でディストピア的であり、その世界で最も重要な愛は、父と息子の間の愛だ。

引っかかるのは、これらの選考対象のほとんどすべてが、二番手ジャンルに当てはまるということだ。これらすべて、定評があり文学的と考えられているが、それらはたいてい哲学小説やホロコースト小説とか、移民小説として評される。何か別のジャンルに縫いつけられているのだ。その小説を「他なる」ものにする何かを、つねに探している必要がある。ある友人が指摘したように、根本的には核家族と恋愛的な愛がまっとうな文芸創作ジャンルの重要部分であり、そこに別の形容詞を付け加える必要はないのだ。

私が言及した本のいくつかは、依然として恋愛を取り上げているかもしれない。すべて再読する時間はなかったので、いくつかは恋愛を含むサブプロットがあったり、別の点で私の評価基準を満たさなかったりということが判明するのも、十分予想できる。私のブレインストーミングを手伝ってくれた他の人も同じ問題に直面した。友人が提案してはくれるものの、結局は別の誰かが割り込んで、次のように指摘することが何度も何度もあった。『ウォーターシップ・ダウンのウサギたち』と『エデンの東』には恋愛的テーマと性的テーマがあるよ、単に忘れてただけでしょ、と。恋愛はあまりに当然のこととされていて、私たちはしばしばそれを記憶していない。ある小説のキャラクターがみな白人であっても滅多に記憶していないのと同じようにだ。こういったメッセージは私たちの価値と希望に影響を及ぼすが、それはまさしく同時に、背景へとあまりにきれいに消えていくので、明るみに出ることさえほとんどない。

＊6　それぞれ、アルゼンチン出身のホルヘ・ルイス・ボルヘス、イタリアのイタロ・カルヴィーノ、合衆国のデイヴィッド・マークソンのこと。いずれも、幻想的作風や実験的作品で知られる。

ライス大学の哲学者エリザベス・ブレイクはこのように恋愛的な愛が不当に崇め立てられ中心化されることを恋愛伴侶規範《アマトノーマティビティ》と呼ぶ。[*7] ラテン語で愛を意味するamareに由来するものだ。彼女はこの用語を著書『最小の結婚――結婚をめぐる法と道徳』において新たに作り、「中心的で排他的で愛のある関係が人間にとって標準的だ」という思い込みを描き出した。単に標準的というだけでなく、好ましい。好ましいだけでもなく、理想的で必要だ――ポリアモリーであることよりもよく、強固な家族間ネットワークを持つよりもよく、固い絆の友人グループを持つよりもよい。[22] 私たちが普遍的に努力すべき対象で、それなしでは不完全になるような善〔という思い込みだ〕。

恋愛伴侶規範の例を見つけることは難しくない。そう心理学系のライターであるドレイク・ベアは指摘する。哲学者のキャリー・ジェンキンスが言うように、「君ってとってもかわいいね。独身なのが信じられない」[23] といった善意の語句でさえ、独身の人々は何か欠けているという含意がある。最高裁判事アンソニー・ケネディの、同性婚を支持する、とても賞賛された〔判決時の〕意見でこうも述べられている。結婚の権利を否認されることは「孤独のうちに生きるよう言いわたされる」ことを意味する、と。[24] さりげないコメントも裁判所の詩的な意見も、人が真に関係を望むのか、それともただ、それがなければつねに哀れまれるだろうと信じているのか、判別しづらくしてしまうだろう。恋愛伴侶規範のせいで独身の人々への調査が不足してもいるのだと、べ

＊7　訳者は偶然にエリザベス・ブレイク『最小の結婚』（白澤社、二〇一九年）の訳者の一人でもあるので、訳語の相違について注記しておきたい。『最小の結婚』では、このamatonormativityという語は性愛規範性と訳されている。結婚においては恋愛のみならず性的な行為や関係も要求されるということを、ブレイク自身の議論に沿いながら訳語として表したわけだ（本章後半でブレイクが著者に語る場面からも、この点は十分理解できるだろう）。他方で、日本のアセクシュアル・コミュニティの中には、訳書が刊行されてから、この語を恋愛伴侶規範と訳すべきではないかという傾聴すべき異論もあった（例えば、夜のそら：Aセク情報室「なぜ「Amatonormativity」は「性愛規範」と誤訳されたのか、そしてなぜそれは誤訳なのか」、夜のそら：Aセク情報室｜note、二〇二〇年七月二日、https://note.com/asexualnight/n/n6f8fc047c6a7）。また、性愛規範性という訳語はsexualnormativityというアセクシュアリティ研究の重要な術語と区別が付きにくい。さらに、翻訳『最小の結婚』第二刷の付記では監訳者の久保田裕之による解説が加えられており、「目的や文脈に応じて」別の訳語が適切となる可能性が示唆されている（三五六頁）。そういった事情を踏まえて、ブレイクを引用する本書の「目的や文脈」に立ち戻れば、ここでは性愛と恋愛との結びつきというよりは、まさしく「恋愛再考」が問題となっていることは明らかである。また、同段落後半に「ポリアモリーであることよりもよく」となっていることも見逃すべきでない。つまり、この箇所で著者のチェンはとりわけ、一対一恋愛の不当な中心性を明確に批判するためにamatonormativityという語を援用しているのだ。その限りでここでは恋愛伴侶規範という訳語を取り入れることとしたい。

アは付け加える。社会科学の研究者は〔世間の〕みんなが関係を持ちたいと思い込んでいて、このことが当てはまらない人々について、また、そういった人々の視座が他のみんなに教えうるものについてさらに学ぶ機会を取り逃がしている。[25]

恋愛伴侶規範は、あらゆる類の規範と同様に、違いを抹消する。違いの抹消は、選択の抹消を意味し、ステレオタイプとスティグマの勝利を意味する。ある人が恋愛関係になかったら、その人は哀れまれたり揶揄《からか》われたりすることになる。ある人が恋愛関係をまったく望まなかったら、その人は連続殺人犯のように心ないことになる。未婚女性は哀れな存在、奇妙でモテない女性になる。独身男性は〔性的マイノリティとして〕クローゼットにいるか感情的に発育不全かのどちらかだ。もしその男性がホットなら、その人は無責任で遊び人だ。その男性が南カリフォルニアの上院議員のリンジー・グレアムと同じくホットでなかったら、さらに深刻な誤りがあるのかもしれない。グレアムが二〇一五年に大統領選に出ようとしたとき、彼は独身男性であることを洗いざらいに調べられ、自分には「欠陥があるわけではない[26]」と弁護せざるをえず、みんながそんなに躍起になってファースト・レディを欲しがるのなら、妹がその職を務められると、ジョークを言いさえした。グレアムが大統領選に出る資格がないとされるべきなのは、彼の政策提案ゆえなのであり、彼が恋愛関係にほとんど興味がないからではない。*8

個人の価値と人間性は——その人の政治的見解や魅力やジェンダーにかかわらず——、その人が恋愛的な愛という極めて特定の感情に通じているかとか、その人が恋愛的な愛を他者に抱かせることができるかとか、そういうことに決して左右されるべきでない。しかし「誰かに恋愛的な次元で関係できないなら精神的に不具合があるのだと、人々はすぐに考えてしまう」とデイヴィッドは言う。人々は彼が自閉症なのか問うだろう（否定的で健常主義のステレオタイプだ）。彼はゲイなのにそれを認められないのだ、と彼に言った黒人もいる。「抑うつ」と「お前は気持ちを持たないクソ野郎だ」は、よく持ち出される二つの説明だ。

ソシオパスなアロマというステレオタイプはあまりにありふれすぎていて、マレーシア出身のシモーヌはそれを受け入れ始めたくらいだ。「正確には、アイデンティティではないね」とシモー

＊8　リンジー・グレアムは共和党の上院議員。この発言から数年後、彼はゲイ男性向けのセックス・ワーカーにサービスを依頼していたとインターネット上で告発され、この際のTwitter上のやりとりから、リベラル陣営を含む人々からLady Gと呼ばれた（Eilish O' Sullivan, "Who is 'Lady G'? Lindsey Graham is Being Accused of Hiring Gay Sex Workers," Daily Dot, June 6, 2020, https://www.dailydot.com/debug/lindsey-graham-lady-g/）。これは彼がＬＧＢＴＱ＋の権利を守る政策を反故にしてきたドナルド・トランプを支持してきたことに対する批判を込めた呼び名だが、独身であることが耳目を集め、「深刻な誤りがある」かのように見なされ、時には同性愛者であると噂される――うんざりするが特筆すべきことに、この噂さえ彼がアローセクシュアルであることを前提にしている――ことは、強制的（異）性愛の根深さと有害性を物語っているだろう。

ヌは言う。「それは私がふざけて演じる人格なの。人間の機能の仕方が本当にわからないエイリアンが観察しているみたいなふりをする。それで、「ああ、なんと素敵なんだこの人間とは。こんなふうに肉感のある身体を一緒に押し付けあって特別な気持ちを抱くだなんて」みたいにおふざけにするんだ」

シモーヌは恋愛的な愛の世界では心のないブリキ男、もしくはエイリアンだ。シモーヌのおふざけはパフォーマンスでもあり、対処機制でもある。自分がロボットであるとジョークを言うことと、アロマンティックであるがゆえにロボットみたいに見なされていると心の底から感じることとの間には、不安定なバランスがあるからだ。「だから私はポストヒューマニズムとかトランスヒューマニズムとかといった概念に興味があるんだと思う」とシモーヌは付け加える。「「私が恋愛的な気持ちにはならないなら、それにアロマンティックであるせいで自分のことをあまり人間じゃないと感じるなら、もう別の仕方で人間になろう」。こう考えるのは、魅力的だよ」

・・・

私は人間だし、批判ばかりする質《たち》なので、自分自身が抱く一種の恋愛伴侶規範に抗えない。インタビューをしたほとんどすべての人に対して共感することは、私にとって容易だった。アセクシュアルでアロマンティックだって？　わかる。アセクシュアルではないけどアロマンティックである女性たち、例えばオハイオの農村部に住む二十代のイラナ（彼女は自分が最も願っているのはこの州を離れることだって言ってるけど）についてもおんなじように共感する。「残りの人生を一緒に過ごせる人が誰一人いなくたって、ひどいとは感じないだろうな」と彼女は言う。「そんなこと、私にとっては必ずしも優先順位の高いものじゃない」。ボーイフレンドがショートメッセージでイラナに別れを告げてきたのは、彼女が『さよならを待つふたりのために』を読み終えたちょうどそのときで、彼女は「私が捨てられたってことよりも、本の登場人物が死んでしまったことの方に動揺した」

しかし、私が脊髄反射的に懐疑的になる人たちというのがいて、それはデイヴィッドのような、アロマンティックであるがアセクシュアルではない男性だ。私は人生の大部分を、友人が語る男性についてのひどい話を聞くのに費やしてきた女性で、この話にのぼる男性の多くはセックスしか欲していない馬鹿野郎だった。私は心のどこかで、「アロマンティックだがアセクシュアルではない」なんて、未熟な男がひどい行いを正当化しようとするための口実ではないかとずっと疑っていた。

頭ではこの疑いがほとんど意味をなさないのはわかっている。アセクシュアルだがアロマンティックでない人が存在しうるなら、アロマンティックだがアセクシュアルでない人も存在するだろう。女性のみがアロマンティックでアローセクシュアルでありうるなんて理屈もない。私の考え――アロマ－アローの女性は自立心があるがアロマ－アローの男性はヤリチン――が私の中の否定すべきジェンダー化されたステレオタイプであることは、つねに明らかだった。それでも、これらと同様のステレオタイプがデイヴィッドをいかに傷つけたかについて彼が話すのを聞いたからこそ、私にとっての現状が感情的に変わった。彼が男だから人々は彼のことを「単にムラムラしてるやつ」だ、怪物だと言うのだろうと、彼は私に話してきた。自分は本当に他人のことを気にかけているのに、と。「自分の友人関係を、なるべく密にしようとしてる」と彼は言う。「人間関係は重要だし、自分としては、恋愛を貪欲に求めるより人間関係を求める人がもっとたくさんいると思うよ。そう言ったらわかるかな」

残酷さを擁護するためにアロマンティックというあり方を利用する人がいるだろうというのは、ほぼ疑いのないことだ。この点について騙されないでほしい。厚顔無恥な行動はそれ自体で問題である。どんな指向であるかにかかわらずだ。オクシデンタル・カレッジの社会学者で『アメリカの性的出会い』の著者であるリサ・ウェイドは、性的出会いの問題はカジュアル・セックスそれ自体ではなく、カジュアル・セックスをめぐって展開してきた文化であり、それが人々に対して、お互いを冷淡に扱うことで、特別な気持ちを持っていないように見せることを促しているのだと書く。境界線について明確であること、恋愛なしのセックスを欲しながら、親切さと尊敬をもって他者を遇することは、まったくもって可能だ。[27]それは「体目的で人を利用すること」ではなく、意思疎通をし、同意に基づく取り決めに参与することであって、それこそデイヴィッドが進みたい道だ。彼は最初から、デートに興味はないけれど、最善を尽くして注意を払い、他者の様子を窺い、他者に対して心を尽くしたいと明らかにしているのだ。

今やデイヴィッドは、セフレの取り決めをしていて、この取り決めは彼曰く極めて完璧なものに思えている。彼は関係性について助言することを楽しんでいて——「より分け隔てなくいられる感じかな」——、アロマンティックというあり方についてのサブレディットにて、自分がアロマンティックなのかそれとも遅咲きの人なのか、感情的な重荷に苦しみつつ変化しようとしているのかといったことで思い悩む他の人々の手助けをしている。〔恋愛的指向の〕変化はもちろんありうるし、問題ないことでもある（独身であることを幸せに思う人々がどの年代にもいることは、変化が不可避というわけではないと示唆しているけれども）。アセクシュアリティについてと同じく、変化の可能性があるからといって、誰かが自らの経験だと主張するものの信憑性を疑ったり、その人が人生の一部を取り逃がしていると過剰に懸念したりすること——その人は現在それを欲していないのに——を、正当化すべきでない。

デイヴィッドは「我が道を行く男たち」コミュニティ〔第三章九十五ページ参照〕出身の人々に手を差し伸べ始めてさえいる。デイヴィッドを傷つけた、恋愛をめぐる社会的期待は、インセルに孤独で孤立していると感じさせる社会的期待と同じであり、だから「そのコミュニティで彼らが概念としての恋愛を解体《ディコンストラクト》するのを手伝うのは、彼らの心の扉を開かせるという点で、実際極めてまっとうなことだった」と彼は言う。自分のことをアロマンティックかもしれないと考える他の人々に関しては、「自分がいつもしている助言の一番大きなポイントは、まぁ待ってみてよ、そのうち［君のアイデンティティ］がわかるから、ってこと」と彼は付け加える。恋愛的関係を欲しないからって自分を病気だと思わないで。Reddit のスレッドで答えを見つけることはおそらくないかもしれないけど、君がどんな存在であっても問題ないんだ。デイヴィッドはそう彼らに告げている。

・・・

恋愛伴侶規範はテレビ番組や書籍を超えて浸透している。それは私たちの法的権利に織り込まれていて、人々が年を取るほどに明らかになる差別を作り出している。婚姻内の恋愛的な愛は、他の形の献身性が付与しえない特権を付与している。結婚したカップルを利する、千百を超える連邦レベルの法律は、その特権に含まれるものだ。配偶者らはお互いの健康保険を共有することができる。軍隊給付《ベネフィット》、社会保障給付、障害給付も同様だ。配偶者らはお互いに医療的決定を下すことができる。[28] 会社は配偶者のための忌引休暇を認めるのに何ら疑問を差しはさまないが、休暇が単なる友人のために要求されるなら、もっと躊躇うだろう。見知らぬ人と結婚して、その人に自分の健康保険をわたすことはできるが、健康保険を親にわたすことはできない。

結婚とは、その理想的形式においては、愛と相互的責任の約束であり、衆目の前で行う重要性の宣言だ。そのような約束が祝福され、法的給付や特別の地位が付与されるのは理解できる。けれどそのような約束が恋愛的かつ性的文脈においてのみ交わされ、法的に認められるのは理解できない。結婚をめぐる議論では、すべての立場の人々が「ある想定を共有している。私たちの最も重要な非血縁の関係は、セックスする人、もしくは少なくともしていた人と結ばれねばならないというものだ」と、哲学者ジュリアン・バジーニは『プロスペクト・マガジン』にて書いている。[29]

結婚の主な目的が〔配偶者の〕資産を合併し、子どもを産むことであった時代にはセックスに基づく評価基準がしかれていたのも理解できることだった。しかし今日では、バジーニが指摘するように、結婚は商売的な縁組というよりも献身的な縁組に関するものだ。多くの場合、重要となるのはもはや跡取り《エア》とその予備《スペア》ではない。結婚したカップルの多くは子どもがいない（もっと言えばセックスもしない）。ケアし合うことのない劣悪な結婚はありふれている。

権利のために愛が要求されるときに起きることの一つの痛ましい例が、二〇一二年に発生した。その年、カナダ政府は七十三歳のナンシー・インファレラを国外追放した。彼女は八十三歳の友人ミルドレッド・サンフォードとともに暮らしていたアメリカ人女性だ。二人は数年前にノバ・スコシア州に移住し、お金を貯めて一四、〇〇〇ドルのトレーラー式住居を一緒に購入しようとしていた。二人は「分かち難い仲」と説明されており、ナンシーは認知症を患うミルドレッドの世話を手伝っていた。[30] ブレイクはこの事例について「そのような友情は結婚の第一義的な目的の一つ――互いに長期間世話すること《ケアテイキング》と連れ合い関係《コンパニオンシップ》――に資する」と書いている。「そのようなものであるがゆえにこの友情は、結婚における法的保護と同様の保護に値する」[31]。しかし、婚姻間のカップルだったら虐待が行われていたとしても、ナンシーとミルドレッドとは違い国外追放を免れていたはずだ（ただし七年後にナンシーはようやくカナダの永住権を得た[32]）。

恋愛的に結びついた人のみに法的社会的利益を与えることは、恋愛的な気持ちが単にありさえすればケアが高められ、特別な保護に値するのだと示唆している。友情やその他のケアのありようは義務をあまり伴わなくてよいうえに、さらなる愛を、より自由に与えられる愛を含むことがあるというのに。結婚の法的社会的特権は、それらを望む、すべての互いに同意し合う成人に広げられるべきである。

バジーニは、きょうだいや単にとても近しい友人にも「市民《シビル》パートナーシップ*9にある人と同じ権利を持つ」ことを認めるべきと唱えている。[33] リード・カレッジの政治学者タマラ・メッツは、「ケアを与え合う親密な結びつき《ユニオン》[34]」が性質上、性的でなくとも恋愛的でなくとも、国家はそれを承認し支持すべきだと主張してきた。そしてブレイクは、これらの特権を広げることで他の領域においても大きな影響がありうると付け加える。「政策に関して言えば、婚姻法は本当に法のすべての領域にまで及んでいるのです。税や移民や財産の法にまで」とブレイクは私に語る。「異性限定の結婚か同性婚かどうかは大したことではありません。私たちは結婚を恋愛的かつ性的なパートナーに限定する限り、恋愛伴侶規範を確固としたものにしてしまうでしょう」。婚姻法を廃止したり、友人（もしくは小さな集団やネットワーク）に婚姻に類する権利を広げたりすることで婚姻法を改正することは、差別を根絶する一つの方法である。

・・・

オーストラリアの政策立案者であるジョーは元々、ホモロマンティックと自認していた。彼女が説明するには、エース・コミュニティの内部においてさえ次のような語り草がある。恋愛《ロマンティック》をするエースは関係やきちんとした生活を持てるが、アロマンティックというあり方はさら

＊9　市民パートナーシップとは、結婚に類する、法的に承認された関係のこと。同性カップルはもちろんのこと、婚姻を望まない異性カップルにも開かれていることが多い。

に一歩フツーから離れているというのだ。ホモロマンティックというラベルを用いることは敵対感を和らげ、他人にとっても彼女自身にとっても受け入れやすいように感じられた。今日ジョーは、アロマンティックと自認していて、残りの人生を通じて恋愛伴侶規範と戦う必要がありそうだと思っている。恋愛伴侶規範は結婚を優に超えて、私たちが後年になって成長開花する可能性と社会の素地そのものとを構成するとともに、それらに影響を与える。

西洋においては、カップルは番い、結婚し、それから新しい別々の単位へと自ら閉じこもり、時にはそれまでの家族や友人のコミュニティから脱退する。こういったことが規範として存在するので、アロマにとっては自らが必要とする社会的ネットワークを築くことがさらに困難になっていく。〔人生の〕節目はほろ苦くなる。ジョーの親友がボーイフレンドと暮らすために引っ越していったときのように。

「このことで彼女を妬むなんてことはもちろんないし、彼女が幸せだから私も幸せ」とジョーは言う。「だけど大変だった。だって私たちは本当に上手くやっていたのに、今じゃ私は優先順位を下げられてるんだから。こういうことは残りの人生でもずっと起き続けるんだろうね。それが人の性《さが》ってもんだから。一番重要な恋愛関係が、友情や、時には家族よりも優先されるんだ」。ジョーは恋愛パートナーと暮らすために引っ越すような人にはなりたくなくて、だからこそ彼女は友情に価値を置くようになり、他の人がそれにあまり価値を置かないときには打ちひしがれる。ここ数ヶ月で他の友人二人が婚約をした。伝統的な恋愛に基づく同棲に関心のない人々には選択肢が欠けていることを強調する出来事だった。

「ボストン・マリッジを取り戻せたらよいのにな」とジョーは言う。一九世紀後半に存在した、共に暮らす成人女性の取り決めのことを言っているのだ。[35] この用語は、ヘンリー・ジェイムズの小説『ボストンの人々』に描かれたような関係に由来するもので、ボストン・マリッジをする人の中にはレズビアンもいたものの、つねにそうというわけでもなかった。ボストン・マリッジはルームメイトを理想化したものではなく、構造と連れ合い関係を提供する真のパートナーシップだったのであり、これぞジョーが欲するものだ。すなわち、非恋愛的な同棲関係で、「人生を通じて続く類のもの」だ。

うってかわって恋愛伴侶規範は、ボストン・マリッジを一般的でないものにし、高齢になってからのケアの問題の一因となっている。核家族が理想とされる場合には、家族構成員（子ども、配偶者）が人生後半に無償のケア提供者として働くことが一般に想定されていて、「老いたら誰があなたの世話《ケア》をするのか」といった問いに行き着く。

「憂うべき強烈な問題ですよね」と、アロマンティックで四十代のジュリー・ソンドラ・デッカーは言う。ジュリーは恋愛パートナーが将来的な安定についての完璧な保証人ではないと強調する。人は病むし、離婚だってする。「たとえこの種の備え付けのサポートを一人の他人から得ようと見据えているのだとしても、より広いネットワークと他のリソースを見据える必要があると思います」と彼女は言う。「友情を維持してそれを真剣に受け止めること、自分がどれほど多くを他の人に与えられるかを理解することには、ものすごい努力がいります。時には、一線を越えて人に多くを与えすぎているのではと心配になりますが、私がもし何かを必要とするとしてもその人たちがいてくれるのだから、この世界で一人ぼっちになることなんてないと知ってもいるんです」

後年のサポートのために、自ら選んで家族関係を築くことは可能だというジュリーは正しい。アンソニー・ケネディ判事は、結婚しない人が「孤独のうちに生きるよう言いわたされる」と書いたとき、誤っていた。恋愛パートナーがいないなら、高齢になったときに自分を世話できないに等しいと心配するのは、やはり公正でない。恋愛伴侶規範があることと無償の家族間ケアが想定されることにより、福祉法と労働法を変更する必要性が易々と無視されてきた。高齢者ケアを金銭的により利用しやすくし、またケア提供者にもっと公正に補償をするために変更する必要性があるのにだ。ケア労働と高齢者ケアのインフラが変化すれば、アロマンティックの人々も、上記の悩みを持つすべての人も救われるだろう——いわゆるサンドイッチ世代の多くの人々、つまり、核家族を有しているが金銭的リソースを病みゆく両親のケアのために汲み尽くしてしまってもいる人々さえも。[36] 伝統的な家庭を持たない、もしくは持ちたいと思わない人々[*10]に公正さを保証するために、多くの政策変更が必要だ。

重要になるのは繋がりと個々人の成功であり、様々な関係がどのように見えるべきかとか、どういった形の関係が優れているかとかについての通説的な観念ではない。人生は様々な形を取りうるし、様々に見える。家族や友人、大義への献身といったように。それは他者への強い感情のように見えることもある。たとえその感情がカテゴリーにきれいに収まらないにしても。それはまた、性的欲望抜きで愛することのように見えもする。単純な語り——セックスと等しい情熱や恋愛のみに取っておかれる情熱についての語り、ぜひとも他者の愛によって価値を確かめられたいというような語り、あれほどまでに曖昧な恋愛的な愛よりも友情は重要でないというような語り——は、すべて気を削ぐものだ。これらの語りの効果は力強い。それらがもたらす不利益は現実のものだ。けれど、もう少し近寄って見てみよう。そうすればその権威にひびが入っていくこともある。

＊10　原文では“anyone who doesn’t have, or doesn’t want to have, a spouse and kids around a picket fence”で、直訳すれば「柵をめぐって配偶者と子どもを持たない、もしくは持ちたいと思わない人」。合衆国では、古きよき温かい家庭というイメージ（もしくは虚構）として、白い柵のある家と夫妻とその子ども（加えて場合によっては犬）の図が喚起されてきたことを踏まえての表現だと思われる。

第8章　十分もっともな理由

もし誰かがノーと言えないとすれば、どんなイエスがあってもそれは無意味だ。厄介なのは、シアトル在住のアジア系プログラマーのジェームズが〔ノーと言えなかったかと尋ねられたら〕、ガールフレンドにノーと言えるように感じてはいたと語ったはずであるということだ。そのときは、ということだが。彼はしょっちゅうあった会話を思い出す。それは「セックスとは男が欲するはずのこと」にもかかわらず彼がなぜ乗り気でないかということについての会話で、そういった議論のせいで彼は結局諦めてセックスすることになったのだ。また、彼女を拒んでいるように感じ、恥ずかしくなったのだ。「でも、こういった〔会話という〕実例を全部踏まえて、あの日に立ち戻ってみたとしても、同意はしたって結論づけてただろうな」と彼は言う。

多くの人々と同様に彼が思うのは、もし嫌なことがあった日だったり、インフルエンザで倒れていたり、仕事が特にストレスだったり、パートナーが自分を傷つける嫌な奴だったりすれば、ノーと言うのはオーケーだということだ。こういったことは十分もっともな理由に含まれるからだ。じゃあこれは？「したくない」。十分もっともな理由じゃない？

ほーらね、すべての人間に性的欲望という最低基準があって、かつ現在何か不具合が起きていないなら、麗かで幸せな日に麗かで幸せなパートナーにノーと言うことは、自己中心的で、意図的に勿体ぶっているってことになる。あなたはそんな人になりたくないし、それにパートナーを愛している。だからイエスと言う。

「今となっては強制されているように感じるよ」とジェームズは言う。彼はアセクシュアリティについて学んだので、ずっとノーと言ってよかったのだと、また、ノーと言うことで彼が嫌な奴になるわけではなかったとわかっている。新しい情報のおかげで、関係が異なる見え方に塗り替えられ、自分が以前告げたイエスは妥協によるものだったと彼は考えるようになった。事実は同じままだが、その解釈が転換したのだ。「今になって振り返ると、そのことに腹立たしくなるよ。あれは彼女に何らかの権利があるようなことじゃなかったって感じで。もっと抵抗すべきだった、って感じ」と彼は言う。ジェームズの経験は、同意についてエースの視点を見落とすことによって引き起こされた最悪の結果の一例だ。つまり、性的強制――そして性暴力――の可能性が、まだ強制的性愛について聞いたことのないすべての人にとって高められるのだ。とはいえ、強制的異性愛の存在は、滅多に問い質されていないのだ。

このことは、ジェームズが立ち戻って彼の元恋人を性的暴行のかどで告発したい、という意味ではない。状況はより複雑だ。この状況が意味するのはただ、ジェームズは今や、彼の歴史を整理し分析する別の方法を手に入れているということだ。それ以前、セックスを拒否するもっともな理由とセックスを拒否するもっともでない理由があるという前提から発していたときには、彼は哲学者のミランダ・フリッカーが「解釈的不正義」と呼ぶものを、つまり、決定的に重要な情報を与えられないことによって引き起こされる損害を経験していた。[1]

私たちはみな、何かを学んで、それをもっと早くに知っていたらよかったのにと思う経験をしたことがある。それは「大学のときのルームメイトが街中にいるともし知っていたら、彼女と落ち合えるようにしていたのに」という具合に単純なこともある。しかしながら、フリッカーの解釈的不正義という概念は、あなたが有用で社会的な知らせを得られなかったという事実を指したものではない。それは個人の不運だ。解釈的不正義は構造的現象だ。それは、周縁化された集団が、自分たち自身と社会における自らの役割とについて理解するのに欠かすことのできない情報へのアクセスを欠いているという問題だ——そしてこれらの集団がこの情報を欠いているのはまさしく、彼らが周縁化され、その経験が滅多に表象／代弁されることがないから、なのだ。

解釈的不正義は、フリッカーがある例において用いるように、「もし産後うつという概念を知っていたら、私の経験はもっと理解しやすかっただろうし、さほど罪責感を覚えることもなく、自分自身をあまり責めることもなかっただろうに」といったものだ。もう一つの古典的な例では、「セクシュアル・ハラスメントという観念について知っていたら、起きていたことをより容易に解釈し、説明することができただろうに」というものだ。解釈的不正義はジェームズが共有してくれた語りと同種の語りに含まれるものであり、ジェームズの語りそれ自体、私が何度となくエースから聞いてきた典型的経験である。

これらの場合において強制は、十全でない同意というステレオタイプ的なイメージのようには見えない。それは男子学生クラブ《フラタニティ》のパーティーや飲み過ぎた後のバーで出会う見知らぬ人ではない。どう見ても完全に普通のことで、お互いを思いやる仲のよい献身的カップルのように見える。ここでは、同意についてのほとんどの議論の下敷きとなっている前提――見知らぬ人とのセックスは決して必要でないが、交際中のセックスは必要だ――は不十分だ。みんながセックスを時には欲するものだというメッセージによって、時にはイエスと言わねばならないように感じさせられる。時にはイエスと言わねばならないのなら、パートナーに言う方がよい。愛している人とのセックスはよいものだとされているからだ。

そういうわけで強制は、あなたが本当に誰かを愛しているのならセックスを欲するはずだと言われることのようだ。強制とは、パートナーにセックスを拒み続けたくはないのでパートナーに会うことを恐れてしまうことのようだ。それは、アクティビストである「エースのオネエさま(Queenie of Ace)」が書くように、今のところセックスをしない方がよい理由（十分に大人になっていないとか、まだ十分に長い間デートしてきたわけではないとか、避妊薬の入手が問題になりうるとか）をすべて列挙しながら、本当の理由――セックスしたくない――こそが自分にとって必要なものだとまったく知らないでいることのようだ。[2] それは、宗教を信じていたら、少なくとも宗教的な禁欲を言い訳として使えたのにと思うことのようだ。それは、セックスしなければいけないことで傷ついた後、セックスをずっと欲しなくても何ら悪くはないのだから、しなくたってよかったのだと学ぶことのようだ――そして、面と向かってではなくてもあなた自身の心の中で、振り返り、同意を撤回することのようだ。

罪責感と恥と怒り――イエスと言ったことに対しての恥、イエスと言わなくてよいと知らなかったことに対しての怒り、立場を固めてノーと言わなかったことに対しての恥、ノーと言うように言ってくれなかったパートナーに対しての怒り、誰もさほど知識がなかったのに怒ってしまったことへの罪責感。そして多くの場合、同じ結論になる。エースのブロガー「ごわごわの思考（StarchyThoughts）」が華麗に要点をまとめたように。

私はしばらくの間、元恋人を責めた。以前私が何回もノーと言ったのにどうして彼は無理強いしたんだろうか、私は明らかに興味を失っていたのにどうして彼はそれを楽しんだのだろうか。しかし、そう責めることが完全に正しいとは感じられなかった。私は複数回イエスと言ったし、人は心を読めるわけではない。だから、私はそれから自分自身をまた責めた。もし私がセックスしたくないと、とても強く、真に感じたのなら、たぶん毎回ノーと言っていただろう。しかし、そういった自責によって、私の感じた打ちひしがれる感覚《ブロークンネス》や圧力を要約することはできなかった――私が彼を「拒む」「もっともな」理由がないのならイエスと言うのが当然だという、口に出されることのない社会規範のことだ。問題は、私の傷つきを説明する方法が何ら私には残されていなかったということだ。表面的には、それは大したことになるはずがない。彼はイエスと言い、私もイエスと言った、それゆえすべては同意によるというわけだ。問題は、私がアセクシュアリティについて知っていたら、ノーと言っただろうということだ。責められるべき人が誰もいないにもかかわらず悪いことが起きたように感じた。そしてそのことこそが、解釈的不正義なのだ。[3]

・・・

見知らぬ人とセックスしたいというのでなければそうする理由などないということには、ほとんどみんなが同意する。けれど交際という文脈を加えてみてほしい。するとこのルールは突然弱まる。同意は失せる。見知らぬ人につねにノーと言う人を支持する方が、配偶者につねにノーと言う人を支持するよりも簡単だが、同意についての理解は、愛する人と交渉するという現実に取り組まない限り、不完全だろう。エースも見知らぬ人とセックスするよう圧力を感じるかもしれないし、現に感じるのだが、交際しているときこそ、罪責感が最も強くなりうるし、境界線の設定が最も困難になりうる。交際においては、セックスしたいという欲望とセックスしたくないという欲望は、極めてしばしば不均等に取り扱われる。なぜなら、付き合い始めることである程度の同意を諦めることが必要になるという、ありふれた思い込みがあるからだ。[4]

典型的には、このことが意味するのは女が男に従うということだ。これは男性がセックスを必要とし、女性は男性の欲望に尽くす必要があるという観念のせいだ。その論理は時に伝統的ジェンダー役割に基づき、時に経済的もしくは宗教的観念に基づいている。その概念は遠い過去の遺物ではない。立法者による刑法の見直しを後押しした、影響力あるテクストである「アメリカ法律協会模範刑法典(一九六二年)」は、レイプとは、交際中でない誰かに対してセックスを強いることであると明記した。[5] 婚姻間のレイプは許容可能だという信じ込みは広く普及していて、ドナルド・トランプの元妻のイヴァナが彼をレイプのかどで告発したという報道が表面化した際には、トランプの法廷代理人のマイケル・コーエンが「配偶者をレイプすることはありえない」と言ってその顧客を弁護したほどである。[6]

婚姻間のレイプは〔現在は〕違法だが、そこまでたどり着くには長い時間がかかった。一九七九年には、当時のカリフォルニア州選出の上院議員であるボブ・ウィルソンが女性のロビイストたちに冗談混じりに次のような問いかけをした。「もし自分の妻をレイプできないのなら、誰をレイプしてよいんだい？」と。[7] ヴァージニア州の立法者たちが、配偶者間レイプの罪で起訴できるようにしたのは、二〇〇二年になってからだ。その議論の渦中で、ヴァージニアの政治家リチャード・ブラックは、配偶者間レイプを有罪行為とするのに反対する演説を行い、夫と妻が同じベッドで寝ていて「妻がランジェリーを着ている」なら、レイプが起きたと証明するのは不可能だろうと主張した。[8] 今日も、いくつかの州は配偶者間レイプと非配偶者間レイプを別物として扱っている。[9] これらすべての状況においてメッセージとなっているのは、交際という文脈で起きるのならそれは本当はレイプではないということだ。

法律はもう放っておこう。けれど文化的にも、関係内の性的権利についての一致した見解はない。保守派の弁護士フィリス・シュラフリーは例えば、「結婚することで女性はセックスに同意しているのであり、それをレイプと呼べるとは思わない」と言ったことがある。[10] フィリス・シュラフリーは反フェミニズムの論客であることで有名だが、けれどもここでは、多くの人々が政治的立場を超えて感じている疑念を表出しているのだ。『エッセンス』[11]や『ハフポスト』[12]のような主流雑誌の記事は、婚姻内でセックスをすることが義務であるかどうかについて、問いに答えている。*1 人々は同様の問いをQuora[13]やMetaFilter[14]のようなサイトに投稿し、自分たちの義務がどれほどに及ぶのか思い悩んでいる。[*2]

そういった問いは、外からの強硬な義務感からつねに発しているというわけでもない。それらは、私たちが愛し、また私たちを愛してくれる人に優しくしたいという、私たちの欲望からも湧き起こりうる。バーにいた見知らぬ人は、私たちが拒んでも誰か別の人を見つけ、私たちのことを心の中で呪い、立ち直るかもしれない。けれどパートナーはもっとずっと鋭い痛みを感じるだろう。拒絶はより個人的になる。とりわけ、私たちがもっともな理由など何らなしにノーと言っているのだと、パートナーが信じているときにはそうだ。私とパートナーが一対一の関係にあるなら、パートナーは誰か別の人とセックスすることができない。パートナーの不幸はリアルで、延々と続いてしまう。

・・・

それでも、エースは十分もっともな理由という考えを拒否する。すべてのノーは十分にもっともであり、それはすべての人に当てはまる。見知らぬ人との望まぬセックスがあってはならず、見知らぬ人に〔自分と〕セックスする権利はないと私たちが信じているのなら、私たちは次のことも信じるべきだ。パートナーとの望まぬセックスがあってはならず、どれほど愛《いと》しかろうがよい人だろうが、パートナーにもセックスする権利はないのだ、と。人々がアセクシュアリティについて知らない限りは——まぁ〔アセクシュアルという〕ラベルについては忘れていいよ、ここで言いたいのは、どんな理由でもどんな文脈でもずっとノーと言ってよいってことを人々が知らない限りは、ってことね——性教育もセックス・セラピーもセックスについての大衆的な描写も不完全であり、完全に同意するための妥当な情報を得られない。

性的権利は横奪されるべきでなく、自己決定は付き合い始めれば終わるというものでは決してない。あらゆる状況において補足説明もゼロのまま、あなたはノーと伝えてよい。それだけだ。誰かがあなたのことを愛していて、あなたもその人を愛しているのだとしても、あなたはノーと言ってよい。残りの人生の間ずっと、ノーと言ってよい。他人を愛することが身体の自律性を失

＊1　『ハフポスト』は日本版もあるためお馴染みだろうが、どちらかと言えばリベラル寄りの論調のニュースメディア。『エッセンス』は黒人女性向けの月刊ライフスタイル誌。それゆえこの一文には、「主流」派の中で比較的にマイノリティを尊重するメディアにおいてすら、婚姻間でのセックスが義務とされることについては明確な反対がない（せいぜい問題提起に留まっている）という含意があるかもしれない。

＊2　Quoraは質問投稿サイト。MetaFilterは正確にはコミュニティ形式のブログサイトだが、その中にAskMetaFilterというセクションがあり、利用者が相互に質問と応答を繰り広げている。日本語圏で近いのはYahoo!知恵袋だが、Quoraには時に専門家が実名で答えることもあるので、雰囲気は若干異なる。

うことを意味するわけでは決してないのだ。

パートナーの一方が性欲動を取り戻したい、高めたいなどと思うのは、よくあることだ。その目標に向かって努力したってよい。けれど一方のパートナーがその努力をするようプレッシャーを感じているのに他方のパートナーが何もしないというのもよくあることだ。これはよくない。

欲望が少ないことが問題なのではない。ちょっと考えてみてほしい。もしパートナー双方が等しいレベルで欲望が少ないなら、問題はないだろう。釣り合いの取れなさが問題なのであり、釣り合いの取れなさは、お互いによる解決を必要とするお互いの問題なのだ。エースは何度も何度も、セックスしたい人の意向を自動的に特権化することは道徳的に正しくないと言っている。もし一方の人がセックスしたくて、他方の人が同じくらいセックスしたくないのなら、欲望は等しく、一方の欲望が他方を切り捨てるべきではない（言うまでもなく、相手が〔パートナーでなく〕見知らぬ人なら、セックスしたい人よりもそうしたくない人の望みを尊重する方がより重要だと、ほとんどの人々が即座に同意する）。

しかし、自分がお荷物であるという心構え、自分の必要とするものはあまり大したことがないのだという心構えを知らず知らずのうちに受け入れてしまうのはあまりに容易だ。解釈的不正義が規範であるかもしれない。それに、口にされることのない社会的規則はその見えなさゆえに力強いものだ。もっとセックスするよう努力してみたらと誰かに頼むことは自然で直観的なことに思えてしまう。けれど、アローのパートナーにセリベートになるよう頼むことを想像してみてほしい。それはほとんど考えられそうにない。製薬会社はリビドー亢進剤を売りたがるのであり、リビドーを弱められる薬を開発しようとはしない。『ザ・カット』でのあるインタビューで、性的な問題のあるカップルを手助けすることについて、一人のセラピストはこう言う。「本当のところ、それは性嫌悪を感じる側の人に結局行き着くのだ」、と。[15] そして、社会学者のシア・カッチオーニの大規模な調査が示すように、自分のセクシュアリティについて努力し、共通の性生活が素晴らしいものになるようにするべく、自分個人の責任を極めて強く感じるのは、とりわけ女性なのだ。[16]

フェミニストの学者で、アローのパートナーがいるアリシアは、自分が壊れて《ブロークン》いるとは必ずしも思わなかったが、セックスへの無関心を「直そう」として、何年もの間、投薬を繰り返した。「心の底では十分な自信があって、これって本当に問題なのかといつも自問してた」と彼女は言う。「でもアセクシュアリティがなかったから――アセクシュアリティという言葉、コミュニティのことだけど――他に何をすべきかわからなかった。何かを直そうとしてた。アセクシュアリティを見つけて、そこから解放されたんだ」

もちろん、一方の人がずっとノーと言う権利を持っているのとまったく同様に、他方の人も自分の性的ニーズを優先する権利を持っている。欲望の強いパートナーにとっては、境界線を設定することと強制的になることとの違いは、意向は尊重するけれどセックスは関係を壊しかねない問題だと言うことと、パートナーが誤っていて病気で、そうでなければセックスするはずだと言うこととの違いである。欲望の強いパートナーには相手に期待できるものを知る権利があり、性的な理由ゆえに別れるからといって悪いことをしているわけではない。何だったら私は、セックスはあらゆる方面で当然ながら関係を壊しかねない問題でありうると信じてはいる（次章ではエースとアローのカップルがいかに協働するかについて論ずる）。アローの友人が性的不一致ゆえにセラピーに行き、それを解決しようとし、現状維持しているのを私は目撃してきた。私はその人たちが惨めなままでいるのを見て、交際を終わらせるよう助言したこともある。リビドーの違いは、双方にとって恥の源となりうるし、セックスがまったく問題になるべきでないと主張したり、別れたがっているからといって誰かを批判したりしてもしょうがない。セックスが重要だというならセックスは重要でよい。別れてから、自分とセックスしたい誰かとセックスすることに問題はない。ただ、性的理由のために別れるからといって他方の人が誤っていることにはならないのだということを、覚えておいてほしい。

・・・

性的欲望がいたるところにあるということについての物語は、ノーと言うことを困難にさせる以上のことをしている。そういった物語が単純化されれば、性的経験について率直に語ることも困難になる。強制的性愛は「レイプはセックスではない、暴力だ」という大衆化したスローガンの裏側にも潜んでいる。このスローガンは、フェミニストの作家であるスーザン・ブラウンミラーが一九七五年の革新的著作『レイプ・踏みにじられた意思』で社会に広めた考えだ。レイプの問題を全国の人々に意識させたその本は、レイプとはしばしば象徴的なもので、セックスの欲望ではなくコントロールの欲望によって動機づけられており、さらには男性が女性をコントロールし「恐怖状態」に留める方法だと述べた。[17]『レイプ・踏みにじられた意思』の刊行は反レイプ運動の波を作り出すのを助け、レイプ文化についての現代の理解の礎となっており、女性がレイピストを性的に誘惑するといった被害者非難《ビクティム・ブレーミング》の議論がナンセンスであるという主張を支持している。

「レイプはセックスではない、暴力だ」はスローガンとして素早く大衆文化に広まり、数十年にわたって人々を結集させる呼びかけとなっている。〔ラディカル・フェミニズムのアクティビストである〕グロリア・スタイネムはそのフレーズを自明の理と評した。[18]レイプはセックスではないという考えは、『ニューヨーク・タイムズ』の記事では一九八九年[19]から二〇一七年[20]まで言及され続けている。二〇一六年の、キャンパスにおける性的暴行を減らそうとする行動科学の研究者らによる同意誓約書は「非同意のセックスはセックスではない、暴力だ」という文言を含んでいた。[21] フレーズそのものの全盛期は過ぎ去ったが、その考えは過ぎ去っておらず、多くの人々は似たような考えを反復している。ほとんどいつもよかれと思ってだ。

レイプがしばしば政治的道具として用いられることは真実だ。被害者が着ているものをめぐる議論が表層的で、注意を逸らすものであること、また、レイプの報告数が実際よりも少ないことも真実だ。[22]「五十五歳の男性、十歳児との性行為で起訴」といった見出しを見て人々が抗議するのは正しい。十歳児は同意できないのだから、起きたことはレイプであり、セックスではない。レイプとセックスは相互に取り替え可能な用語ではない。この点はどんなに強調してもしすぎるということはない。

しかし、レイプはまったくセックスではないという考え――そしてレイプはセックスとは完全にかけ離れたものだという考え――は不正確でもある。「レイプはセックスではない」の意味を暗黙のうちに広げると、「レイプは悪いがセックスはよい」となる。したがって「レイプはセックスではない」はセックスを救い出そうとしている。なぜなら、もしレイプが強いられたもので暴力的で悪いものであり、セックスではないというのなら、セックスそれ自体は強いられていない、暴力的でない、よいものだということになるからだ。「「レイプは暴力であり、セックスはそうではない」と言うことは、強いられたセックスを「セックスではない」として単に区別することにより、「セックスはよい」という規範を温存している。その規範の意味するセックスが、加害者にとってのセックスであるにせよ、それどころか後に被害者にとってのセックスとなるものであるにせよである。被害者はレイプを再び経験することなしにセックスを経験することが難しいのだ」と、キャサリン・マッキノンは一九八九年の「家父長制下の快楽」についての学術論文で書いた。「〔家父長制下では〕セックスであるものは何であれ暴力的ではありえない。暴力的であるものは何であれセックスではありえないことになる」と。[23] 世界はこのようには立ち行かない。そのような態度の結果は、マッキノンが別の論文で要約しているところではこうだ。「私たちは、〔レイプ、ポルノグラフィー、セクシュアル・ハラスメント、性暴力〕が暴力の濫用でありセックスではないと言っている限り、セックスから作られるものを、セックスを通じて私たちになされることを批判し損ねてしまう。なぜならレイプと性交渉との間の、セクシュアル・ハラスメントと性役割との間の、ポルノグラフィーとエロティシズムとの間の境界線を、ちょうど現在あるがままに残してしまうからだ[24]」

セックスは出会いのタイプを説明するものだ。セックスはよいものでも悪いものでもありうるし、強いられるものでも強いられていないものでもありうるし、そういったことすべての中間でありうるし、同じ出会いの中で強いられたり強いられなかったりということもある。「レイプはセックスではない」は〔レイプ対セックスの〕二項対立を作り出すが、性的経験と同意は二項対立ではない。様々なタイプの性的経験と様々なタイプの同意があって、二つに分ける枠組みは不適当だ。多くの場合、レイプとセックスの間に明確な一線を引くことはできず、そうしようとすることは私たちにとって役に立たない。「レイプはセックスではない」は、レイプと呼ばれるこの分離された恐ろしい強いられるセックスが悪いものだとみんなが賛同することを容易にするが、その際、多種多様な性的出会いを駆り立てる力関係を扱うことはない。性的出会いは少なくとも部分的には同意によりつつ暴力的でもあり、同意によりつつ損害を与えるものでもあり、同意によりつつ強制されてもいるのだ。

ほとんどの人々はアセクシュアリティについて知らない。だからこそ、状況が異なればアセクシュアルと自認するかもしれない人々は、特に性的な圧力に晒されやすくなる。私たちエースは、自らが本当には欲していないセックスにイエスと言う。それ以外のほとんどみんなも同じくだ。二〇〇五年のある調査では、女性の二八パーセントが、最初の性的経験は同意によるとはいえ「欲したというわけでは必ずしもなかった」と言った。[25] 百六十人の大学生を対象とした別の調査では、三分の一以上が、二週間のうちに望んでいないセックスに同意したことがあると報告した。[26] 先にあげた婚姻間における「セックスの義務」についてのあらゆる問いがそもそも存在することから示されるのは、若い大学生ではない人々にとってもこれが共通の問題であるということだ。「パートナーに明白な同意をしたことは何度もあるけど、心の中ではそうしたくはなかった」

とカナダ出身のモデルのセバスチャンは言う。「たとえ私のボディ・ランゲージに気づいた人がいたとしても、私は「ううん大丈夫、続けて」って言っただろうな。だって、〔そう言わなかったら〕それを欲していないことによる罪悪感や恥を、何とかしなきゃいけなくなるんだから」。これらすべての場合において、何らかの形のイエスと何らかの形のノーがある。

「レイプはセックスではない」という単純な決まり文句は、これらすべての機微を考慮に入れることができず、それどころか、同意によるネガティブな経験をどう扱うべきか、事後にどう感じればよいのかと、人々に思い悩ませることになる。それは、どれだけの力（物理的、文化的もしくは感情的な力）がレイプを名指すのに必要か、また強制されたセックスがその特徴的な点を少しばかり欠いている場合にそのセックスの意味についてどう考えるべきか、考える道筋を示してくれはしない。もしあなたがイエスと言っていたら、あなたのボディ・ランゲージは熱意のあるように思われなくても、それはレイプではなくセックスで、よいものということになるのか。だとしたらどうしてそれをよく思えないのか。後悔する権利と、気分を損ねて損害を訴える権利を、失ってしまったのか。

もちろん私は単純化しているのだが、そうするのはあの二項対立が単純すぎるからだという理由が大きい。暴力的なレイプと快楽をもたらすセックスとの二択で決定するよう強いられることで、堂々巡りを強いられかねない。現実には、いくばくかの圧力か暴力を加えることで、単純にセックスはより暴力的なセックスになりうる――けれどもそれは、セックスをした本人を含む誰もが躊躇なくレイプと呼ぶであろうほどには、強いられたものでも暴力的なものでもない。また、イエスと言っても侵害されたように感じたり、相手が現在何も悪いことをしていないにしても、過去の出会いからのトラウマのせいで侵害されたように感じたりすることもありうる。

これらの現実を説明するために、より広い視座が必要だ。レイプはセックスと相互に交換可能なものではないが、セックスの一つの形であり、その境界線はぼやけうる。レイプはおぞましく、暴力的だ。セックスもおぞましく暴力的に感じられうる。たとえ誰もがそれをレイプだと思わないにしても、よかれと思ってのことで、訴追すべき根拠がないにしてもだ。損害をもたらす、同意によるセックスは起こるし、人々はそういった用語を用いながら自由に語ることが許されるべきだ。セックスにより損害を受けた人は、同意したかどうかにかかわらず、支援を受けるに値する。みんながその裏面も認識すべきだ。つまり、私たちがたとえ意図せずとも、また、私たちが様子を窺い、然るべき配慮を払おうとも、私たちが誰かを傷つけることもあると認識すべきだ。

セックスはよいものだという態度は、エースの性暴力サバイバーのニーズを無視してもいる。「エースのサバイバー向けのリソース」というグループの組織者は、性暴力ホットラインと協働し、ボランティアたちにこのグループへの手伝い方を教えた。〔このグループの〕アクティビストたちが言うには、ＧＬＡＡＤや「レイプ、虐待および近親姦全国ネットワーク」といった組織のメンバーは明らかに悪意はないが、[*3]〔そういった組織のメンバーによる〕カウンセリングはしばしば、「こんなのセックスじゃなかったですね。セックスは美しいもので、だからあなたはまたそれが大好きになるはずです」というお決まりのありように逸れていく。そういったメッセージは多くの人にとっては安らぎを与えるだろうが、それまでセックスに関心を払っていない人、また、それを再び楽しむ必要のない人、もしくは自らを傷つけた何かが美しいと言われる必要のない人には適さない。

セックスが元からよいものだと証明する必要はない。よくはないのだ。ある人々にとっては、それは決してよいものではなく、決して望んだものでもない。セックスする際の状況がいかに見かけの上で理想的であるにしても、どれほどパートナーが気遣ってくれる人であろうともだ。混

＊3　ＧＬＡＡＤは性的マイノリティに対する差別的なメディア表象を監視し、より適切な表象を提案している団体。合衆国での性的マイノリティの社会運動の大きな転機となったエイズ危機の時代に創設された、大手の団体である。レイプ、虐待及び近親姦全国ネットワーク（Rape, Abuse & Incest National Network、略称はＲＡＩＮＮ）はその名の通り、全国規模の反性暴力運動の団体で、こちらも合衆国の同種の団体の中では最も大きいと言ってよい。極めて良識的な団体においても「（レイプと違い）セックスはよいものだ」という前提が共有されてしまっていることが、この二団体への言及において含意されているだろう。

ぜこぜになった経験、混ぜこぜに折り重なる行為のための力《エージェンシー》、そしてセックスに対する混ぜこぜになった態度はすべて実在していて、これらを称えることの方が、セックスはデフォルトでよいものだという考えや、セックスが素晴らしいものになりうる条件がつねにあるという考えに固執するよりも重要だ。セックスは込み入っているのだから、起きるものを受け入れ、人々の感じ方を受け入れることが、癒しのための第一歩だ——たとえそのような受け入れが、物事がどのように起きるとされているかや、人々がどのように感じるとされているかについての期待の枠を踏み越えているとしても。

・・・

「レイプはセックスではない」は誤った二項対立なのだから、「ノーはノーだ（No means no）」も「イエスはイエスだ（Yes means yes）」も同じくだ。同意についてのこれらの人口に膾炙《かいしゃ》したモデルは、二つの選択肢しか与えてくれない。すなわちイエスとノーで、それらはセックスとレイプに割り振られる。同意についての考えの徹底的見直しには、多くの視座の変化が必要だろう。その手始めは、レイプとセックスというこの二項対立を打破することと、その代わりに様々なレベルの意欲について考えることとの必要性だ。一つの使い勝手のよい道具に、性行動の研究者で『普段のあなたで――セックス・ライフを変える、驚くべき新たな科学（*Come as You Are: The Suprising New Science That Will Transform Your Sex Life*）』の著者であるエミリー・ナゴスキによって作られ、エースたちによって改良された枠組みがある。ナゴスキは、熱意のある同意、意欲のある同意、意欲のない同意、そして強制された同意というカテゴリーを用いることを提案する。ただし最後の二つは、誰かが「ノー」と叫びはしなかったという、ほとんど極めて限定的な意味での同意だが。

〈熱意のある同意〉
・私があなたを欲しいとき
・イエスと言うことの帰結も、ノーと言うことの帰結も恐れていないとき
・ノーと言うことで、私が欲する何かを逃してしまうことになるとき

〈意欲のある同意〉
・あなたを（今現在は）欲望していないけれどあなたのことを気にしてはいるとき
・イエスを言うことが上々な結果をもたらすと断然確信していて、ノーと言うことをおそらく後悔するだろうと思っているとき
・イエスと言ったのちに欲望が生じてくるかもしれないと思っているとき

〈意欲のない同意〉

・イエスと言うことの帰結よりも、ノーと言うことの帰結を恐れているとき

・単に欲望がないということだけでなく、欲望を望む欲望がないことを感じているとき

・イエスと言うことで、あなたが私を困らせてくるのをやめてくれるだろうと望んでいたり、ノーと言っても、あなたが私を説得しようとし続けるだけだろうと考えたりしているとき

〈強制された同意〉

・ノーと言ったら害のある帰結をもたらすと脅かされているとき

・イエスと言ったら傷つけられるだろうけれども、ノーと言ったらもっと傷つけられるだろうと感じているとき

・イエスと言うことで、私が切に恐れている何かを経験することになるとき[27]

ナゴスキのモデルは「ノーはノーだ」より優れている。後者は、そうではないと明言されない限り人がイエスと言っていると前提している。また、熱意のある同意を強調するモデル（「イエス

はイエスだ」）とも異なり、ナゴスキのモデルは、熱意のある同意ができないエースは同意することなどまったくできないのだということを含意していない。そのような含意は、私たちエースを子どもや動物と同じカテゴリーに誤って置き入れてしまうだろう。ナゴスキのモデルは、あらゆる様々なありうるイエスを指摘することによって、「イエスはイエスだ」というスローガンを押し広げている。

ナゴスキのモデルはエース・コミュニティにおいても人気を得ている。なぜならそれは、セックスに無関心なエースやセックスを好ましく感じるエースを受け入れ、アローと交際するエースの実践的な現実を考慮に入れているからだ。「意欲のある」と「意欲のない」とのバランスは繊細なものでありうるが、二つを区別することは必須だ。「ムラムラしてはいないけど、パートナーと近しく感じるために喜んでセックスする」と「ムラムラしてはいないけど、あなたが圧力をかけてくるのを止めてくれるようにイエスと言った」は両方とも、同意によるが望んではいないという要素を持っている。いずれも完璧なイエスでも完璧なノーでもない。ナゴスキのモデルはそれらを別物として特徴づけ、〔関係〕維持のためのセックス、もしくは関係のためのセックスという、極めてありふれた経験を受け入れている。

セックスを現にするエースにとっては、「意欲のある」と「意欲のない」の違いは行動の違いではなく、意図と行為のための力《エージェンシー》の違いである。「意欲のある」とは、誰かを愛しているから、また、セックスから何かを得られるだろうから、セックスするのを選ぶことを意味する。「意欲のない」とは、たとえセックスすることで害を被ることになろうとも、誰かを愛しているからその人とセックスしなければいけないと信じていることを意味する。宗教的な家庭で育った男性であるハンター〔第三章〕が言ったように、妻のためにセックスすることにはまったく問題がなかった――忌まわしいのは、彼がセックスするよう自身にかけていた圧力と、彼がセックスそれ自体をなぜ大好きになれなかったのか問い続けていたことだったのだ。

同意を再考することは屋上屋を架すことを要求してはいない。もう一つの使い勝手のよい考えはヘンタイのコミュニティから来ていて、このコミュニティは最良の実践ということに関しては、長いこと先んじていた。ヘンタイとは、大衆的な想像の中では、セックス、セックス、セックスと、そればかりに関するものだ。エースにとってのヘンタイとは、それ以外のすべてでありうる。エースにとってのヘンタイとは、権力と感情、ロールプレイと興味をくすぐる感覚に関わっていて、セックス、セックス、セックスとそればかりの圧力から逃れることに関わる。実際、ヘンタイなエースは、ヘンタイのコミュニティの規範のおかげで同意について交渉しやすくなると言っている。ノーと言うことに対してさらなる余地を残すのを助けるような仕方での交渉だ。

バニラ〔・セックス〕のコミュニティでは、セックスはたいてい、どの恋愛的関係にも含まれていると想定されている。もし二人の人々がいちゃついて、一方が興奮したら、他方の人（異性愛的な文脈ではたいてい女性）は、思わせぶりとか興醒めな人とかと思われないように、相手が「フィニッシュ」するのを助けるべきと責任を感じかねない。あることが自然とさらなることにもつれこみ、そしてそれからセックスに至るとされている。同意の欠如がシステムに組み込まれていて、ノーと言うことは、払われるべき代償を伴う重荷となっている。

他方でセックス・パートナーは、セックスが——もしくは何であれ——当然のものだと想定していない。ヘンタイのコミュニティでは、すべてのことは事前に交渉される（もしくは少なくともそうすることになっている）。「〔たとえば〕ある場面では、「あなたがカタくなったって知ったこっちゃないよ、あなたがヌレたって知ったこっちゃない。あなたが私に、その状態について何かしてほしいとか特定のことだけしてほしいとか、期待しているのでなければね」って言っていいんだ」と、シカゴ在住のエースのセラピストであるキャシーは言い、さらに、自分はバニラのコミュニティよりもヘンタイのコミュニティの方が安全だと気づいたと付け加える。こういった変化は、バニラの文脈にはしばしば欠けている、自律性のある構造と境界線を提供する。諸々の行為はよりバラバラになり、人がしたくないことを最終的に要求するドミノ効果の一部ではない。同意が条件的であることは明白で、キスすることへのイエスが自動的にオーラル・セックスへのイエスにもなるわけではないのだ。

誰かが交渉することができるというだけではなく、むしろ、交渉が基準《スタンダード》であり、だから人々はそうしようとすることにあまり躊躇いを感じなくなる。交渉はリビドーを醒ます儀式というよりは、分別のある、当たり前の実践のようであり、こうしてノーの重荷の多くは取り払われる。

・・・

形式的に予め用心しておくのは賢いことだが、同意はいつも事前に完全に煎じ詰められるわけではない。欲望は予測しづらいし、頻繁に変わりうる。誤りを完全に防げるものは存在しない。しかし究極的には、真の同意とは、他の人がその身体のどの部分でもって何らかのときに何をしたいかを尊重することだ。それは、承認がなければ前進するのはよろしくないという心の持ちようだが、その承認（と不承認）はその瞬間に、また多くの形で示されうる。移り変わりゆくプロセスは、契約書や既定の規則よりも扱うのがトリッキーに思えるが、より直観的で安全なものでもありうる。学者のメグ＝ジョン・バーカーが共著書の『セックスを楽しむ（どうやって、いつ、もしそうしたいなら）（*Enjoy Sex* (*How, When, and If You Want To*)）』で説明するように、「［同意］という考えは、あなた自身や相手となる人や人々、そして経験に本当に耳をすますことだ。単に習癖から何かをすることや、別の人に何かをすること、もしくは——他方で——その経験と継続中のプロセスについての感覚を実際に持たずにそれについて話すことなどではない」[28]

セックスする人にとっては、これらの考え――イエスとノーの二項対立の打破、話し合いを促す規範――はつねに様子を窺うことと結び合わされていなければならない。様子を窺うことは、立ち止まって法律用語で五分間の話し合いをすることではない。それはあらゆる形の情報に注意を払うこと――そして注意を払いたいと思うこと――を必要とする。とりわけ口頭によらないコミュニケーションは重要で、というのも、社会的圧力のせいで声を上げることや口頭でノーと言うことが困難になる人もいるからだ。「私は自閉症なんだけど、コミュニケーションの九五パーセントは口頭じゃないし、そのことを理解するよう努力するのが重要っていつも言われるんだ」と、ロンドン在住のライターであるロラ・フェニックスは言う。「それなのに同意ということになると突然、「どうしてあの人は何か言わないのかな、心を読める人なんていないよ！」みたいになる。それって本当に言行不一致だよ」

口頭によらない合図に注意を払うことで、もっと完全な全体像がもたらされる。当初のキスすることへの熱意のある同意はのちに、触れることへの意欲のある同意に変わりうるし、その後同意が撤回されることもあって、すべてが異なる仕方で示される。ヘンタイのコミュニティの人々がするように、損害や信頼といった流動的で拡張的な概念を熟考することも役立つかもしれない。意図にかかわらず、相手は私に損害を与えただろうか。その人は時間をかけてどれほどの信頼を構築したのか、私はどれほどその人を信頼しているのか、そしてそのことがいかに私たちの関係を変えるのか。信頼があればあるほど、明示的な交渉は必要でなくなるかもしれない。それに、二人のパートナー間での事前の信頼の程度を評価することと、両者が事後にどのように感じたかを評価することは、一方が何か別のことを言うべきだったかどうかを評価することよりも、実りあることになるだろう。

同意のプロセスは、雇用証明書へサインするというより、友情を育むことのようであるべきだ。友情は多くの異なる形を取るもので、一方の人から他方の人に与えられるものではない。それは相互的で応酬的で、時間を通じて作り上げられる。コーヒーを飲むことにイエスと誰かが言ったら、その人はアマチュアの即興劇に連れ立って行くことにもイエスと言うだろうとか、友情がどのように変化し育つか、双方が事前に正確に知る必要がある（もしくはさらに知ることができる）とか、そういうことを私たちは想定しない。友情を受け入れるからといって、誰かが永遠に友人であり続けなければならないとか、他者が友情のあらゆる部分について等しく熱意を持つだとか、そんなことを考えはしない。

同意を移り行くプロセスとして考えることで、エースとアロー、そのほかみんなにとって、それが長期の関係においてどのように作用するのかを理解することが容易になる。同意は十年後にも十日後にも重要となるが、十年ほどのちと三回目のデートのときとで同意が同じように見えることは滅多にない。初めのうちは決定的に重要だった相互の力の抑制と均衡が、両人が互いをよりよく知り、互いの合図を読めるようになったときには、不必要になる。同意の形は変わるだろうが、ノーと言う権利はつねに残っていなければならない。誰かが決してセックスしたくないのなら、それでずっと大丈夫だ。セックスすると現に決めている人にとって、それはその都度の選択であり、異議を唱えたり変えたりできない硬直化した義務の集合ではない。

第9章　他者と遊ぶ、他者で遊ぶ

本当にこう教えられたわけではないが、私たちのほとんどは、恋愛的な関係がどのようなものとされているか知っている。異性愛だってさ。まぁしばしばね。一対一だって。たいていはね。性的だって。いつつも。関係はエスカレーターのようなもので、上手くいく関係はどんどん上へと昇っていくものだ。恋愛的関係から結婚へ、それから子どもをもうけることへ、という具合である。関係のエスカレーターとパラレルに進むのは、触れ合いのエスカレーター、もしくは、一般に知られているように、性的な「塁《ベース》」だ。つまり、手を繋ぐことから愛撫へ、オーラル・セックスへ、ペニスをワギナに入れる性交渉（「ホームラン」）へ。セックスは報酬であり、旅路の最終目的地だ。他のことは何だって、膠着《こうちゃく》することを意味している。

私はこういったこと全部を知っていたが、こういった知識をどのように学んだかを説明することはできなかっただろうし、誰がこういった知識を共有したのか指し示すこともできなかっただろう。このルールをきっかり守るわけではない人々がいることも知っていたが、にもかかわらずそういった人々の関係は、ルールの存在を目立たせた。そういった人々は、期待されることからのどんな逸脱をも正当化する必要を、極めてしばしば感じるからだ。例外はルールを証明するのだ。ルールがたいていは声に出されず、問いに付されないものであるにしても。

サンフランシスコ・ベイエリアの職場コンサルタントであるセリーナもまた、関係は特定のあり方に見えるべきだと信じていた。予めパッケージ化された、既成のものとなるべきだ、と。セリーナは人生の間ずっとそう信じていたかもしれない——大学一年生で初めてセックスしたときに、自分が手の爪をしげしげと見つめていて、それから、情熱の真っ只中にあるはずなのにマニキュアについて考えているのはなぜだろうと思い悩んでいる自分に気づいたという経験がなければ。

単にダメなセックスだったということはありうるが、セリーナのガールフレンドのジョージアは、「よがりまくり」でその後も幸せそうだった。何度か試してみて明らかになったのは、セックスはセリーナが期待していたようなものではなかったということだ。セリーナは欲するようになりたかったが、それだけでは十分でなかった。そして、セックスがセリーナが期待していたようなものでなかったなら、関係それ自体も二人が予期していたようなものではないことになりそうだった。だからセリーナとジョージアは話し合いを始めた。以前は思い込みから動いていたが、条件を整理し、問いかけをすることにした。二人はお互いに問うた。本当のところ、どれほどの時間をいっしょに過ごしたいのか。どういったタイプの身体性や触れ合いが大丈夫で、どういったものが上手くいかないのか。一方にとって、他方にとって、もしくは双方にとってそうなのか。二人はセックスしたいのか、と。

最後の問いに対するジョージアの答えはイエスだった。最後の問いに対するセリーナの答えはノーだった。

・・・

デートや交際に関して極めて特定の要求を持つのはエースだけではない。例として、アーミッシュとユダヤ教正統派のコミュニティを挙げてみよう。デートをめぐるそういったコミュニティの文化的ルールは、リベラルな文化の基準からすれば尋常でなく思えるかもしれないが、これらのコミュニティはこの問題を、自分のコミュニティの中の他の構成員とデートすることで解決する。私たちエースはしかしながら、地理的に引きこもった場所に集住するわけでも、デートについての長きにわたって築かれた自身の伝統を持っているわけでもない。人数だって、私たちに味方しない。エースは人口の約一パーセントであるという公式の統計[1]を念頭に置けば——言うまでもないがアセクシュアルであることが恋愛的な相性の最も重要な要素であることは概ねない——、ほとんどはより広いデート希望者の群〔アロー〕を選ぶし、アローのパートナーと関係構築の作業をしようとするのだ。

実際のところ、もしエースが伝統的関係を持つよう強いられるなら、私たちの多くは最終的に一人でいることになるか、パートナーができても不幸せになるだろう。これを避けるために、関係がどのように作用するかについての慣習的な知に揺さぶりをかけることが必要になる。まずは、ほとんどすべてのことの根底に見つかりうる、次のような大本の信じ込みに揺さぶりをかけることからだ。すなわち、セックスは私たちの最も原初的な本能の一つで、息をするのと同じく自然で自動的であるという信じ込みだ。

これは誤っている。私たちは本能的欲動からのみセックスをするのではない。生物学的仕組みは確かに一定の役割を果たす——それは気持ちと衝動を作り出しうる——が、生物学的仕組みだけが、それらの衝動が何を表すか、何に至るかを命ずるわけではない。人間の生理は「使用や意味に関してラベルづけできない身体的可能性の一式」を提供すると、性行動研究者のレオノア・ティーファーは彼女の一九九五年の試論集『セックスは自然的行為ではない（*Sex Is Not a Natural Act and Other Essays*）』で書いている。[2] だとすれば文化——本や映画や、両親の言うことや他のみんなが行っていることの光景など——とは、これらの感覚にあてがわれるべきストーリーを教え込むのだ。個別の心理や文脈も一定の役割を果たす。高鳴る心臓と汗ばむ手のひらは、不安や興奮として解釈されうる。ある有名な心理学実験では、男性たちが揺れる橋としっかりした橋のいずれかを歩いて渡るよう頼まれた。一人の可愛い女性が全員に近づいてきて彼らに調査票を記入するよう頼み、何か質問があれば呼び出してくれるよう伝えた。揺れる橋の男性たちの方がより女性を呼びがちだった。なぜなら彼らは、環境に由来する自身の身体的恐怖心を、調査員への惹かれと解釈したからだ。[3] 感覚にストーリーが加わっているのだ。

性的な領域では、基本的な行為だって、かなりいろんなことを表すだろう。マスターベーションのパラドクスと、マスターベーションをするエースがセクシュアリティを欠いていると考えられることがどれほど奇妙か、覚えているかな。マスターベーションするエースの中にはそれを性的だって考える人もいるし、そうじゃない人もいる。後者の人にとっては、マスターベーションは他の身体的な突発反応に近くて、腕の痒いところを引っ掻くのと全然変わらない。

キスすることは、性的なものの捉えどころのなさのもう一つの例だ。西洋文化のほとんどにおいては、キスすることは恋愛的な関係への道に至る、交渉の余地なきステップだと考えられている。しかし、ブラジルのメイナク族や南アフリカのツォンガ族、そしてトロブリアンド諸島民といった多種の集団は、初めてその行為に出くわしたとき、それを愛情の印というよりも吐き気を催すものだと見なした。[4] 今日でも、恋愛的なキスは普遍的な人間行為ではない。二〇一五年のある研究では、人類学者が百六十八の文化を調査し、「恋愛的-性的なキス」と彼らが呼ぶものをするのはその半分に満たないことを発見した。[5] キスすることは学んで身につけられうる行為であり、世界中、時代を通じてみんなによって行われるものではありえない。

同様に、セックスそれ自体の概念も構築されたものだ。その言葉はワギナにペニスを貫通させるイメージを喚起させるが、けれどもそれは、セックスについて、また、セックスすることと性的であることの他のたくさんの仕方について考えるには限定的な仕方である。「セックスは社会的な力から免れていると私たちは考えがちです」と、オクシデンタル・カレッジの社会学者リサ・ウェイドは私に語る。「かくも独特で、非社会的で、無歴史的で、非文化的な力として、私たちの内側から溢れ出す、完全に原初的な単なる何かとして、私たちはセックスをフェティッシュ化しがちです。けれどもちろん、それは真実ではありません」

むしろ、社会的文脈はほとんどすべての状況を彩る。婦人科を訪れる女性は自分が婦人科医と性的な行動に携わっているなどとは考えない。診察を受けていると考えるのだ。パートナーの背中周りを揉んであげることは、親戚の背中周りを揉んであげることと同じ身体的行為かもしれないが、そこで喚起される意図と感情はかなり異なっている。

セックスが何であるか、いかにセックスすべきか、どのくらいセックスすべきか、そのセックスについてどのように感じるべきで、よい性生活とはどんなものか、社会は教える。社会は、従うべき性的筋書きとルールを提供するのだ。セックス指南書は、原初的な行為としてのセックスという物語を押し出し[6]、私たちを社会化してもいる。そういった本は、良好な関係にとってセックスが何を意味するのか、また、どういったタイプのセックスがよいのか悪いのかを教える――そしてそうすることで、笑えることだが、それらの本自体が主張する不可変の欲動としてのセックスなるものが誤っていると証明してしまう。もしセックスが完全に自然的で生物学的なら、一体なぜ、このセックス専門家稼業を必要とする人がいるのだろうか。数世紀遡ってもセックスのマニュアルがあるのはなぜだろうか[7]。食物の消化の仕方や呼吸の仕方を示すガイドブックを目にすることなど、ごく滅多にない一方で、なぜ私たちは『コスモポリタン』にセックスの仕方を教えてもらう必要があるのだろうか。*1

・・・

セックスと交際の筋書きされた性質がシアトルのプログラマーであるジェームズにとって明らかになったのは、彼がエースの女性と付き合い始めてからだ。生まれて初めて、ジェームズは自分がキスするのが好きかどうかわからないと気づいた。過去の交際では、彼は考えることなしにキスしていた。これはほとんど、興味があることを示し、交際を前進させ続けるためだった。恋愛的な交際にはキスがつきもので、それがルールだったのだ。

ジェームズは女性と付き合う男性なので、別の暗黙のルール――男はリードを取るものだという期待――が、いつ、またどれほど素早く彼がセックスに取り掛かるかを巡って、彼に大いに決定権を与えることになった。けれども、それに取り掛かること自体は、つねに交渉の余地のないものに感じられた。「注目を失うことを恐れていた、というのは絶対あるね」とジェームズは言う。「ある期待があって、それによれば、いくつかのことが起きないまま何回かデートをこなしたら、興味を持ってないことになる」。「特定のことをしていない限り」、気持ちが「本当に現実のものではない」という感覚があったと彼は付け加える。性的な注目を着実に注がれない限り女性は、交際は終わったとか、彼が他のみんなと違ってルールに従えないのは悪い兆候だったのだとか考えるかもしれない。キスすることはあまりに義務的で、もはや義務的だと心に留められないほどだった。ジェームズは、キスすることで自分に快楽がもたらされるかどうか疑いを持とうなどとは、まったく考えもしなかった。

ジェームズのガールフレンドは、自身のエースとしてのアイデンティティを探っていくにつ

＊1　『コスモポリタン』は合衆国の大手女性誌。創刊当初は家族誌であり、のちには文芸雑誌の側面も有したが、現在の形に近くなったのはヘレン・ガーリー・ブラウンが編集長になってからで、彼女は女性がセックスを楽しむことのできるような誌面を作り上げたとされる。ただし、エイズ危機の時代には、不正確な情報を流して偏見を助長したことで同性愛者らを中心とした権利運動団体から抗議を受けたこともある。

れ、抱きしめ合うこと以上のことは何もしたくないと気づいた。それにつれ、ジェームズは彼が教えられてきたことのいくつかを捨て去らねばならなくなった。身体的な親密さが感情的な親密さにいかにリンクしているかや、デートがどのように進行することになっているかについてのことだ。「かつてしていたはずの多くのことは、本当はもう、する必要がなくて、実際、すべきじゃないんだ」と彼は言う。他の人にとっては赤信号だったはずの行動が、彼女の好むものだと判明した。二人が一緒にぶらついた最初の数回、ジェームズは自分がどうやって触れ合いのバリアを乗り越えようか画策していることに気づいた。通常は少なくとも数度のデートのうちに必要とされるステップだ。それについて思い悩む必要がないというのが奇妙に感じられた。また、つねに次にどう動くか戦略を立てることに自分がとても慣れてしまっていることに気づいて、少し途方に暮れた。「起きることは起きるがままにしようって、今となってはもうちょっと居心地よく感じられるようになった」と彼は言う。「すべきことは少なくしなくちゃ」

キスなしの恋愛的な関係は、アメリカ社会ではフツー《ノーマル》ではない。フツーというのがありふれたという意味である限りではということだが。別々のベッドで眠ることや別居すること、性的なパートナーを交換することはフツーではない。これらすべての選択はフツーの持つ権力ゆえにスティグマに直面するが、けれど関係において、「フツー」とか「普及している」だとかはあるべき以上に重要になっている。フツーとはしばしば、道徳的判断として扱われる。それはしばしば単に統計的問題にすぎないのだけれど。他のみんなが何をしているかという問いは、実際の関係において二人にとって何が有効かという問いよりも重要ではない。重要なのは人のニーズが注意深く勘案され、尊重されることであり、みんなが同じことをしていることではない。

関係のルールは自然法則ではない。自然法則は抗いえない。人がどれほど物理学について考えたり問いかけたりしようとも、重力は人を地に引っ張り戻す。しかし、セックスと関係は、生物学的構成要素と物理的構成要素を持っているとはいえ、私たちの心と他者の心とに由来する解釈であって、それゆえ枠づけし直して、新たに始めることができる。関係はつねに掛け合わせの妙技であって、完璧にぱちっと嵌めねばならないパズルでも、一つのブロックをゆらゆら抜こうとするやいなや崩壊するであろうジェンガ・タワーでもない。個別対応ができることがその最良の部分なのだが、しかしほとんどの人々は、自らの関係を既成の形に、フリーサイズの型に必死で貼り付けようとする。多くの人々は自身の自由を有効活用しない。

けれど、多くの人々はそうすることができるのだし、これはエースにとってよい知らせだ。エースは他のクィア・コミュニティと並んで、性的な筋書きと関係の筋書きを長きにわたって問い続けている。そうせざるをえないのだ。出発点がほとんどの筋書きの外にあるときには。これはアローにとってもよい知らせだ。アローも、デフォルトのパターンに当てはまることができるにしても、それを選ばないことで幸せになるかもしれないのだ。エースとアローの交際は、すべての交際と同様、創造性と忍耐と脆弱さがいるもので、セックスについて教えられてきた教訓をパートナー双方が検分してから破ることを必要とする。両者の信じ込みと欲望と、欲望についての信じ込みとを問い質し、枠づけし直すことを必要とする。

・・・

セックスは原初的であるのに加えて、交渉の余地のないものということになっている。「読者のセックスへの興味を当然のこととするだけでは十分でないように思われる。それどころか、セックスは絶対的生命線として売り込まれねばならないようだ」と、大衆向けのセックス・アドバイスについての学術的研究である『媒介された《ミディエイティッド》親密性――メディア文化におけるセックス・アドバイス（*Mediated Intimacy: Sex Advice in Media Culture*）』の著者らは見てとっている。セックスは個人にとっての生命線であるだけでなく、どんな関係にとっても絶対的生命線なのだ。[8] こういった大衆向けのアドバイスによれば、セックスとは、人々をくっつけ、関係の崩壊を防ぐ糊である。『媒介された親密性』の学者らがセックス・アドバイスの本から引用するところによると、それらの本が言うには、セックスがなければ別れること、また、セックスの不足が関係を壊しかねない問題だと言い張ることが「読者自らの務め」である。[9] 他の問題は耐えられるが、性的な問題はどうやらあまり耐えられるものではない。セックスがなければ、関係の健康状態とパートナー間の気持ちにはつねに暗雲が立ちこめるらしい。

ここまでは大衆に教えられる教訓である。専門家向けのセックス・セラピーに特化した本も同じ考えを共鳴させていると、[10] セラピストになるために勉強しているエースのブロガーであるアナグノリは述べる。悪気のない手引き書は通常、性的規範があまりに強固であると、また、他のみんなときっかり同じようにセックスすることについて私たちが思い悩むのを止めたら、みんながより幸せになれるだろうと指摘する。しかしながら、それに続けて、セックスしたいとまったく思わない人がいても大丈夫だと述べる本はほとんどない。締め付けは緩められる必要があるが、あまりに緩められてはならない。その根底で想定されているのは、関係におけるセックスは至上命題であり、他のすべてのこと――セックスの量、パートナーの数、体位、オモチャ――はその〔至上命題としての〕公理から導かれるということだ。

それに従い、セックス・セラピストと他の人間関係専門家は、社会的要因――例えば、義務のように感じられるセックスや、一方の人の性的快楽が他方の人のそれより優先されること――に好んで焦点を当てる。それらはしばしば、とりわけ女性にとって、少ない性的欲望の原因でありうるというのだ。これらの要因がしばしば莫大な役割を果たすことは真実だ。しかし、アセクシュアリティを受け入れるためには、これらの社会的要因がつねに原因であるわけではないということを受け入れる必要がある。セクシュアリティと惹かれが生物学的であるだけでなく社会的で心理的であることは真実だ。だが時には、これらの要因の一つを変えたところで、その他の要因の影響を完全に乗り越えられるわけではないというのも真実だ。関係を変えたりセックスについて別の仕方で考えたりすることで、性的欲望のレベルが変わらないことも時にはあるのだ。黒人でエースのライターであるケンドラの場合のように、他のすべてのことが順調そうでありながら、端的にセックスしたいとは思わない人がいるということも時にはある。

ケンドラが彼女のボーイフレンドと付き合い始めたとき、彼女はバージンだった。数年後、彼に自分がアセクシュアルだと告げたとき、彼は最初、それはたぶん自分のせいで、自分が君にとって性的に上手くいかないのなら君は他の人と付き合ってみる必要がある、と応えた。「セックスしたいかどうかは彼の問題ではまったくないということを」、またそのことは彼の魅力とは関係がないということを「わからせてあげなきゃいけなかった」と彼女は言う。「それで、やっと彼がそれを理解してくれたときは、ひらめきみたいだった」。彼女の性的欲望の少なさは、彼や二人の関係の質を反映したものではなかったのだ。

セックスの必要性についてのこれらのメッセージが論理的に含意していることは、関係を長続きさせたいというどんな望みにとっても、アセクシュアリティは実存的な脅威であるということだ。アセクシュアリティは、緋文字《ひもんじ》のＡの捻れて反転したバージョンのように感じられ始める。今やそれはエース（ace）と独身（alone）を表す現代の烙印なのだ。*2 どんな理由であれセックスを欲さないことが恋愛にとっての死刑宣告であるのなら、自身がエースであるかもしれないという考えを人々が忌み嫌うことに何ら不思議はない。示唆に富むことだが、この文化的な教訓は、たとえ交際中の人のいずれも実際にさらにセックスしたいと思っていなくても、影響力を持つのだ。

ブライアンとアリソンは二十年間セックスをしてこなかったカップルだ。[11] 彼はそれでよい。彼女もそれでよい。二人がよいと感じなかったのは二人がよいと感じるという事実に関してだった。なぜなら「セックスレスの結婚」は極めて否定的な語だからだ。関係を担う人同士がたとえ幸せであっても、セックスのない関係は壊れているか、さもなくば壊れる寸前だという思い悩みに取り憑かれることは、あまりに容易だ。たぶん、この二人はまだそのことを知らないのだ。

*2　ナサニエル・ホーソーンの『緋文字』では、不倫により子どもを産んだヘスター・プリンという女性がAという緋文字（正確には赤い布を金糸で縁取った字）を縫い付けた服を一生着るよう命じられる。この文字が何を表すかは実は明言されていないが、それが不倫（adultery）の頭文字でありうるということは、読者には言わずもがなに察せられる。この箇所で著者は、関係を壊すものとしてアセクシュアリティ（もしくはそれを担うエースやその帰結だと勝手に想定されている独身生活）が罪を着せられるということを、アメリカ文学史の印象的表現を踏まえつつ描き出しているわけだ。

『ガーディアン』でプロフィールを紹介されていたブライアンとアリソンは、二人のセックスレスの結婚を他人から隠すことができているが、セックスレスの結婚というフレーズの解釈は依然としてカップル自身を困らせる（ブライアンとアリソンは本名ではない）。

双方が自身の経験と自身の幸せを問うた。二人はセリベートなカップル向けの支援団体に参加した。「キスや抱きしめ以上のことは何も欲しくないということで実際に悩まされた。私たちがセックスしていたときも、みんながみんな、セックスを説明する言葉として「よい感じ《ナイス》」を用いるわけではないと知っていたのにね」とアリソンは『ガーディアン』に語った。「でも他の人には知られたくなかった。だって、他のみんなにとってはセックスってとても大きなことらしいから。私たちの結婚を他の人に向かって正当化しなくたっていいんだけど、ほぼほぼ、私自身に向かって正当化しなきゃいけない感じ[12]」

セリベートな関係よりもずっとありふれているのが、パートナーらがセックスはするが、一方の人が望むほどにはしない関係である。この状況はフラストレーションの元になるが、現実には、ミスマッチは避けられないかもしれない――問われるべきはどのくらいの多さか、どのくらいの間かだ。十年ごとに発表される英国の主要な調査である、「性的態度およびライフスタイル全国調査」（NATSAL）の二〇一三年版によれば、ここ数年にわたって交際中の人々のうち、およそ四分の一が自分のパートナーと同程度の性的関心を持っていないと答えた。[13]ミスマッチは織り込み済みの問題として扱われるべきで、一方の人の過失や誤りといったものではない。本や雑誌でのセックス・アドバイスは、目を見張るようなセックス・ライフ以下のもので安住してはならないという印象を作り出しうるが、長い目で見れば、凡庸なセックスを酷く恥ずべきものと描くよりも、それがいかにありふれているかを強調する方がより助けになるかもしれない。

相互の尊敬や信頼、親切といった、関係のいくつかの側面が本質的な権利であることを、私は信じている。けれど素晴らしいセックス・ライフがつねにこのリストの一部である必要があるとは信じていない。というかむしろ、人々は他人の言うことにかかわらず、関係において重要となるものを自分自身で決めるべきだと、私は信じている。

『見せかける——セックスについて女性がつく嘘、そしてそれらが明らかにする真実（*Faking It: The Lies Women Tell about Sex—And the Truths They Reveal*）』の著者でセックス・ライターのラックス・アルプトラウムは、大学時代の友人が婚約し、婚約者としたセックスが今までで最高のものだったと言い張っていたときのことを回顧している。そうでなくっちゃ、と友人は言った。だって単にまずのセックスをしてくれる人と結婚することに同意なんてしなかっただろうから、と。「それがすごく印象に残って、それから考え始めたんです。「最高《ヽヽ》のセックスをするって一体どういうこと？」って」とアルプトラウムは私に言う。「セックスって一体どういうことなんだろう、それに、「最高のセックス」っていうのは、一番興奮するセックスなのか、一番穏やかで一番心地のよいセックスなのか。〔そう考えると〕現実的には自分の人生のパートナーはとても多くのものである必要があって、セックスがその頂点になくてもよいと気づくようになります」。性的な相互反応と関係の質との間に完璧な相関がある（もしくはそれが長続きする）ことは滅多にないし、アルプトラウムと性的に最も相性のよかった人が、必ずしも彼女の欲する関係にとって最良だったというわけでもない。「快楽の最低基準はあるけど、私にとっては、ある人をそれだけの価値あるものにする、他の多くのものもあるんです」と彼女は言う。

性的な釣り合いの取れなさは大変なことだ。関係の他の多くの部分もそうだ。すべての関係はとても多くの要因――お金を消費すること、子どもを育てること、もしくは年老いていく両親の世話をすることを巡っての、変わることなき深刻な争いの永劫回帰に関すること――によってキリキリさせられているが、性的な問題は、これら他の状況について当てはまらないような形で、惨めになることもあると思われる。セックスは別れる理由になりうるが、他の重要な問題のいずれよりも自動的にそうなる必要はない。何年もパートナーと共にいるあるエースの女性が私に端的に言うには、「それは私たち〔パートナー同士〕にとっての問題」なのだ。二人はセックスについてしばしば争うが、それは他のことについても二人が争うのとちょうど同じだ。それでも二人は、一緒にいることにはそうするだけの価値があると考えているのだ。

セックスが活気のないものだったり、緊張関係の継続的な源だったりしても他の側面にそれだけの価値があるなら大丈夫だという考えは、私の知っている複数のエースとアローのカップルに自由をもたらしている。共にロック・クライミングが大好きだということや同じユーモアの感覚があることの方が性的な相性よりも重要だと決めることでほっとできるかもしれない。こういった決定をすることが永続的な解決にならなくたっていい。それは実践的で、賢明で、肯定的なことでありうるし、批判的思考《クリティカル・シンキング》の印で、大事にされてきた意図と価値の表明でありうる。

ケンドラが言うには、彼女としては、セックスには特別な重要性があるとか、セックスしないことは特別な責め苦だとかといったことに関するあらゆるメッセージによって、自分がお荷物であるように感じた。彼女とそのボーイフレンドは、月に数回セックスすると決めることになるが、たいていその目標を達成することはない。そうすると、罪責感が双方から出てくる。彼女からは自分がセックスしたくないという理由から、彼からはセックスしたいけど彼女に圧力をかけたくないという理由からだ。こういった状況では、その関係についてよいことが他にいくらあっても、それで十分とは感じられなくなる。「私は彼に何度も逃げ道を与えていて、別れて別の人を見つけた方がよいよって言ったんだ」とケンドラは言う。「最後にそうしたとき、彼は「もう二度とそんなこと言うなよ。別れたくないし、こっちから別れるべきだってそっちに感じさせたくもないんだ。そんなこと言い聞かせるのはやめろよ。別の人を探すつもりはないんだ」って感じだった。だから、いつ関係を解消するかって問題ではなかったわけで、どうやって関係を私たちが変えていけるかって問題なんだ」

誰かと十分長く共に過ごしてみると、いつもその問題に行き当たる。その問題を取り上げて選んで適応することは、単に妥当であるどころではない。そうすることが必要なのだ。性科学研究者のティーファーは、私たちの生活のすべての側面において改良があるべきという、止むことなき圧力と思しきものに批判的だ。「単に「上手くやってる」のを許容することにはなっていないんですね。すべての面において驚くほどよくなくちゃいけなくて、最善化しなきゃいけないんです」と彼女は言う。「人々は全部を持てるようでなきゃいけないと考えますが、そんなことできません。重要なものに焦点を当てるんです」

「そのことを私は母から学びました」とティーファーは続ける。「彼女は知的で、政治的で、音楽センスのある人で、勝ち取るためには何らかの面で譲らなくてはならないということを知っていました。彼女は料理に関心を払いませんでした。自分のことを性的な人と思わず、セックスが自分にとって重要なものだとも決して考えませんでした。一度に頭の中に留められるのは七つだけということを示す研究がありませんか。その一つが性生活でなけれ<ruby>ば</ruby>ならない、いいなんてことはないんです。あってもよいですが、なければならないなんてことはないんです」

・・・

セックスはジョージアにとっては重要だったが、セリーナにとってはそうでなかった。まもなくエースと自認することになるセリーナは当時、セックスにはノーと言ったが、他のすべてのことにはイエスと言った。ジョージアとそれからも付き合うことにイエス、一緒に同じ時間を過ごすことにイエス、愛情を持っていることに、そして同じベッドで眠ることにイエス、と。

問うことと答えることのプロセスが、セリーナが他者とどう付き合うか、前進する関係にどうアプローチするかについての条件を整えた。「関係とセックスはブラック・ボックスだった。私たちはそれをバラバラにし始めた」と彼女は言う。「私たちは会話を通じて、私にはぶち壊せない機械に見えたものから、その複雑な部分を本当に剥いでいった」。会話のやりとりで明らかになったのは、伝統的関係――一対一で性的――は自分たちにとって上手くいかないが、何か他のものなら上手くいくかもしれないということだった。

そうして二人は、オープン・リレーションシップにすることに決めた。二人は一対一関係を捨て、関係のエスカレーターを捨て、排他的でなく結婚に向かって前進しない関係はどれも失敗だという、関係についての信じ込みを捨てた。二人はセックスするのを止めたが、セックスのない関係は終わらねばならず感情的には乏しいという考えは拒んだ。両者はお互いに献身的なままに、新しいパートナーを探し始めもし、セリーナはヘンタイの界隈に入り浸るようになった。彼女はプレイ・パーティーにのめり込み、「とても、とってても速く」学び取った。ボンデージ、インパクト・プレイ、ドミナンス、サブミッション、どうやって自分の身体が動くか、どうやって自分の身体を動かしたくないか、パートナーの好きなところ、そして好きでないところ、それに人々一般についての好きなところと好きでないところについて。[*3]

「やっと欲しいものについて実際に伝えられるようになった」と、セリーナはかつての探求の時期を振り返って述べる。「「これを求めていて、こっちはいらない」って言えるようになったし、あの空間のおかげで本当の付き合いができるようになった。試しに受け入れなければいけない、そんなブラック・ボックスみたいにみんなを扱うんじゃなくてね。「あなたはとても魅力的だけど、私が求めているのはそれじゃないんだ。一緒にブラつくのはよいけどね」って感じになれたんだ。対して以前は「あなたはすごく魅力的だね、ちょっとやってみよう」って感じだったはずで、数ヶ月ドブに捨てることになるんだ」

こんな笑い話がある。セリーナが行ったほとんどのヘンタイ向けパーティーでは、彼女にとって性的に思えることをしている人は誰もいなかった。「人を縛り上げてるよ、これがセックスなんだ」と言う人がいたが、たいてい、それは性的に感じられるように見えなかったし、どうしてそうなるのか、誰も説明できはしなかった。誰かを縛り上げることが本当にセックスなのか、それとも、ロープといくばくかの信頼がセックスなのか。セリーナはセックスについて気にかけなかったが、ロープを愛してはいて、だからここで起きていることがまさしく何なのか、そして彼女が実際に何を欲していたのかは明らかでなかった。

それは親密さだ、と段々判明していった。セリーナは親密さを気にかけていて、ヘンタイは彼女が他者と親密になる一つの仕方だった。親密さとセックスは同じではない。親密さがセックスの役に立つかもしれないし、セックスが親密さの役に立つかもしれないし、両者はまったく別物かもしれない。人々は親密さとセックスを混ぜこぜにするが、これはセックスとセックスから得たいと思うものを混ぜこぜにするのとちょうど同じだ。性的欲望はしばしば自我の問題で、リビドーの問題ではない。この点に好機がある。

＊3　プレイ・パーティーはBDSMの愛好家が集い、様々な性的なプレイをするパーティー。インパクト・プレイは一方のパートナーが他方のパートナーをぶつ性的実践で、BDSMの一種とされる。ドミナンスとサブミッションは一対となる概念で、パートナーの間で支配と服従の役割を同意に基づいて作り上げる行為や関係であり、性的な場面をはじめとして生活スタイルとしてもこの役割を引き受け合うことがある。

・・・

何年も前、私が自己啓発にもっと関心を持っていた頃のあるワークショップで、私は「ゴール・ファクタリング〔目標の因数分解〕」と呼ばれる技術を学んだ。私は他の若者とテーブルについた。みんな限界まで自分を最善化したがっていた人たちだ。私たちはそれぞれ、一枚の紙のてっぺんに目標《ゴール》を書き入れ、それを丸で囲んだ。私の目標はハーフ・マラソンを走ることだった。次に私たちは、なぜその目標を達成したいのかを自問し、それからその複数の答えを紙の下の方の四角い枠に書き、元の目標と線で結んだ。私たちはなぜ、なぜ、なぜと自問し続けた。

セックスということになると、多くの人々は十分になぜと問わない。セックスを原初的で生物学的な欲求とすることはしばしば、セリーナが気づいて指摘したように、セックスがちょうど同じくらい頻繁に感情的欲望によって突き動かされていることを覆い隠してしまう。性的な釣り合いの取れなさが厄介になりうるのは、まさしくそれが多くの感情的欲求に繋がっているからだ。これらの欲求は、満たされない場合には隔たりと不満足を作り出してしまうのだ。こういった感情的欲求の中には、新しい人を知りたいという欲望から、誰か別の人の欲望を自身の価値のバロメーターとして用いたいという欲望に至るまで、すべてのことが含まれる。現に身体的な発散のためだけにセックスを欲する人もいるが、多くの場合、人は何か別のことへの近道としてセックスを欲している。道具としてのセックス、究極目的――ある気持ち――への手段としてのセックスであり、それは必ずしも究極目的それ自体ではない。セックスは多くの目的に役立つが、より感情的な掘り下げなしには、オーガズムに至るだけがセックスの理由であるように思えてしまうかもしれない。そして、セックスの目的はある気持ちに達することだと認識する人がいても、それに至る唯一のありうるルートは、セックスとその前段階であるように思えてしまうかもしれない。

ジェームズは、触れ合いやキスなしには関係を持つことも、それを楽しむこともできないと信じ込んでいた。かの〔性的な〕塁《ベース》が感情の進展に小ぎれいに沿っているのだから、手を繋ぐのはちょっと親密で、キスするのはより親密で、セックスするのがすべてのうちで最も親密ということになると考える人もいる。現実がこんなに小ぎれいだったり直線的だったりすることは滅多にない。セックスはつまらなかったり人間味のないものであったりもするし、手が擦れるだけでスリリングだということもある。ある人が遥か遠くにいる人と近しく感じることもあるし、同じ人が貫通を伴う性交渉をしながらあまり何も感じないこともある。触れ合いがヒエラルキーにならなくてよいし、セックスが親密さを手に入れる唯一の道でも、いわんや最良の道でなくてもよい。私がアローの友人に意見を聞いたところ、多くの人が、手を繋ぐ方がヤるよりも大問題であるように感じると指摘したり、キスすることが好きでもないのだと言ったりした。人々はある感情を経験したくて、それにたどり着く既知の道で立ち往生する。けれど、探し求めている気持ちがどれなのか考え抜くことができるのなら、ある気持ちにたどり着く道はたくさんあるのだ。

かのワークショップに戻ると、私がハーフ・マラソンを走りたい理由は明らかだと思えた。よい体型になりたくて、困難で印象的に見える何かをしたかったのだ。他の人は私に問い続けた。なぜよい体型になりたいの。だってよい見た目になりたいし、健康的になりたいから。なぜ。だって疲れてダラダラになんてなりたくないから。他の理由は。だってホットになりたいから…でしょ。他の人は続けた。そういったこと全部を達成する他の方法はあるかな。フィットネスの講座はどうかな、それならたぶん、冬の寒さの中を延々と野外で過ごさずに済むよね。ランニング以外のことはどうかな、っていうかランニングはいずれにせよ嫌いだって言ってたね。

今日まで、私はハーフ・マラソンを走っていない。実際のところ、この計画を突き返そうと〔ワークショップに参加した〕人々に思わせたのと同じ理由で、私はおそらく決してハーフ・マラソンを走ることがない。ゴール・ファクタリングの演習はちょっと陳腐だが、何らかの類の目標について考える際には、私は頻繁にあのときの経験に立ち戻っている。目標にコミットするのは簡単だ。動機について問われて、わかりやすい最初のレベルで止まってしまう——よい体型になるためにハーフ・マラソンを走りたいと言う——のも簡単だ。さらに掘り下げ、なぜよい体型になりたいのか、そうするだけの価値はあるのか、他にどうやってそれを達成できるかについて考える代わりにそうしてしまうのは簡単だ。質問されることで、私が真に感じたいことに注目の焦点を本当に当て直すことができた。そこに私を連れて行ってくれそうに見える目標に焦点を当てるのではないのだ。

同じことがセックスについても当てはまりうる。シカゴ在住のセラピストであるキャシーであれば、クライアントが自分はエースかもしれないがセックスはまだしたいと言う場合には、「ゴール・ファクタリング」という用語を用いることはないにせよ、それと似たような実践を行うだろう。つまるところ、ゴール・ファクタリングとは本当は単にゴール・クエスチョニング〔目標の問いかけ〕なのだ。キャシーはクライアントによるエースの定義について、セックスの定義について、他に何が起こっているか、すべてがどんな目的を持っているか尋ねるだろう。「この部屋に誰がいますか」とキャシーは問うだろう。「あなたが部屋にいますね、私が部屋にいます、でも他に誰が話しているのでしょうか。声は、あなたに赤ちゃんを期待するあなたの母親から来ているのでしょうか。声は、社会の渦中にただ身を据えていることから来るのでしょうか。愛することと、つねに、ただしそんなにたくさんではないけれど、セックスすることとを私たちみんなが期待される、そんな社会の渦中にいることからでしょうか。パートナーを留めておきたいですか――声が来るのはそこからでしょうか。自己探求をしたいですか。セクシーであると感じたいですか」

恋愛についての章〔第七章〕で私は、ラベルを飛び越して、欲しいものを直接求めに行くことを提案した。関係において一つの選択肢となるのは、セックスがもたらすとされていることを直接考え抜こうとすることだ。人々がセックスを出会いの究極目的と見なすのを止め、セックスが、起こりうる最も重要で親密なこととしての支配力を失い、欲望されるものを直接求めることが実現可能になるときには、関係することと繋がることのより多くのあり方が明らかになる。「エース・スペクトラムがセックス・セラピーにもたらす最も大きな知見は、アイデンティティのラベルではないと思い始めている」と、エースのブロガーでセラピストのアナグノリは書く。「そうではなく、セラピストに自身の思い込みを再検討させること、「親密性」と「快楽」が本当のところ何を意味するのかについての、セラピスト自身の考えを押し広げることなのだ[14]」

・・・

欲望を再検討することは誰にとっても容易ではない。例えば私は、エースのパートナーがいたことも、エースのデート・アプリに登録していたこともなかった。そういったアプリに十分な人がおらず、私ならアローのパートナーに容易に妥協できると思っていたからというのが一因だ。

長い間、エースのパートナーが単に欲しくなかったからというのも一因だ。私はセックスの身体的な感覚については気にしていなかったが、とりわけ性的に欲望されることのスリルに飢えていた。私自身が性的惹かれを経験することはないものの、他者には私に対する欲望を持って欲しかったのだ。

その二面性は今も私に通ずるところがある。私が性的に欲されたいのは、私が感情的な安心と自身の有能感を得たいからだというのを、私はつねに知っていた。性的に欲されうるということは人が持ちうる最大の財産の一つで、人生自体をくぐり抜けることを容易にする特権と保護の一つの形であり、人々が無闇に欲しがることのある性質である。たとえ私たちが他者に対して同等の欲望を感じることがなくてもそうなのだ（アロマのエースが言うように、恋愛的もしくは性的に他者に関心を持たないからといっても、自分自身が恋愛的もしくは性的に無価値だと思われているのだとしたら、こっぴどく扱われることを免れない）。性的欲望のターゲットとなることは、捨てられることに対する一つの格別の武器で、私の見た目についての不安に対する一つの格別の慰めであると感じられた。そうした不安とは本当のところ、私が人生で欲しいものを得る能力についての不安だったのだけれど。

大衆的な想像の中での肉欲は不随意で裏づけのないものであり、その本質についての事実――それが湧き出でるものであり、制御しがたいということ――のおかげで肉欲は、選択としての愛についてのあらゆる凡庸な言葉よりも強いものになりうる。選択と意図と再解釈と努力、これらすべてが執着よりも弱いもののように見える。愛が選択であることの裏面は、愛するのを止めることが選択されてしまうかもしれないということであり、それに対して、人々が肉欲につきものと考える、強迫的な考えや執着はより揉み消しがたい。私は何か強いものが、簡単には制御されない何かが、何か――うん、そう――原初的なものが欲しかった。感情的に欲望されることはもっと安っぽくて、悲しい、二級品のことに思えた。

私のような態度はありふれている。ジェームズは過去のパートナーに時々、次のように語った。セックスする意欲はあるけど「自分がそこから親密さを得ている一方で、実際にそういう形を取るのは君のためだってことを理解してくれなきゃいけない」と。パートナーはこういったことを好ましく思わないが、これは意欲のある同意を好ましく思わないのとちょうど同じだ。熱意のある同意、「身体的理由でセックスしたい」式の同意を欠くものは、自尊心への一撃のように感じられうるし、ありとあらゆる障壁をものともせずに肉欲を掻き立てる人であるという望まれた自己イメージに穴を空けてしまう。セックスに向かう感情的欲望について人々が疑っていることを私は知っている。だって、その人たちは私に、性嫌悪のないエースがセックスするとき気持ちよく感じるだろうかと聞きたがるからだ。その質問は好奇心から発しているが、心配からも発している。性的惹かれが欠如しているのなら、すべてのセックスが自動的で哀れなセックスになり、楽しまれる《エンジョイド》のではなく我慢される《エンデュアド》ものになるのではないかという心配だ。

セックスがエースにとって気持ちよく感じられるかという質問への答えは、時にイエスで時にノーなのだが、これはアローの場合とちょうど同じくだ。エースの人もアローの人も同様に、多くの人々はセックスへの自発的な欲望を感じるのだが、その精神的な欠乏を感じ始めるのは、(同意による)身体的触れ合いが始まって、自分の身体が興奮してからのことだ。反応的欲望と呼ばれるこの過程はゆっくりとしたウォーミング・アップで、「始めたらのめり込むはずだ」というものだ。[15] それはありふれていて、しばしば意欲のある同意の核にある。セックスは惹かれ抜きでも身体的レベルで気持ちよく感じられることがある。セックスが「至上のマスターベーション」と評されるのを聞いたことがあるぐらいだ。他の人にとっては、魅力が感情的もしくは知的であるということが、魅力の力を弱めはしない。ニューヨーク在住のライターであるジェシカは性的惹かれを経験しないが、セフレを作るのを楽しんでいる。ジェシカが自分の身体のために求めたルールは「ウエストより下はなし」というものだが、彼女は他の人々の性的欲望とセクシュアリティを止めどもなく魅惑的に思っている。「それって知的にとても刺激があって、私にとっては楽しい」と彼女は言う。「一つのゲームだね。よっしゃ、これとこれとこれをしたら何が起きるんだろ、あれについてはどうかな、みたいな。その人をいわば分解してみて、その人が何をするだろうか、何がわかるようになるのか、何がその人を喜ばせるのかを理解することなんだ」

最も大きな違いは、アローと比較してエースは、セックスが気持ちよく感じるのにたいていもっとずっと多くの努力がいること、またさほど難なくセックスが退屈だとか心地よくないとかと感じるということだ。食べ物の比喩に戻ろう。腹ペコのときに食べることと、満腹ではあるが軽食を分かち合う意欲のあるときにそうすることとの違いを想像してみてほしい。空腹でないときも食べることを楽しみうるが、食べ物それ自体が空腹を満たすのでないときには、社会的な側面に、もっとずっと多くの関心を寄せられる必要がある。単純にそうでなければならないのだ。

正しい仕方で欲望されないことでフラストレーションを感じるし、こういったストーリーから外れて行くことには努力がいる。しかし、他の種類の欲望も、ちょうど同じくらいうっとりできるものであり、その締め付けもちょうど同じくらいに揺るがしがたい、ということもありうる。意欲のある同意と他の形の感情的欲望は、気遣いの身振りでありうるし、そこから探求し、楽しむべき出発点でもありうる。選択の結果として行うことは意義深いし、そういったことに必要な努力は大いなる愛の印だ。たとえそういったことが、制御されない強烈な身体的熱情によって突き動かされるものではないにしてもだ。誰かがあなたを幸せにしたいからといって努力していることほど、ロマンティックなものはほとんどない。そういうものなんだ。

視点を変えるには、セックスに対する感情的欲望を高めることと、努力をロマンティックなものとして見ることとが必要だ。私たちが単に肉体的でなく感情的に欲するものにみんなが注意を払うことや、そういった欲求を満たす、新しい（もしくは他の）方法を見つけることも必要だ。こういった挑戦が、他者をより完全に、多面的に知ることの始まりになりうる。一般に懸念されるのとは異なり、しばしば関係性にはもっと余裕があるのだ。

コロラド在住の映像作家ジー・グリフラーは当初、交際することなんてまったくできないと信じ込んでいた。性的な釣り合いの取れなさを巡って三度の交際が終わりを迎えた後では、試してみることさえ無駄に思えた。交際を完全に避けることの方が、試してみることや感情的にもつれること、痛みをもってそれを終わらせることよりも好ましかった。「他の点では完璧な交際であっても、自分がそれをセックスしたくないからって捨てることになるなら、わざわざ気にしなくてよいよね」とジーは言う。「自分に必要なデータはもう取得済みだし、もし自分が人を傷つけ続けることになるなら、あんな経験を繰り返す理由なんてなかった」

交際を考えることを拒んで数年後、ジーはもう一度デートしようという気になったが、これはまさしくジーがアセクシュアリティについて学んだからだ。アセクシュアリティの存在が、自分はなぜ異なるのかという積年の問いに答える助けとなり、交際中の他のエースの語りが、ジーにとっても交際が可能でありうるように思わせた。「新発見だった」とジーは言う。「興味津々になったね。「あ、文化的な物語のやり方じゃなくて、きっと自分のやり方でもう一度やってみるべきなんだ」って感じだった」

ジーはあるパーティーで現在のパートナーに出会った（「この一文についての全部が、自分のあり方とはかなり違うんだ」、それは〔出会いの場となる楽しい大掛かりなパーティーではなく〕「選挙後の悲しみのハウス・パーティー」だったとジーは私に言い聞かせる)。二人は連れ立って出かけるようになり、一日もせずに一緒になった。ジーのガールフレンドにとって、セックスは他人の心に触れる方法だ。ジーにとってセックスは、交際が始まって二週間経ったらもう、「なんとなく楽しい」ものから「根っから雑務的な」ものになっている。セックスは嫌悪を催すわけではないが、ジーが気にかけることのない他人の趣味みたいなものだった。たとえて言うならボーリングのようだった。「ボーリング大好きでしょっちゅう行ってるような人が知り合いにいるとして、それってすごく素敵なことだよね」とジーは言う。「でも自分は、たぶん数年に一度ボーリングに行けばいいくらいで、ボーリングのために靴を買うこともないんだ」

このように認識したことで、自分がガールフレンドを不当に拒んでいるとか、彼女の欲求を満たせていないとかという罪責感が自動的に取り払われるわけではなかった。「それを乗り越えなきゃならないし、基本的には自分を守ってやらなきゃならない」とジーは付け加える。「これが自分の感じ方で、この点以上には性的に親密には絶対なれないだろうってことでよしとしてもらわなきゃね。そういうことがもしかすると起きるかもしれないけど、たぶん起きないんだ」ってとこまで、ようやくたどり着いたんだ」

二人はオープン・リレーションシップの状態だが、それは万能薬ではない。セックスを欲する人は誰か別の人とセックスできるが、混乱と憤りはそれでも出てくるだろうし、欲望と欲求と欠乏感についての会話は〔パートナー同士が〕近しくあり続けるためには必要だ。「〔自分のガールフレンドの〕経験では、人と親密になるための唯一と言ってよい方法はセックスで、さもなくば親密にはまったくなれないだろうってことだった。だから、かなりの方針転換と交渉が必要だった」とジーは付け加える。「彼女が「あなたといるとあんまりセックスしなくてもよいって感じるの、だって他のことでとっても親密になってるし」と言ってくれたことがある」。二人にとっての親密さは、抱きしめることや手を繋ぐこと、「必ずしも服を脱が《アンクローズド》なくてよいけど密接《クロース》でいること」、そういったことをたくさんすることのようだ。

誠実さ、よりよいコミュニケーション、そして欲求の再解釈が、多くのエースとそのパートナーにとって、繋がり合うためにいかに多くの選択肢がありうるか発見する助けとなる。「セックス以外にも、私ができる単純なこと——彼に優しく触れるとか、話してる間は電話に出ないとか——があって、そのおかげでパートナーは認められていると感じられるようになるって気づきました」と、十年以上にわたってパートナーと共にいる学者のアリシアは言う。カップルとしての二人が、セックスはあらゆる類の問題への入り口であると気づき、またそれが、強くありたい、尊敬されたいという彼の欲求と、男性の怒りに対する彼女の恐れとに関連していると気づくようになったのは、近年になってやっとのことだった。セックスは重要だと言うのは簡単だが、セックスが重要なのはセックスの欠如が恐れと不安を作り出すからだと言えるほど十分に弱みをさらけ出すのはより困難だ。けれど、その「なぜ」と「だから」こそが、関係をより鮮明で誠実な場へと導いてきたのだ。

・・・

私が自分を呪いたくなるのは、問いを持ち続けてはいるにもかかわらず、知識だけでは厳然とした限界がありうるという注意喚起的な教訓として自分が機能してしまっていることだ。この悲しい現況は、時に「知見の誤謬」と呼ばれる。問題を理解すればそれを解決できるだろうという誤った信じ込みのことだ。ジーが言ったように、アセクシュアリティについて知ることは最初の一歩だが、手っ取り早い解決ではない。知ったからといって、ジーは自分のパートナーには自分とセックスする権利があると感じずにはいられない。アセクシュアリティについて一冊の本を書くことも、私の関係の底に時として横たわっている不安を和らげるのには、ほとんど役立たない。

私のボーイフレンドのノアにとって、私たちの関係は、一緒に寝る前に友人として付き合っていたという初めてのケースだった。私にとって、私たちの関係は、セックスに関わる奇妙な時期の始まりだった。以前の関係はすべて長距離でのものだったが、ノアはいくつかの州を跨いだところではなく、近くの公園越しに住んでいて、晴れた日ならまっすぐ走って十分で我が家に来られるほど近い距離にいた。彼が手の届くところにいることで私は不安になった。より重要なことに、今回は私がエースと自認してから築いた初めての関係だった。私たちは当初、たくさんのセックスをして、それゆえ私は自分が本当はエースじゃないのではないかと思い悩み始めた。それからセックスをしなくなり始めた。特にあまりセックスしたくなくなったのは私で、そこから私の性的な思い悩みの新時代が幕を開けた。

セックスはほとんどすべての関係において停滞するものだし、私はノアからも他の誰からも何ら明確な外的圧力を感じたことはなかった。私が何とかする必要があったのは性的欲望ではなく、私が自身にかける圧力だった。セックスは象徴的なものでありうる。そして、私は自分自身がそれをあまりに重要になりすぎる象徴へと変えていくのを目の当たりにしたのだった。セックスをしたくないときには、そのことが何を意味するのかについて、それがあたかも何かを意味する必要があるかのように思い悩んだ。セックスをして、とても細かいことで上手くいかないことがあったり、自分自身が楽しめなかったりするときには、関係が坂道を転げ落ちているのだと確信した。一週間セックスしなければ、動揺を感じた。私たちのいずれもセックスしたくなかったとしてもだ。その陥穽を名指すことはできたが、それでもやはり私はそこに陥った。

まもなく私は、アイデンティティのラベルと知識が解釈にどう影響するかを操ろうとしている自分に気づいた。ただ、結果はつねに安泰ということはなかった。アセクシュアリティについて知る前には、セックスへの欲望が衰えると、「すぐに戻ってくるでしょ、みんなもそうだし。大丈夫でしょ」と肩をすくめて言ったことだろう。今や私は、自分が奇妙にも本質主義者になっているのに気づく。これが私の真のありようなのかと、またしても思い悩み、気分を害し、そして、気分を害するほど愚かであってはならないからといってまた気分を害するのだ。それは私にはあまりにお馴染みのワンツー・パンチだった。

私が最もセックスしない傾向にあり、そしてそのことを最も恐れていた時期はおそらく、母が若年性アルツハイマーの診断を受けたことに端を発した一年ほどの抑うつ的な期間と関係している。また、それは社内政治と本書を終業後に書くこととのストレスによってさらに拗れた。こういったことはすべて、当然と言えば当然で、理屈に合うことでさえある。けれどそれはやはり、根っこのところでは何らかの形でセックスしたくなるだろうと私を安心させるために目論まれた、一種の頭の体操なのだ――そしてその安心の核にあるのが、強制的性愛の牽引力なのだ。他のみんながセックスを二度としなくてもよいのだが、しかし私個人は、本当にそうする必要があって、さもなくば悪いことが起きそうなのだ。

私の恐れは関係維持をめぐる懸念にとどまらなかった。ノアは、私が二度とセックスしたくないといつか決心したら、二人でそれについて話し合い、オープン・リレーションシップや他の妥協案について考えようと言ってくれている。彼は私に何度も何度も、誰しもいつもセックスしたいわけではないのだと、それは思い悩むべきことではなく、自分がセックスしたいのは私がそうしたいときだけなのだと言ってくれている。私は彼を信じているが、それでは十分ではない。私の関係がリビドーに縫い付けられてはいないのは幸運だが、それでも私は、それ以上を欲しがりに欲しがっている。

ほとんどの人々にとって、私たちの人生は知見の誤謬の連続だ。ヘンリーといたときには、自分の恐れと不安が私たちの関係を傷つけているのだと理解していた。私には意欲があったし試すことはしたものの、私がどれだけ熱心に努力しようとも、積年の感情的重荷を私自身からすぐに取り除くことはできなかった。ここでも同じだ。私が学んだこと——強制的性愛について、同意について、もしくは私たちによるセックスの特権化や、そのことがどのようにして文化的に染み込んでいくかについて——が恐れを穿つことは、ほとんどなかった。エースの言説に浸っているにもかかわらず、私は夜遅くに、とても気分が悪くなるときがあって、エースであることがとても嫌だと、「フツー」だったらよかったのにと、選べるものなら他のものになるのを選ぶのにと叫び出したものだ。

言わせてほしいことがある。本節を書いているとき、私は誠実であろうと葛藤した。いまだにノアと私がどれほどしばしばセックスしているかについて、自己弁護的な補足説明を重ねに重ね、付け加えたがっている自分自身に私は気づいた。私が性的にどれほど寛大であるかについて〔過去の〕パートナーたちがしばしば見解を示してくれたこと、私がセックス・クラブを訪れたこと、私が断固として、絶対に、カマトトなんかではないことについて語る長い節を、私はカットした。馬鹿馬鹿しいとわかっているジレンマと私は葛藤した。もし真実を――〔セックスについて〕偏見はないけれど、ほとんどいつもセックスには無関心だということを――告げれば、私は自分が一人の本当のエースであると証明することになるだろう。もし真実をぼやかし、私が欲するすべての部分を強調するなら、私は自身を見られたいように見せることになるだろう。

　私はノアのために真実をぼやかしたかった。私は彼を守ってあげたくて、もし人々が私についてのこのことを知ったら彼を気の毒に思うだろうと思い悩んだ。私の方が彼よりもずっと困っているにもかかわらずだ。そして私は、自分自身のためにも真実をぼやかしたかった。強制的性愛とその否定的効果について考える際、私は自分が正しいと信じているが、自己正当化は、私がかつて信じていたほどには便利な感情ではなかった。それは、私が人生にわたって消化してきた、〔世間に〕もやっと漂う他人の考えに対する、十全な緩衝材ではない。個人的なこととなれば、自分の信念に沿って行動することがしばしばできなくなってしまう。

　ここで最も大きな助けとなっているのはノアその人だ。ノアは私と違い、ジェンダー・セクシュアリティ研究に浸っていない。彼は私立学校に通っていた、北東部出身のストレートの白人男性で、子どもの頃には親戚を訪ねフランスで夏を過ごした。私はセクシュアリティと同意について読書するのに時間を費やす人だ。彼は、全部大丈夫だよ、と私に温かく告げてくれる人だ。

・・・

強制的性愛を理解することで人が自分自身をつねに擁護できるようになるわけではない。人種差別を理解することで人々が無意識の人種差別主義者《レイシスト》にならなくなる、というわけではないのと同様だ。問題となるのは「フツー」でないことではなく、人々が欲すること——そして人々が欲することは、信じられている以上に根深くなるかもしれないこと——だと肝に銘じていても、そういった期待から権力を剥ぎ取れるわけではない。セックスがしばしばメタファーであるからといって、そういった象徴的意味合いをすべて剥ぎ取れば何ものも残らなくなるとか、象徴的な存在である私たちがそもそもその象徴的意味合いを完全に剥ぎ取ることができるとか、そんなことにはならない。どれほど私たちがそうすることを望もうとも、できないのだ。〔社会的な〕筋書きを名指し、認識することができるからといって、その問題を解決し、関係を救う保証はない。しかしながら、話さないことにより、その筋書きが権力を持ち続けることは保証されてしまうだろう。話すことは十分ではないが、必要なのだ。

関係においても人生のその他の部分においても、すべてについて話し疑えという助言はラディカルには聞こえない。まぁね。多くの専門家と学者に話をしに行ったとき、すべてのことを直してくれる一つの不可思議なワザ、できれば手っ取り早いヒントを共有してもらいたかったし、それがたとえ新奇な技術でも受け入れるつもりだった。けれどそれどころか、セラピストと他の専門家たちは、この明らかな助言を何度も何度も私にしてきたのであり、それを学べば学ぶほど、いかに誰もそうしたがらないのかを私は認識していったのだ。

人々は話すことを避けるのにお金を払う。このことがたいそう明らかになったのは、私が日中、科学記事の記者として働いている最中に二五〇ドルの吸引機式の装置のセールスを受けたときのことだ。その装置は女性がよりセックスを欲するようにすると、つまるところ女性の性器に前戯をするかのようにしてそうすると謳っていた。その装置は交際中の女性を狙ったものだったので、私は〔装置を売る〕CEOに、顧客はどうしてパートナーに本当の前戯を頼まないのか、無料なのに、と尋ねた。すると、それまで誰もそんな質問はしなかった、と言われた。その答えが示すのは、女性たちはパートナーに頼みたがらないということだ。女性たちは圧力を感じていたのだ。話すぐらいなら小道具にお金を払いたいのだ。

さもなくば、人々はひっそりと情事を持つ。『ニューヨーク・タイムズ』「現代の愛」コーナーの広く読まれたコラム「既婚男性と寝ることが不貞について教えてくれたこと」において、カリン・ジョーンズはこれらの既婚男性の状態を記している。「けれど、二度目の夜を共に過ごして、これが彼にとってセックス以上の問題なのだとわかった。彼は愛情が欲しくてたまらなかったのだ」と彼女は書く。「妻と近しくなりたいができないのだと、なぜなら二人が過去の根本的な断絶を乗り越えられていないからだと彼は述べた。断絶とはつまりセックスの不足で、それが近しさの不足となり、それによりさらにセックスすることがなくなり、恨みと非難に転じたというのだ[16]」

セックスの不足が近しさの不足を悪化させるかもしれないというのはもっともらしく思えるが、どちらがどちらを引き起こしたのかは、私にはあまり明らかでない。近しさの不足に別の仕方で対応することで、セックスの不足を解消する助けとなるのではないか、もしくは少なくとも、両者がセックスの不足と他の選択肢について話し合う力を育む助けとなるのではないかと思う。誠実かつオープンに意思疎通すること――両者が話すことを気兼ねなくできると感じるように――は、居心地が悪く痛みを伴う。それは不公平でもある。なぜなら声のあげやすさには差があるからだ。しかし、何らの居心地の悪い会話なしに理解してもらうという生き方は、誰にとってもありえない。話すことと聞くことが、意図を明確にする唯一の確実な仕方だ。私は調査し相談すればするほど、一つの不可思議なワザなど存在しないと、唯一の出口はやり切ることなのだと受け入れていった。

セリーナもこれに気づいた。セリーナはまだジョージアと共にいるが、他のパートナーも見つけた。ダニエルという名の男性で、彼女は彼とドミナント／サブミッシブの関係であり、また、彼女とジョージアの二人が共にデートする人もいくらかいる。彼女はあるパートナーたちとはセックスするが、別のパートナーたちとはしない。すべてはその人個人と文脈とにかかっている。「こうしたすべての関係を通してずっと衝撃を受けているのは、いかにセックスが重要でないものであってよいか、そして、いかにそれがすごいものであってよいか、にもかかわらず他のこと全部と比べたらいかに大した意味がないかってことだと思う」とセリーナは言う。「私はセックスを、することのできる数百ある親密なことの一つだって思ってるし、他の親密なことすべてとまったく同じように、それには長所短所があって、リストのてっぺん近くにあるなんてことは絶対にないんだ。一週間のどの曜日だって、私はセックスするより髪を引っ張る方が好きだし、だからといってセックスが嫌いなわけじゃない。ちゃんとされるのであればね。ダメなセックスだったり誰もそのやり方を知らなかったりするなら、そんなに楽しめない。鞭の使い方を知らない人に鞭打ちされるようなもんだよ」

ジョージアと早くにああいった会話を持てたことに彼女は感謝しているし、自分自身と他人についていて、こういったことすべてを学ぶ機会があったことに感謝している。彼女は今や知っている。いかにセックスが重要か、そしてこれが扱いうる難題であるかどうか、また、人生と愛において何を本当に気遣うのかは、当の関係にある人々が決めることなのだと。セリーナにとって、セックスは不必要でありうるし、関係を豊かにする仕方でもありうる。それは決してゴールではない。

第10章　アナ

二十年を経て二人の子どもをもうけ、結婚生活は終わった。メレディスはすでに去った。息子たちは十一歳と十五歳で、今はずっとそばにいるわけではない。アナは彼女だけの空間で、自分自身の考えを持って――ただしアナというのは、このときはまだ彼女の名前ではなかったが――、自分が望むようにしてみようと決めた。プライバシーはもはや贅沢品ではなかった。返事をしなくてはならない他人がやっといなくなったのだから。

まずアナは、自分が長らくできなかったけれどそうしたかったように、スカートとワンピースを着ようと決めた。次に、いいいいもうたくさんと言おうと医者のところへ足を運んだ。テストステロンは上手くいかなかった。それは彼女の性欲動を増やすとされていたがそうならなかったし、彼女を男性なんかにすることもなかった。他人が言うには彼女のあるべき姿である、男性なんかには。

アナは全部を打ち消して釣り合わせるために、代わりにエストロゲンを試してよいか尋ねた。医者はそれも一つの選択肢だと言ったので、アナは数ヶ月それについて考えてから再び来院してイエスと言った。彼女はエストロゲンのクリームを使い始め、それから使うのを止め、それからまた使い始めた。つける、つけない、それからまたつけるというのを続け、ある日、彼女が鏡を覗くと、胸ができ始めていた。

これはアナが考えていた結果ではなかった。身体的変化は彼女が完全には気づかないうちに始まっていたのだ。しかし気づかなかったとしても現に起きていたことで、アナは下すべき決定を迫られた。戻すか、続けるか。何も変えないというのも選択していることになるはずだが、アナは今回は受動的でありたくなかった。

・・・

人生のほとんどを、アナは自分が欲しいものを知らずに過ごした。彼女の家族は、彼女が欲しがることになっているものを知っていて、それを彼女に言い聞かせた。彼女の属する宗教の指導者たちもそれを知っていて、彼女に言い聞かせた。彼女がデートした、自信に溢れた女性たちも知っていて、彼女に言い聞かせた。アナは耳を傾けた。彼女は周囲を見て、他人が欲するものに気づき、他人を真似ようとした。

私たちの多くは、他の人が欲望するのを見ることで欲望するようになる。私たちはジョージ・

クルーニーを欲望するようになる。なぜなら雑誌『ピープル』が彼はこの世で最もセクシーな男性だと言うからだ。私たちはビーチに出るための身体を欲しがる。夏はもう数ヶ月でやってくると私たちにしょっちゅう喧伝するマーケティングのせいだ。理論上は、模倣的な欲望にはまったく問題がないかもしれない。実践上は、世界は中立の場ではない。人生の多様なビジョンを体現してくれる多様なタイプの人々が周囲にいることは滅多にない。それゆえ〔そのようなビジョンから自分に〕一番ぴったりのものを自由に選べることも滅多にない。自分のありようを知らなかったり、自分の欲しいものを知らなかったりしても、世界があなたのために決定するだろう。世界はいくつかの選択肢を見せ、それらが唯一の選択肢なのだと告げるだろう。本書のいたるところでとても多くの人が言ってきたように、〔その選択肢から〕一歩退くには積極的な努力がいる。一呼吸おいて、自分が欲しいものをわかっていないかもしれないが、与えられてきたものは決して正しいようには感じられていないと自白するのに十分な空間を作り上げることすら、努力がいるのだ。

世界が彼女のために選んだあり方がどのようなものであったか話すとき、アナは悔やんだ表情だ。どこか自身を責め返しながら、協調して動くことがいかに彼女の本来のあり方であるか、そして決定を下すのはただ問題をもう無視できないときだけだったことを、彼女は強調する。渡された筋書きを、その意味が時に不透明であるにしても受け入れることは、複雑な問いに取り組むよりも簡単だった。そういった問いへの答えは、彼女がすでに持っているものを脅かしかねなかったのだ。彼女が自分の受動的な性格を説明するときには怒りと心残りが伴われてもいて、心の内で思い悩んでいた何年もの間にもっと抗っていれば事態は異なっていたかもしれないと、どこか問うているようだった。

彼女が自身を責める理由を私は理解できる。しかし彼女と話すとき、私はただ、自分も受動的だと考えるだけなのだが、そこには彼女より三十年後に生まれ、彼女の子ども時代よりもずっと心の支えとなる、リベラルで世俗的な文化に育ったという利点がある。多くの人々は受動的で、私たちはみんな〔社会や文化の〕指示と期待に浸っていて——セックスと交際に関してだけでなく、人生すべての側面において——、そういった指示や期待は圧倒的に感じられる。筋書きを拒むことは、それらが何と置き換えられるべきかが明らかでないときや、他人が同じことをしているのを見たことがないときには、とりわけ難しい。

アナのストーリーはアセクシュアリティについてのことで、家族と宗教、ジェンダーと年齢と関係についてのことだ。それは、善意が物事をどのように進めうるかとか、新しいアイデンティティを見つけることですべてが一件落着するとかといったような小ぎれいな物語ではない。それは、欲望とアイデンティティが溶け合って移行するさまについての物語であり、また、期待されているものを見つめ、それが自分の欲しいものか思い悩み始めることについての物語であり、あるカテゴリーに経験を合わせ、それが一体全体何のためなのか思い悩み、やり直した数十年についての物語だ。

・・・

アナは一九六〇年代にユタで生まれ、出生時には男性として性別を割り当てられた。羊牧場経営者の孫である彼女には、れっきとしたモルモン教の家族があり、れっきとしたモルモン教の少年になることを期待されていた。[*1] そうなる代わりに彼女は、感受性が強く心配症だった。それが父親の目にとまったことで、父は彼女を調べ上げ、それから彼女を泣き虫だと批判したものだった。

モルモン教の子どもたちは、幼いときから性別によって分けられた。男の子たちは、将来の使命に備え、教会の会合に通い、女性と家庭を導くことを学んだ。女の子たちは婚礼のために稽古をし、家の守り方を学んだ。アナが当てはまるべきところは明らかだったが、四歳になる頃にはすでに、彼女は自分が当てはまりたいところを自問していた。それは彼女が下すことのできる決定ではほとんどなかったのだけれども。

彼女には、自分が男の子たちに属するようには感じられなかった。怖がりで運動音痴なことで虐められていたとき、彼女が十分に彼らのようでないときには、そう感じられなかったのだ。女の子たちに属するという選択肢もなかった。それは異なる、封鎖的な世界だった。思い出が一つある。一年生のとき、女の子たちが横に並んで座りお互いの長い髪で遊んでいるのを見ていた。アナはその世界の中に入りたくて、その世界の一員になりたかったが、そこに入るのを認められはしないだろうとわかっていた。

子ども時代のルールは思春期のルールに変わり、さらに意味のわからない指示のように感じられた。誰かまったく別の人に起きているかのような一連の変化だった。アナは自分がデートをすることになっているのを知っていて、デートの仕方を知っていた。車を準備する。誰かを車に乗せる。その女性を夕食に連れて行く。おやすみのキスを躊躇うふりをする、というように。

そのステップは明らかだったが、動きに意味があるように感じられなかった。車とデートとキスは、アナが欲するタイプの絆にちっとも近づけてくれないように思えた。「振り返ればわかるんだ。女の子たちは、私から自分たちに向かっている性的欲望があると思い込んでいたんだって。女の子たちはそれに対して自分自身を守らなきゃいけなかったんだって」と彼女は言う。そ

＊1　ユタ州は合衆国西部の州。州都ソルトレイクシティにモルモン教の本部がある。

ういった衝動は彼女の中にはまったくなかった。少なくとも身体や触れ合いに対してはなかった。彼女のクラスメイトたちにとっては、注意深く段取られた動きは、望まれているゴールに自分たちが達するのを助けてくれるものだったかもしれない。アナにとってはそうではなかった。彼女はデートするのをすっかりやめた。

けれど、一人の女の子がいた。マリアだ。彼女の名字はソリス（Solice）で、「慰め《ソリス》（solace）」と発音される。マリアはユタの他のほとんどの人と違ってメキシコ系で、カトリック教徒でもあった。これは当時は、アナの言うように「すごくエキゾチック」なことだった。アナがマリアと教会に行き、それがどんなものか目にするようになると、アナの両親は彼女がカトリックに手を出すのではと思い悩むようになった。

アナとソリスの間に身体的な親密さはなかったし、その兆しとなる動きも何らなかった。代わりにアナとマリアは、感情的な近さを共有した。それは分類したりカテゴリーづけしたりできないものだったが、二人が電話で数時間話す際に感じられた。「彼女は私に合わせることができたんだ」とアナは言う。「私が留まり葛藤するこの強烈な場所で、彼女は私に合わせることができたんだ。私は一番困難なことに単に向かっていくのが好きでね」。極めて簡単に説明し直してみれば、ほとんどの人々は実際にはその他大勢の人にすぎないけれど、アナはマリアと一緒のときに最も真の自分になれると信じていたということだろう。

今日なら、そういった絆はクィアプラトニックな関係とか、性的でない恋愛とか、もしくは単に愛とかと呼ばれるかもしれないが、その絆ができた当時は、アナが目にしてきた、他人によって手本とされているどんな形の友情とも恋愛とも違うものだった。それは廊下で手を繋ぐこととは違ったし、車に乗って夕食に行くこととも違ったし、友人たちと飾り気なく出歩くことと も違った。「彼女はずっと私の意識の内にいる」と、アナはマリアについて言う。強い豊かな繋がりの記憶として残っているのだ。マリア自身が妊娠し、結婚し、高校を中退したその後でさえも。「私の人生から彼女が消えた後、ものすごく嘆いた」

数十年後、アナが三十代になり、のちに結婚することになる女性とモンタナで同棲していたとき、マリアから電話があった。三人の子どもをもうけたのち、マリアは高校時代に結婚した男と離婚していた。また独身となり、母ではあるが今や妻ではないマリアは、そういった他の役割に乗っ取られる前の自分がどんな存在だったかを思い出そうとしていた。マリアは、どこで自分が止まってしまったのか、最後に自分がマリアであるように感じられたのは誰といたときだったか、真っ先に自問したのだった。

「あなただよ」とマリアはアナに告げた。「あなたが、一緒にいて私が私自身でいられた最後の人だった。あなたに話をする必要を感じたんだ。だって、あなたに話をすることが昔の自分に繋がることだったから」

こんなタイム・トラベルを共有するなんて、いかに奇妙で、いかに力強かっただろう。マリアが現在アナに話をしているだけでなく、マリアが昔のマリア自身に話をしていて、それを今日のマリアと一致させ、さらに今日のアナが、同じ強烈な思いこがれの気持ちにまっすぐ引き戻されている。「その会話をめぐって、こういう現実的な境界線を引かずにはいられなかった」とアナは言う。「私がそのとき立っていた人生の地点を考えれば、そのことをあまりに大っぴらにすることはできなかったんだけど、その会話のおかげですごく心が揺さぶられた。だって私は、私が思いこがれているというこの気持ちを、いつも本当に大きなことにしてたんだから――でも彼女もそうだったのかな。そんなふうだったのかな」。そうだよ、とマリアは言った。そしてそれがずっとありがたいこと《ギフト》だった、と。

・・・

高校最後の年、アナは地元のカレッジで社会学の授業を取ったが、教授はちょっとしたエロジジイだった。授業の最終提出課題として、学生たちは社会的逸脱に関する個人的幻想について書くよう要求されたが、この課題はこの男性の知的でない好奇心を満たすことを目論んで出されたと思われる課題だった。

落第することなく教授のエロ目線を避けたいと思ったアナは、セリバシーについての逸脱的幻想について書くことを決心した。彼女の解決策は賢明なものだったが、それは嘘ではなかった。マスターベーションをするかとしばしば尋ね、他の性癖についても問うてきた監督[*2]と会わなくてよいような、性的な激しさと性的な監視のない世界を夢想してはいたのだから。「あなたの欲しいものを我々は知っているのだ」式の淫らな冗談っぽさは、そんなのまったく欲しくないとわかっているときには不愉快に感じられた。

セリバシー的な生活は一つの自由の形を表していた。修道僧になるのが夢になってしまいそうだった。とはいえアナは、修道僧とは何なのか、そんなものはモルモン教にはなかったので正確には理解していなかったが。彼女の企画は同時に、教授に対する叱責であり、道を見失っていることの告白でもあった。彼女は自分が欲しがるとされているものを欲していなかったのだ。彼女

＊2　ここで「監督」と訳した語はbishopで、この役職はカトリックやプロテスタントにおいては比較的大きな教区をまとめる人を指すが、モルモン教においては地元教会の指導者（カトリックの司祭やプロテスタントの牧師に相当するもの）を指す。宗教的信仰を持つ、アセクシュアルをはじめとした性的マイノリティは、生活の身近なところで助言を求めることになっている人物から性的なことについて詮索されかねないという恐れをしばしば抱いている。

は他人を十分に上手くコピーできていなかった。アナはれっきとしたモルモン教の男性ではなくて、だから彼女にはそこから逃れ出る必要があった。

脱出先となったのはペンシルベニア州のスワースモア・カレッジだった。そこはユタからは何千マイルもあるリベラル・アーツ・カレッジで、モルモン教会から抜け出るチケットだった。一九八〇年代のことだった。ユタの州都で認められていなかったことがここでは黙認されえて、それでアナはスカートとワンピースを着るようになった。他人には、その服装は男性にとってのジェンダー表現を広げるフェミニズム的な行為だと言った。自分自身には、単純にそれは自分のしたいことであり、高校時代に西部から抜け出て密かに試したことだと認めていた。自由であることは最高の気持ちだったが、スワースモアでさえ代償を伴った。キャンパスでのあるイベントで、一人の男性教授がアナに嫌悪の視線を投げた。そしてその瞬間、今ここでならこんなふうな着こなしができるけれど、より広い世界ではできないし、ずっとできもしないのだとアナは知った。

大学一年のとき、カリフォルニア出身のルースがアナに懐いた。強引であることを恐れず、自分の欲しいものを確信しているルースは、関係の持ち方をアナに気楽に告げ、セックスすべきときを気軽に告げた。アナが怖がるのは問題とならなかった。実際に問題になるまではということだけれど。初めて二人がセックスしたとき、アナは精神的に参ってしまったのだ。彼女は部屋をすぐに脱け出し、キャンパス周辺を、またもっと先まで、数時間にわたり歩いた。

身体的な感覚は圧倒的だったが、欲するところには繋がらなかった。「精神的に参ったのにはとても多くの理由があるけど、その最も深いところは、これは私にはわからないなってことだった」とアナは言う。「この経験を理解できなかったし、私が欲しかった、私を繋ぎ止めてくれるところを持たないまま、事に及んでしまってた。セクシュアリティをめぐっては、私は自分が自分だって感覚がなくて、それでパニック発作になったし、起きていることの意味がわからなかった」。何らの物語なしに、身体的経験が何かを言わんとするのを助ける構造や受け皿となるものなど何らなしに、そういった感覚が起きていたのだ。これまでの指示は使い物にならなかったのだ。

・・・

二十代後半になって、アナは著作業を究めようと決心した。そしてマサチューセッツの奨学金プログラムで、彼女はメレディスと出会った。超早口で超鋭い女性だった。「私のところに来なよ」とメレディスは言った。「そしたら夕食作ってあげる」。二人はスコッチを飲んだが、アナはくつろげなかった。メレディスが言い寄ってきたとき、アナはノーと言った。

二人は結局セックスしたが、アナは自分が気になってくつろぐこともできず、その経験から隔たりを感じた。大学以来、これ以外の関係も複数持って歳を重ねた今となっては、アナは自分がしなければいけないことを知っていて、実際それをした。アナはノーと言うこともできたが、それは際限なくできることではなかったのだ。その後、彼女はセックスが素晴らしいものであるかのように装った。メレディスがアナをかつてまったく経験したことのないレベルのよいセックスに導いてくれたかのようにだ。メレディスは自分の知恵を共有したがる性についての教師で、アナは意欲ある学生で、二人はそれらの役割を長い間演じた。

奨学金は数ヶ月後に終わり、二人は一緒に引っ越すことを決心した。両者とも西部を出たかったのでモンタナを選び、そこで一年半後に結婚した。アナはセラピストになるため勉強し、メレディスは著作業を続けた。メレディスは子どもが欲しかったので、二人の息子が生まれることになった。「あの関係については、元気づけられること、強いこと、よいことがとてもたくさんあったよ」とアナは言う。「私たちは深いレベルで本当に繋がっていた。お互いに真剣に惚れこんだし、セックスという部分がなければ、正直なところ私たちはいまだに一緒に過ごしているかもしれない」

・・・

セックスは最初から問題となった。初期においてすら明らかだったのだ。かつてメレディスは、何であれあらゆることは実はセックスに関係するのだと言ったことがある。

アナは衝撃を受けた。何の話をしてるのと彼女は言った。いや、そんなわけないよ。

メレディスも反対にショックを受け、何を言わんとしているのかアナに尋ね、セックスがあらゆるところにあるのが理解できないのはどういうことなのかと尋ねた。メレディスにとっては、セックスという存在が世界を満たしていた。セックスは他のあらゆることに意味を与える助けとなる生命線的なエネルギーだった。アナにとっては、何事もセックスに関係などしていない。セラピストとして、彼女はセックスに知的に関心を抱いていたし、顧客とセックスについて話すのを楽しんではいた。個人としては、彼女はどこにもセックスの存在を感じることがないし、何かの決定をするのにセックスを考慮することはまったくなかった。アナはしばしば、そのときの会話について、自身のアセクシュアリティを明らかにした瞬間だと考える。ただし当時はアセクシュアリティを知ってはいなかったけれども。それは、彼女と他人とで何が違うのか、人々が彼女に言い寄るとき彼女がどうして理解できないのかについての説明となった。「私はその暗号を知らなかったんだ」

経験のこういった格差はますます明らかになった。時を経て、アナは装うことができなくなった。メレディスを喜ばすことは素晴らしいことだったが、アナは欲望それ自体を生み出すことができなかった。「そのことには多くの葛藤があった。だって私はいまだに欲望をでっち上げようとしているし、それは男性性とジェンダーに編み込まれたものだったから」と彼女は言う。「私は男性的で性的な自己を作り出そうとしてた。その自己というのは、自分がそうあるはずと思っていたものなんだけど。セックスをすることはできたけど、メレディスは私が彼女を欲望しているとは感じてくれなかった。けど、それが彼女にとってはアイデンティティの深部だったんだ」

メレディスは追い求め、かつ追い求められる女性で、誰も彼女にノーとは言わなかった。彼女は主導権を握る人で、スコッチを飲もうとアナを誘い、そして言い寄った。彼女は自分の欲しいものをいつも手に入れる女性だった。彼女はアナに自分の知っているすべてを教える、性についての素晴らしい教師だと、そうアナは彼女に信じるがままにさせた。セックスの要点とはセックスすることだけではない。それはメレディスが他人に性的欲望を抱かせることができると知ることだった。セックスは彼女のありようと、彼女のあるべき姿につながっていた。セックスはアナとメレディスとで異なる意味を抱えていて、その差異が取り持たれることはないように見えた。

カップル・セラピー。個別セラピー。セラピストたちはアナがテストステロンを摂取するのを支援し、他人の欲望の水準に高まるまで努力するよう彼女に告げた。アナは全人生をそうすることに費やしてきたにもかかわらず、また、そのことで「とても多くの骨身にしみる痛みと危害を被って」きたにもかかわらずだ。

二人はオープン・リレーションシップを試そうと決めたが、メレディスはアナが近しい友人とデートし始めると不安になった。アナはと言えば、自分が真にしたいことを、つまり気晴らしのセックスをするのではなく、他者を愛することなんてできるわけではないと認識した。まもなく、二人は別々の部屋で眠るようになっていた。ついにアナは、ある日郵便物に目を通しているとき、メレディスが開設した新しい銀行口座についての通知を見つけた。

彼女は思った。「ああ、何が起きてるの」

メレディスは言った。「もうこの関係のままでいたくはないんだ」

・・・

「私はその関係に留まっていただろうな」とアナは言う。「自分自身についてそんなことを言うのは好きじゃないけど、でもそうしてただろうな。私はそういう質なんだ。物事を丸くおさめるためなら、払っていた代償を払い続けるだろうね」。けれどメレディスは留まらなかった。

離婚の後、危機の渦中にあったアナはオンラインで答えを求め始めた。アナはバイジェンダー〔同時にであれ、時と場合に応じてであれ、二つのジェンダーを自認する人〕だろうか。そういうものがあるのか、というかそれって実際にある言葉なのか。性的欲望が少ないことがアナにとって意味するものとは何か。こういった検索をしていたあるとき、彼女はAVENを見つけ、読み、涙した。「ああ、こんな転換があるなんてって感じで。私の経験してきたヘンなことから、私はほんっとにヘンで壊れてるんだっていうことから、これは他の人と建設的な仕方で共有できる何かかもしれないという考えへの転換ね」と彼女は言う。「この名称、このアイデンティティ、このコミュニティがなかったから、これまでずっと孤独にならざるを得なかったんだっていう、そんな嘆きがあった。嘆きに編み込まれた喪失感があった」

アセクシュアリティを見つけることは、ジェンダーを探求することとまったく混ざり合ったことだった。アナは家の中でスカートを着始めた。彼女はエストロゲンを摂取し始め、そのことで温厚で平穏に、最後には自分の身体に居心地よく感じられるようになった。アナは鏡を覗き込んで、胸ができ始めるのを目にし、このまま前に進もう、エストロゲンを上限一杯処方してもらって進もうと決心した。「ああこれが私、これが私のありようだ」と。離婚は彼女が必要としていた一押しだと判明したし、自己発見はその思いがけない賜物だった。もしかすると、アナは離婚がなくてもカム・アウトできたかもしれない。もしかすると、結婚していても新しいアイデンティティを主張することはできたかもしれない。けれど彼女はそうはならなかっただろうと思っている。

ここまでたどり着くには一生分の時間が必要だった。半世紀前のユタでは、エースやトランスである人は誰もいないように思えた。その葛藤の年月が経験されたのは、アナが性別移行という選択肢について知るずっと前で、ＡＶＥＮができる前のことだった。だとすれば多くのこういった疑問がとても長きにわたって存在してきたわけだ。現在アナは人生のこうした異なるステージにおり、その懸念は、より若いエースの懸念とは幾分異なるが、彼女もまた、恋愛と愛とセックスと自己がどのように収まりをつけるのかを依然として理解しようとしているという点では同様だ。彼女は世間が自分のために選んだものから一歩退いている。そうすることで、居心地の悪い、まだ踏み入れられたことのない領野に取り残されるにしてもだ。

「まだとても混乱してる。とてもたくさんの大きな疑問がある」と彼女は言う。彼女の新しい身体や、それがいかに彼女の欲望に影響するかについての疑問を含めてだ。彼女が性別移行を始めたとき、一旦その過程を進めたら、もしくは手術を受けたら、彼女のアセクシュアリティは変化するだろうとみんなに言われた。「みんな本当に、セクシュアリティへの道を私に見つけて欲しくて、私のジェンダー・アイデンティティをその目標に役立つテコにしようとするんだ」と彼女は言う。文化の中にアセクシュアリティのための場所がないので、彼女を愛する人は彼女のアセクシュアリティについて悩み苦しんだ。彼女がトランスであることについては決して悩み苦しまなかったのと対照的だ。「私は本当にそれについてはオープンなままで」とアナは付け加える。「それで、その〔性的なことの〕側面が欲しいからいまだに試すこともある。けど、違うね。事態はずっとそのままなんだ」

ロマンティックかアロマンティックか――そういったことも何ら理解できてはいない。アナには現在同棲中の「熱愛的《クラッシー》な友達」がいて、彼女が言うには、それは最も素晴らしいことで、夢の中で生きているみたいだ。その関係にはエネルギーと強烈さがあって、時にアナはそれが性的なものか、恋愛的なものか自問する。そしてすぐ、違う、おそらくそうじゃないと思い切る。「それはわからないんだ」とアナは私に告げる。「でも」自分にそれを理解するよう強いなくても「知らなくても大丈夫って、段々なってきてもいる」と。「既知の構造があるわけじゃないけど、私の全人生は、他の人にこういった構造を決めるがままにさせ、あるべき関係の構造だと他の人が感じるものに適合しようとするのに費やされてきた」。答えを要求せずに疑問を受け入れることの方がよい。今現在の「予めの終わりがない経験を生きること」で永らえることの方がよいのだ。その今現在が、彼女がただ存在することのできる場なのだ。

第11章　どこへ向かっているのか、どこまで来たのか

「以下がセックスするよりも好きなことのリストだ」と、詩人であり学者であるキャメロン・オークワード＝リッチは、彼の朗読詩「カマトトのマニフェスト」を読み始める。「読書すること、仰向けで横たわり天井を見つめること、〔…〕安物のウィスキー、バイクに乗ってパーティーから帰ること」[1]

そういったこと全部の喜びについてどう思うかな。セックス抜きに見出されうる快楽と豊かさについてどう思うかな――残念賞としてではなく、その力という点ではセックスと同じか、どころかより大きな快楽と豊かさについて。

エースのアクティビストたちは、これらの問いに対してみんなが自分の答えを見つけることのできる世界を築きたいと思っている。私たちは快楽がどのようなものでありうるかということの潜在力を押し広げたいのだ。もしアセクシュアリティが――しばしば欠如として概念化されるそれが――否定的な空白であるなら、私たちは否定的な空白が空虚な像以上のものでありうると、単にセックスしないこと以上のものでありうると考えねばならない。それはそれ自体で一つの像

になりうる。図像がコロコロ反転する騙し絵になりうる。二つの顔か花瓶か。ペンギンか髪の毛のある男性か。女性の顔かサックスを吹く男性か。エースたちの経験は、強制的性愛によってもたらされる圧迫的な構造を描き出すこと以上のことを行う。その経験はまた、〔従来と〕同じくらい満足感を与えうる他の形のエロティシズムと他の生き方とを明らかにしうる。少なくともそれらを受け止めることを許してくれるのだ。

ジェンダー研究の学者であるエラ・プシビウォは、私にオークワード＝リッチの詩を見せてくれたその人で、彼女自身、この詩を自身の本『アセクシュアルのエロティックな関係《エロティックス》——強制的性愛の親密な読み込み（*Asexual Erotics: Intimate Readings of Compulsory Sexuality*）』で用いた。肉欲的なものを超えた親密さについての学術的探求の書である。今日ではエロティックという語は性的という語と取り替えられるものだが、つねにそうだったわけではない。プラトンの『饗宴』では、「エロスは善への愛として、不死性への欲望として表面化する——セクシュアリティに触れはするが縛られてはいない、神話的精神的平面である」とプシビウォは書く。エロティックなものが性的なものに縛られるようになったのはフロイトの著作を通じてなのだが、フロイト自身も認めていたように、また他の学者も追認していたように、「「性的」という概念によって何が含まれるかを決めることは容易でない[2]」

フロイトに抗って、プシビウォは（そして私や他の多くの人は）オードリー・ロード*1を持ち出す。

「エロティックなものを用いること――力としてのエロティックなもの（Uses of the Erotic: The Erotic as Power）」で、ロードはエロティシズムを「身体的、感情的、心的、もしくは知的であろうと、喜びを共有すること」として定義している。エロティックなものは内なるリソースで、活力だ。それは私たちに、お互いに近しくなるよう駆り立てる力であり、「［喜びを］共有する人の間の架け橋を形づくる」力であり、その架け橋は「共有する人同士の間で共有されない多くのものを理解するための土台となりうる。その力はそれらの人々の差異がもたらす脅威を減らす」[3]。このエネルギー――繋がりの、創造的達成の、そして自己表現のそれ――は、セクシュアリティの領分に限定されてはいない。「私たちはエロティックな要求を、セックス以外の私たちの生活の最も活力ある領域から分離することを教えこまれる」にもかかわらずである[4]。このエネルギーは生活の多くの領域を満たす気持ちなのだ。

肉欲的なものより大きい深遠なる力としての、エロティックなものについてのそういった定義は、生きることがもたらすべきすべてのことについてエースたちが考える上で、決定的に重要だ

＊1　オードリー・ロードはレズビアンであるブラック・フェミニズムの論者で、学者であると同時に詩人でもアクティビストでもある。ベル・フックスやアンジェラ・デイヴィスと同じかそれ以上に、合衆国ではブラック・フェミニズムの代表的な論者として知られている。

し、オークワード＝リッチの詩は、この異なる形のエロスを取り戻す力強い方法だ。オークワード＝リッチの「セックスするよりも好きなこと」のリストは、多くのエースにとって馴染みあるものだ。捻りがあるのは、他の活動を上位に置く際に恥ずかしいと思わないことである。このリストはマニフェストであり、弁明ではないのだ。

この可能性を認識する作業は、シアトル在住のプログラマーのジェームズにとってはなかなか進展してこなかった。当初、自分がエースであると認識することは、深い喪失感を引き起こした。「人間の存在にとってすごく中心的なことがあるのに、それを本当には理解できなくて、それに与ることもないんだろうなって感じだった」と彼は言う。「人生を上手く送りたくって。それで、直観的にはその一番すんなりわかりやすい方法は、「フツー」の人生を送ることのはずだった」

〔彼の人生には〕穴が開いていて、彼にはそれを埋める必要がありそうだった。「人はセックスが自身にとってとても中心的だと感じていて、だからこう考えさせられた。「アローの人がセックスについて感じるのと似たように自分が感じるのは何についてなんだろうか」って」と彼は言う。「どうしたらその気持ちを積極的に見出せるんだろうか」。料理が一つの方法だった。ジェームズはレシピを学び、その最良の形を見つけることがよくある。スウェーデン風肉団子のような一品を何度も何度も作って、「完璧に最善の方法」にたどり着くのだ。創造的になってあの穴を埋める能力、自分が好む生き方を依然として送る能力が、ジェームズが「フツー」の重要性にこだわらなくなる助けとなってきた。三年前なら彼は、選べるものならアローになることを選んだかもしれない。今日なら彼はそんな選択をすることはないだろう。

ライターのジュリー・ソンドラ・デッカーは別の視点を提供する。「私は人生の中で他のことを優先している――私は創造的で、活動的で、コミュニティの中で繋がっているんだ――けど、それは「セックスしないこと」の反動としてではない」と彼女は言う。彼女の人生はつねに欠けるところなどなかった。エースの登場人物を作るためのアドバイスをアローのライターに請われると、ジュリーは「セックスという一部分を脇に置けば「典型的な」人みたいな」登場人物は書かないようにと警告する。エースたちはピースの欠けたパズルではない。みんながみんな、完全なパズルなのだ。

差異はありがたいものでありうる。エースであることは、対人ドラマというより、関係をめぐる社会規範からの自由を意味しうる。エースであることは、他の情熱にもっと焦点を当てるよい機会であり、セクシュアリティによってあまり惑わされないこと、筋書きを破ること、自分自身の心躍る体験と自分自身の価値を選ぶよい機会である。フロリダ出身のトランス男性であるジー・ミラーは次のような冗談を言う。多くの人が大切にする人生の一部分を自分は見落としているかもしれないが、他のみんなは、他人が性的もしくは恋愛的に関心を持っているだろうかと思い悩むのに時間を費やさないことの喜びを見失っているかもしれない、と。別のジー――コロラド出身のジー・グリフラー――は、アセクシュアリティのおかげで一生ものの「裏技」を得たと言う。ハンターの友人が、ハンターにとって肉欲に抗うのがいかに簡単かを聞き知ったときに言ったこととまさに同様のことだ。このように言うのは、私たちは特別な知識を欠いている人々だという、エースが共通して抱く不平の反転だ。「アセクシュアリティっていうのは、どういった条件で私たちがお互いと一緒にいたいかを理解する、もう一つの仕方にすぎない。それは、どのように人間がお互いを理解するかについて、また、私たちそれぞれがどのように関係に価値を置くかについて、とても誠実になろうとする方法なんだ」とジーは言う。

現に、アセクシュアリティをめぐる理解不足は、恋愛をめぐって、またいかに人々が共に過ごしうるかという問いをめぐって、不安を作り出した。けれどアセクシュアリティはまた、ジーがより親密な友情を築くのを助けた。セックスについての淡い期待という重荷をかけられることのない友情だ。アセクシュアリティに至る道はジーに、近しい二人は自ずからデートしセックスしようとするべきだという考えを退けさせた。あたかもそれが付き合うことの最上のあり方であるかのようにそうすべきという考えを退けさせたのだ。エースの視座は、他のタイプの親密さを賛美した。その視座は、人生を自分のやり方で築くために必要な想像力と意志の双方を培ったのだ。

・・・

アセクシュアルであることは、こういった力強い新たな視座を提供しうるが、その枠組みが現在これほどまでに隠されているのだから、限定的な力しか持たない。アセクシュアリティについて学び、それを自らのものと主張することは変革的だが、強制的性愛それ自体が解体されないうちは、世界はエースたちにとって——もしくはみんなにとっても——安全で肯定的な場所にはならないだろう。それぞれの人が追いつくのを待って、それからまたもう一度始めるのでは、私たちは強制的性愛を解体できない。私たちがそれを解体するのは、構造的変化を求めて戦うことによってなのだ。

強制的性愛と戦うことは、すべてのことが性的でないようにされねばならないということではなく、むしろ、他方の側の権利も優先されねばならないということを意味する。それは、ウェイク・フォレスト大学の学者クリスティーナ・グプタが書くように、「性的な人々と性的な関係に蓄積した、不労所得的な特権に挑み掛かること（…）性的でない人々と性的でない関係に対する差別を撤廃すること」を意味する。[5] それは、病気という言葉を使うことで欲望を高める薬を売る製薬会社に抵抗することだ。多様なエースの登場人物とエース的なテーマがある、より多くの本と映画を作り出すこと。性的惹かれの欠如は病気であると前提にされないよう、セラピストと医者に教えること（同時にまた、病気についての健常主義的な信じ込みを持たないこと）。婚姻法における恋愛伴侶規範を取り除くこと。アセクシュアリティは性教育の中でも議論されるべきで、それは、性的惹かれを全然抱かないままだとしても大丈夫なのだと生徒に教えることぐらいに単純であってよい。〔性的〕同意についてのエースの視座は、普遍的な関心事であるに違いない。

エースのアクティビズムは、過去十年間で育ちつつある。最初の「アセクシュアル認知度向上週間（Asexual Awareness Week）」[*2]は二〇一〇年に開催され、これは〔カリフォルニア州の〕サクラメントを活動拠点とするアクティビストのサラ・ベス・ブルックスによって組織された。サラ・ベスは二十代前半のときに婚約していたが、当時の婚約者とセックスしたくないとわかっていて、この状況により彼女は、セラピーを受けさせられ、性欲動を増大させるためのホルモン摂取をさせられることになった。ホルモンは上手く行かなかった。ある夜、キスすることなしに結婚式を終わらせる方法（「多分、拳を突き合わせるのはありだな」）をネット検索している間に、彼女はＡＶＥＮに出会い、徹夜して読み、泣いた。それが彼女の人生を変えたのだ。

十代でバイセクシュアルとカム・アウトしていたサラ・ベスは、すでにＬＧＢＴＱ＋のアクティビズムに関わっていて、カリフォルニアの反同性婚法制[*3]に反対するマーチを組織したこともあった。他の性的マイノリティにも手を差し伸べることは、当然ながらこういった努力の延長であると思えた。それはまた、ウェブサイト以外には何もないエースの子どもたちにリソースを共有するという実践的な問題でもあった。より多くの専門家がおり、より多くの物理的拠点を有する他のＬＧＢＴＱ＋のコミュニティと連携すれば、エースの子どもたちにサポートをもたらすことにもなりうるだろう。

今日、非営利組織「アセクシュアル積極支援《アウトリーチ》」の事務局長であるブライアン・ランジュヴァンは、地元のエースとアロマのコミュニティ・グループの全国ネットワークを調整していて、学校とＬＧＢＴＱ＋組織にリソースとトレーニングを提供している。ランジュヴァンはまた、『高校のためのエース包摂ガイド（*Ace Inclusion Guide for High Schools*）』を充実させた。教師や学生リーダー、性教育の教員、そして他の学校職員のためのツールである。一方で、セバスチャン・マグワイア

＊2　アセクシュアル認知度向上週間は、当初、他のＬＧＢＴＱ＋コミュニティの活動家らを対象としたオンライン上の啓発週間だったが、翌年以降、一般にも対象を広げ、オフラインでの集まりも開催するイベントになった。例年十月末に開催されており、二〇一九年には「エース・ウィーク」と改称された。

＊3　カリフォルニア州における反同性婚の法制化の動きは若干複雑で、二〇〇〇年に住民投票にて一夫一婦の結婚のみを認める条例が可決されてから、二〇〇八年の同州最高裁にてこれが違憲とされ、同性婚が一旦認められた（実際に結婚した人も多くいた）後に、同年に州憲法改正案についてやはり住民投票が行われ、婚姻を一夫一婦に限る文言の改正案が可決された。

――ニューヨーク市市議会議員のダニエル・ドロムの政策立案担当者で、政界においてアセクシュアルと公表しているごく少ない人々の一人――は、市の人権法のうちで保護されるカテゴリーとしてアセクシュアリティを加え、またアセクシュアリティを〔社会調査の〕調査票の一つの選択肢として含める条例を可決する手助けをした。

このような進歩にもかかわらず、強制的性愛はどこでも通ずる用語ではないし、すべきことはたくさんある。コミュニティの内部と外部の双方においてもだ。エース・コミュニティは、有色のエースと障害者のエースと、大金星でない人に対しても、より歓迎的になる必要がある。エースの経験の多様性は強みであり、そして他のタイプの経験とアイデンティティの多様性はさらに強みとなるばかりだろう。高齢のエースに手を差し伸べること、また、高齢のエースが直面するかもしれない問題についてもっと考えることは、コミュニティと、利益を受けうる人々の生活とを豊かにする、もう一つの方法だ。高齢の人々はアセクシュアリティにまったく気づかないことがよくあり、エースと自認する高齢の人々でさえ、自分がオンラインとオフラインいずれのグループにも居場所がないように、しばしば感じる。

世間一般では、「生物学的な用語でのアセクシュアル／無性生殖の方がいまだによく知られている」とサラ・ベスは言う。彼女が考えるには、エースたちは彼女が「エレン的瞬間」や「ラヴァーン的瞬間」と呼ぶものを待ち望んでいるのだ。[*4] エースたちには、人々にすでに知られ愛されている誰か――有名人――が、自分たちの理想を擁護するために必要なのだ、と彼女は言う。そうすればアクティビズムは、一から学ぶエースの基本なんて飛び越して、社会を全員にとってよりよいものに変えていくという、より野心的なプロジェクトに向かっていくことができる。それまでは、多くの勝利はより個人的なものだろう。

・・・

AVEN創設者のデイヴィッド・ジェイは、記憶にある限り、ずっと子どもたちに囲まれていた。妹が生まれたとき、当時二歳だったデイヴィッドはまだ字が読めなかったので、彼は大人が読んでくれた本を暗記して、それからそれらの本を彼女に「読んで」あげた。一方の家系では

＊4　「エレン」とはおそらく、レズビアンだと公表している全国的人気のあるコメディアンのエレン・デジェネレスのこと。「ラヴァーン」とはおそらく、トランス女性の役者として初めてエミー賞にノミネートされたラヴァーン・コックスのこと。両者は性的マイノリティの権利の擁護に熱心であるだけでなく、元から合衆国全体に知られていた有名人でもあって、そのようなマイノリティの代表的存在の必要性がここでは示唆されている。

十二人いるいとこのうち最年長で、他方の家系では二十四人のいとこの三番目に年長だったため、家族行事ではいつも、彼が「赤ちゃんたちの大群」を世話する大役を担わされることになった。

ある日、大学を卒業してすぐのこと、デイヴィッドはベイエリアの公共交通機関に乗っていたが、そのときクィア・フレンドリーの養子縁組サービスの広告が目に入った。彼は自分が子どもを欲しいのだと気づいて衝撃を受けたが、どうやってそこにたどり着けるかまったくわからなかった。子どもなしに年老いること、そして子どもなしの人生自体を、想像するのは難しかった。同様に、どのようにして子どもをもうけられるのかも、想像するのが難しかった。

問題は、子どもがどのように作られるかということではまったくなかった。問題は、子どもを育て上げるという、人生にわたる長さのプロジェクトを支えるぐらいに十分献身的な関係の持ち方をデイヴィッドが知らなかったことだ。二〇〇〇年代初期にＡＶＥＮを始めたときにはティーンエイジャーだったデイヴィッドは、すぐに看板少年として、そしてアセクシュアリティの顔として着目され、彼の選択は長いこと、より若いエースたちにとってのテンプレートを提供してきた。好むと好まざるとにかかわらず、彼は多くの人にとって、道案内をする年長者に最も近い人だった――けれどもこの間ずっと、彼はもちろん彼自身の人生の舵取りをしていて、彼自身にとっての年長者はいなかったのだ。彼とエース・コミュニティが年を取るにつれ、それぞれの新たな段階が新たな問いをもたらしてきたが、今回はもはや、性的惹かれの基本についてではなく、子育てと家族生活についての問いなのだ。

「その時点では」とデイヴィッドは言う。彼が二十代前半のときということだが、「自分の関係のすべては、現れるや否や、恋愛的関係と性的関係に取って代わられていた」。長期のパートナーシップの計画について話し合った多くの友人は、すぐにそういった約束を捨て、エリザベス・ブレイクが批判する恋愛伴侶規範的な筋書きに容易に陥ったものだった。「いくぶんアロマンティック」であるデイヴィッドは、「安定した、寄りかかることのできる関係が自分は欲しいのだと、自分の関係は機能的にそういうものではなかったと、とても意識」させられていた。もし関係それだけでそのような難題だとしたら、子育てなんて手が届かないように感じられた。里親となることと養子を取ることが選択肢で、デイヴィッドはひとり親になってもよかったが、まずは一緒に子どもを育てる人を見つけてみたかった。

・・・

デイヴィッドの友人のエイヴァリとジークが二〇一四年に結婚したとき、二人は彼に、司祭に近い役割を果たしてくれないかと頼んだ。デイヴィッドはその四年前に、非営利組織の創設者であるエイヴァリと、ソーシャル・インパクトについてのある会議で出会っていた。[*5] 両者はどのようによりよいコミュニティを築けるかという問いで頭をいっぱいにしていて、その仕事がどんなものになりうるかについて長話をしていた。彼女を通してデイヴィッドはジークと知り合った。ジークはエネルギーと気候科学の専門家で、趣味で気候についての公的なデータセットにのめり込み始めて、結果としてその分野の最前線につくことになった人だ。「二人とはとても専門的で知的な協調関係を結べていると感じた」と、この思慮深いペアについてデイヴィッドは語る。

デイヴィッドは、エイヴァリとジークとの出会いの地であるサンフランシスコからニューヨークに引っ越したけれども、三人は近しいままで、彼は二人を訪問するために年に数回飛行機で帰ることになった。二〇一五年の訪問中のあるとき、エイヴァリとジークは、家族を始めることについて考えているとデイヴィッドに告げた。「人に関わってもらいたいと本当に思ってるんだ」と二人は彼に告げた。「それで、中でもあなたに、関わってもらいたいんだ」

それは慣習的でない計画になりそうだった。三人での共同生活、共同子育ての取り決めである。デイヴィッドはエイヴァリとジークの婚姻関係の一員ではないけれど、その家族の一員になるというのだ――エイヴァリとジークとちょうど同じく同等に、法的にもまた親の一人となるわけで、というのもカリフォルニアでは三人親での養子縁組は合法だからだ。二〇一七年の元日、エイヴァリは自分が妊娠していると気づいた。

その年の五月、デイヴィッドはカリフォルニアに戻り、エイヴァリとジークのところに引っ越した。彼は出産学級に参加し[*6]、オクタヴィア、略称タヴィが八月に生まれたときには分娩室にいた。四人全員が、サンフランシスコのパンハンドル公園付近の[*7]、緑豊かな裏庭のある美しい家に住んでいる。私が二〇一八年の早い時期に訪問したとき、デイヴィッドは彼が撮った娘の写真のコレクションを見せてくれた。毎月一度、タヴィは同じ位置で、生まれたときから持っているぬいぐるみのイッカク〔クジラの仲間〕のコーネリアスの横でポーズを取っている。家族部屋でタヴィ（この子はジークをダディと呼び、デイヴィッドをダダと呼ぶ[*8]）は、エイヴァリのところからデイヴィッドのところへよちよちと歩き、デイヴィッドは彼女を抱え上げ、肩に乗せるのだ。

＊5　直訳すると社会的影響となるソーシャル・インパクトは、社会的不正義や難題に対して何らかの積極的な影響を企業や組織が及ぼすこと。
＊6　birthing class とは出産の仕組みや出産後の母親及び子どものケアの仕方などを学ぶ機会であるゆえ、馴染みのある日本語としては母親学級や両親学級と訳すべきかもしれないが、三人親の一人であるデイヴィッドの参加するものとしてはこれらの訳語は不適当かもしれないため、「出産学級」と直訳している。
＊7　サンフランシスコの大きな公園としては、ゴールデン・ゲート・パークが有名だが、パンハンドル公園はそれにちょうどフライパンの取っ手のような形で面しているゆえ、この名前がついている。
＊8　ダディもダダも、「父親」を指す幼児語。

人生は今や様変わりしているが、全体として見れば、デイヴィッドにとって親となることは、彼が予想していたよりも容易で柔軟性があるように感じられる。エイヴァリとジーク、そしてデイヴィッドは、カレンダーを共有し、週ごとに計画会議を行っていて、デイヴィッドはこの会議を「二〇パーセントはお互いの様子を窺って感謝すること、八〇パーセントは段取り」と呼ぶ。段取りというのは、料理、育児、掃除についてだ。子どもを育て上げる作業を担う三人目がいるのは便利で、はっきりと計画することで育児はより平等になる。ストレートの二人組の親の間での、話し合われないままにしばしばジェンダー役割と不平等な分業へと陥っていく取り決めよりも、平等なのだ。

今や、デイヴィッドはしばしば、オルタナティブな子育てに興味を持つ人々から話を聞く。それらの人々が独身であるとかポリアモリーであるとか、恋愛的惹かれや性的惹かれに関係なく誰かと子どもを育てたいとか、どういった理由であろうと話を聞くのだ。多くのエースたちも彼のところにたどり着く。「［オルタナティブな子育てに］強い気持ちがあるけど、それに至る道がわからない人がたくさんいて、親になりたいけどそのことについて話し合っていない人がたくさんいるんだ」とデイヴィッドは言う。「それは新しい対話ってことではまったくないけど、私たちのコミュニティの中での対話としては新しいって思うね」

過去の黎明期にエースの運動を築き上げたことからデイヴィッドは、筋書きを破ることと枠組みを打ち破ることを教わった。人生を通じてずっと、典型的なルートをたどることができなかったデイヴィッドは、創造的になり、他の選択肢を見つけるよう、自分自身に教え込まねばならなかった。彼は繋がりが欲しかったが、セックスについては気にかけていなかった。彼は子どもが欲しかったが、伝統的な関係が欲しくはなかった。いずれにしても彼は、そういったこと全部を別の形で手に入れたのだ。

・・・

アドリエンヌ・リッチは、強制的異性愛がレズビアン的な可能性を見えなくすると書いた。それはレズビアン的な可能性を、「飲み込まれた大地に、浮かび上がって時折断片的に見えるようになるけれど、結局また水没するほかないそれに」してしまう。異性愛の自然な地位を疑うことはストレートのフェミニストたちにとっては勇気のいることだろうが、リッチはその報いは大きいだろうと約束する。その報いとは「思考を解き放つこと、新しい道の探求、もう一つの大いなる沈黙を打ち破ること、個人間の関係に新しい明瞭さがもたらされること」である。[6]

　これらはエースの解放に向かって努力することの報いでもある。なぜなら、強制的なものは何であれ、自由の反対だからだ。エースの解放は込み入った語だ。アセクシュアリティは元来政治的に進歩的というわけではない。アセクシュアルの人がみんな政治的に進歩的と自認するわけではないし、そのことでその人のアセクシュアリティが正当でなくなるということもまったくない。しかしエースの運動の目標は進歩的だ。それにエースの運動の潜在力は、エースたちが文化においてより見えやすくなることよりも重大で、エースたちが、〔性的惹かれがないという〕この一つのことを除いて私たちは他のみんなと同様なのだと証明することよりも重要だ。アクティビストであるCJ・チェイスンが言ったことのあるように、エースたちは限界を押し広げるのだ。エースたちが決してセックスしなくても大丈夫ということになれば、エースでない他のみんなにとってもまた、それはより受け入れられやすくなる。エースの解放はみんなを助けるだろう。

エースの解放は、注意深く熟考された性的倫理と恋愛的倫理に賛成しながら、性的なフツーさと恋愛的なフツーさを退ける際に達成されるものだ。セックスの意味はつねに変化していて、セクシュアリティの歴史は複雑だ。強制的性愛とアセクシュアリティはずっと、どの場所でも変化してきた。それらは再び変化しうるし、変化するだろう。目標は、少なくとも私にとっては、いつの日かDSMの診断基準もアイデンティティとしてのアセクシュアリティも必要でなくなることだ。イエスともノーともたぶんね《メイビー》とも――セクシュアリティに対して、恋愛的関係に対して――言いやすくなるだろう。強制も、さらなる正当化も、その答えの妥当性を証明してくれるコミュニティを必要とすることもなしにだ。多様な性は当たり前となり、社会的筋書きは弱体化するだろう。セックスは脱商品化されるだろう。

エースの解放の目標はひとえに、みんなにとっての真の性的かつ恋愛的自由という目標だ。エースたちに歓迎的な社会は、レイプ文化と決して相容れないだろう。女性嫌悪、人種差別、健常主義、同性愛嫌悪、そしてトランス嫌悪とも。恋愛と友情についての現行のヒエラルキーとも。同意についての契約書的な概念とも。それは選択を尊重し、私たちの生活のあらゆるところに見つかりうる快楽に光を当てる社会だ。こういったこと全部が可能であると、私は信じている。

ありがとう*1

私の代理人ロス・ハリスにありがとう。ビーコン社で私を担当してくれた編集者であるラキア・クラークとレイチェル・マークスにありがとう。ビーコン社のチーム全員、つまりマーシー・バーンズ、パーペテュア・チャールズ、スーザン・ルメネロ、レイケル・ピダル、そしてイサベラ・サンチエスにありがとう。素晴らしい編集指導をしてくれたキャリー・フライにありがとう。本書のためにインタビューするのに同意してくれたすべての人にありがとう。ブレインストーミングするのを手伝ってくれたみんな、下書きを読んでくれたみんな、このプロジェクトを終える間私を支えてくれたみんなにありがとう。

ゾニア・アリ、ハーレイ・ビスグリア＝マーティン、KJ・セランカウスキ、CJ・チェイスン、アーディタ・チョードリ、ジェシカ・チエン、ウェイ・チエン、シャーロット・クリストファー、アリス・チョウ、ニコル・チャン、リリー・ダンシガー、ディーナ・エルジエナイディ、ローズ・イヴリス、ヘレナ・フィッツジェラルド、ジェイム・グリーン、サラ・ガーレブ、ジェシカ・リー・ヘスター、サブリナ・インブラー、ジアナ・カドレッツ、デイヴィッド・

ジェイ、ジュリー・クリーグマン、モーガン・ジャーキンス、キー・クローズ、アイザック・リュー、メガ・マジュンダール、ティム・マンレイ、アリソン・マキーオン、スミサ・ミリ、ラグナ・ミスラ、ケルシー・オズグッド、エラ・プシビウオ、ジャヤ・サクセナ、コリー・スミス、ニナ・セント・ピエール、レイチェル・ユーダ、ザカリー・ワトソン、マーガレット・ヤウ、ジェス・ジママン、そしてサラ・ゼータマンにありがとう。

ノアにありがとう。あなたの愛がすべてを変えた。

あなたたちみんながいなければ、やり遂げることはできなかっただろう。

＊1　学術書などでは「謝辞（acknowledgment）」が冒頭に置かれ、「～に感謝申し上げる（appreciate）」という形で名前が列挙されるのが通例だが、ここに訳したように、著者は本の最後に近い箇所に「ありがとう（Thank you）」という節を設け、口語的に感謝の言葉を連ねている。

訳者解説

ようこそ日本語でのエースの世界へ。
著者にならって、そう言ってもよいだろう。

本書は Angela Chen. *ACE: What Asexuality Reveals About Desire, Society, and the Meaning of Sex* (Beacon Press, 2020) の全訳である。著者のチェンは、科学技術やジェンダー、歴史、もしくはその重なりなど幅広い分野の記事を執筆している、特にオンライン・メディアで活躍するライター、ジャーナリスト。本書はチェンの初めての単著だ。

巧みな書き手である著者の語りは明快であり、本書の内容自体を理解するための解説はほとんど必要ないだろう。ただ、これから本書を読む方のために、また、すでに読み通した方のためのメモとして、まずは簡単に内容をまとめておく。

第一部はアセクシュアルやアロマンティックの定義や、基本的な情報、アセクシュアル関連の運動の歴史についてまとめている。しかし、そもそもアセクシュアルの定義がなぜアセクシュアルにとってすら困難なものになるのかといった根本的な問いや、インセルやフラタニティ文化についての議論を交えた、男性性の規範とアセクシュアルについての考察などが同時に展開されており、単なる言葉の定義に止まらない内容になっている。

「変奏」と題された第二部では、フェミニズムと人種、障害の問題とアセクシュアルであることとの交差について書かれている。女性の性的自由をめぐる議論がアセクシュアルにとってどのように響くのか、もしくはフェミニズム運動は性的でないことについてどのように語ってきたのか。また、人種と障害についての表象およびその表象をめぐる権力関係が、どのようにして有色のアセクシュアルや障害者のアセクシュアルをより見えづらく――そもそもジュリー・ソンドラ・デッカーの著書のタイトル『見えない性的指向』からも明らかなように、また、アセクシュアル・コミュニティの最大手であるAVENの名前に「可視性(visibility)」が含まれていることからも察せられるように、アセクシュアル自体が見えづらいのだが――してきたのか。要するに、アセクシュアルというテーマがそれぞれのエースの立場《スタンドポイント》に応じてどのように異なって響くのかを問うているのだ。

第三部はアセクシュアルの視点から見た親密な関係性について、とりわけアセクシュアルと自認しない他者との関係について問うている。具体的には、恋愛についての規範や性的同意といったトピックが取り上げられる。私たちエースを「他者化」する社会について批判的に考えつつ、アローセクシュアルという、私たちエースにとっての「他者」との関係を考えることで、アローもエースも含めたすべての人々にとって生きやすい関係性とはどのようなものかが考察される。エースの解放がすべての人にとっての解放になると主張される所以だ。

著者はこれらの論点について、著者を含めたエースの経験を構成し直すことで語っていく。アセクシュアルについての定義に拘泥したり個人的な経験談に終始したりすることなく、むしろアセクシュアルの定義が持ちうる政治的効果の両義性や、特定のエースの経験をエースの経験として聞くことを阻む権力力学にも目を向けながら、「エースの解放」をすべての人にとっての真の性的自由、恋愛的自由を目指すものとして、一貫して力強く提起する。この点に本書の珍しさ、アセクシュアルについて書かれた一般的な本にはない独自性が見られるだろう。この独自性自体はおそらく理解しやすいはずだ。

しかしながら、解説が必要になることがあるとすれば、それはこのような珍しい本が生まれた文脈《コンテクスト》／背景についてだろう。言い換えれば、なぜこのような内容の書籍が二〇二〇年代に生まれたのか、本書はどのような潮流に育まれ、どのような政治的、学問的動向に問題提起するために書かれたのか、ということについてである。答えはいかようにもありうるが、訳者の関心に沿って指摘しておきたい本書の文脈の一つは、フェミニスト／クィア・スタディーズ[*1]との関係である。

エースについて語るのではなく、エースという視点から語るという点において、フェミニスト／クィア・スタディーズは本書にポジティブな影響を与えている。というのも、念のため確認しておくと、フェミニスト・スタディーズやクィア・スタディーズもまた、女性や性的マイノリティについて語るだけの研究では必ずしもなかったからだ。むしろフェミニスト／クィア・スタディーズは、女性や性的マイノリティが幾重にも他者化される社会について、女性や性的マイノリティという社会的立場から語り直すこと、しかしまた同時に、社会における女性と男性の区分、異性愛と同性愛、シスジェンダーとトランスジェンダーといった区分自体を疑うこと、このような二重の身振りを続けることによって進展してきた。このようなフェミニスト／クィア・スタディーズの進展はまさしく、エースたちの視点から語る「エースの解放」という本書の上述の試みを推進してきたと言えるだろう。

＊1　しばしば「フェミニズム論」もしくは「フェミニズム研究」という言い方があるが、この言い回しはフェミニズムについての語りというニュアンスを持ちうる。しかし、フェミニスト・スタディーズという原語はむしろ形容詞的に、その研究がフェミニズム的であること、フェミニストの視点を持つものであることを示している。また、クィア・スタディーズは周知の通り、フェミニスト・スタディーズと密接不可分の関係にある。そのため若干煩雑なカタカナ語だが、フェミニズム的なもしくはクィア的な研究を総称して、この解説では「フェミニスト／クィア・スタディーズ」と表記する。

他方で、一部の（とはいえ合衆国では悲しいかな、少数ではない）フェミニストたちは、女性の性的自由をこれ見よがしにヘンタイなセックスをする自由へと矮小化し、またクィア理論家の一部も、ゲイル・ルービンの提起した「特権サークル」の解体（本書第四章参照）を、単にそのサークルの階層を反転させることと同一視してしまった。そのような一部のフェミニスト／クィア・スタディーズが、エースの存在を無視していると同時に、有色の女性とクィア、障害者の女性とクィアの存在も軽んじてきたものであることは、おそらく偶然ではない（第四章のムスリムのフェミニストについての議論は、この点を象徴的に要約《エンキャプスレイト》している）。このような傾向に対しては、フェミニスト／クィア・スタディーズの内部からももちろん批判があるが、本書もその批判の一翼を担っていると読むことができる。要するに本書は、フェミニスト／クィア・スタディーズの抑圧的な側面を批判する一方で、あらゆる女性とクィアを解放しようとする試みを、エースという立場からも推進するよう提唱しているのだ。フェミニスト／クィア・スタディーズの本書への影響は、先に示した単純にポジティブなものだけではなく、こういったより複雑な関係込みのものとして理解されてよい。

また、訳者の贔屓目から本書の珍しさを解いてきたが、エースの視点から世界を見直す営為、（ア）セクシュアリティの帯うる意味の不均等な割り振りに注目する営みが本書の他にないわけではまったくない。本書はむしろ、アセクシュアリティ・スタディーズの蓄積によるものであり、これも本書の文脈／背景の一部なのだ。ここでアセクシュアリティ・スタディーズの通史を披瀝することはできないし、するつもりもないが、本書が書かれる以前から、アセクシュアルを病や人格的欠陥として語る（性の欠如が生の欠如と見なされる！）言説とは異なる学問的言説が蓄積されてきた。一九七〇年代にフェミニズム的な関心から書かれた、アセクシュアリティについての初めての学術的論文と評されることもあるマイラ・ジョンソンの論考（Johnson, Myra. "Asexual and Autoerotic Women: Two Invisible Groups." *The Sexually Oppressed*, edited Harvey Gorchros & Jean Gochros, Associated Press, 1977, pp. 96-107.）、AVEN創設と比較的近い時期に発表された、批判されるべき点はあれど画期的なアンソニー・ボガートの論文（Bogaert, Anthony. "Asexuality: Prevalence and Associated Factors in a National Probability Sample." *Journal of Sex Research*, vol. 41, no. 3, 2004, pp. 279-87.）、オンラインのアセクシュアルの言説を分析したアンドリュー・ヒンダーライターの博士論文（Hinderliter, Andrew. *The Evolution of Online Asexual Discourse*. 2016. University of Illinois at Urbana-Champaign, Ph.D. Dissertation.）、そして上述のフェミニズム／クィア・スタディーズとの一様でない関係を考えるには必須のセランカウスキ＆ミルクス編集のアンソロジー（Cerankowski, Karli June and Megan Milks. *Asexualities: Feminist and Queer Perspectives*, Routledge, 2014.）など、アセクシュアルを主題とした論文は多くないとはいえ確実に存在するし、一つの学問的潮流を作ってはいる（もちろん日本語においても、ここでは一つ一つ取り上げはしないけれど、アセクシュアルをめぐる学術的研究は存在する）。その限りで、本書はアセクシュアリティ・スタディーズの知見によってたつものだとも言える。

ただ、学術的研究への依拠という文脈を踏まえて、再度この本の独自性に言及するとすれば、著者がそのような学術的蓄積を、著者自身を含めた多くのエースの語りを紹介する中で再提示していることが挙げられるだろう。ジェンダーやセクシュアリティをめぐる研究は、社会運動に密接に連動しているとはいえ、しばしば女性や性的マイノリティにとってさえ読みこなすのが難しいものだった。これに対し本書は、アセクシュアルの定義の難しさや人種および障害とアセクシュアリティの交差といった論点についての、学術的にも政治的にも意味のある考察を内包しながら、アカデミアの外部の人々に向けてそのような考察の意義を伝え、ともに考えるよう誘うものになっている。

マイノリティを他者化するのではなく、その視点からマジョリティを含むすべての人々にとっての解放を思い描くこと、また、そのような営みを学術的な知見に基づきつつ、よりアクセスしやすいように解き放つこと。この点で本書は、ショーン・フェイ『トランスジェンダー問題』（高井ゆと里訳、明石書店、二〇二二年）と並べて読むこともできるものだろう。実際、エースの解放を女性嫌悪や人種差別と相容れないものとして描く本書の最終段落は、トランスの人々の解放がすべての人の生を改善すると説く『トランスジェンダー問題』の冒頭と共鳴しているようにも読める（ちなみに本書の原書は、『トランスジェンダー問題』の原書より一年ほど早く出版された）。本書の数少ない瑕疵と思われることの一つは、トランスジェンダー、とりわけノンバイナリーやＡジェンダー(agender)としてのアイデンティティと、アセクシュアルとしてのアイデンティティとの関係[*2]について十分に考察されていないことだと思われるので——もちろんノンバイナリーのアセクシュアルは本書に何人も出てくるし、一人のトランス女性の経験に割かれた章もあるけれど——、その点でも、本書の目指すエースの解放という試みをトランスジェンダーの解放と重ねながら読むことは必須だろう。

人文系の本を訳すという作業は、当たり前だが時間のかかるもので、本書を訳すにあたってお世話になった人を挙げ始めたらきりがない。ここではしかし、本書が形になるのに直接的に関わった人に対してだけでも感謝を述べたい。

まずは、東京大学大学院の清水晶子先生。先生は私がかつて学内で細々と(ボソボソと?)アセクシュアルについて語っていたのを覚えていらしたようで、本書の翻訳企画が先生にオファーさ

＊2　これに関係する論考としては、以下の文献が参考になる。Cuthbert, Karen. "'When We Talk about Gender We Talk about Sex': (A)sexuality and (A)gendered Subjectivities." *Gender and Society*, vol. 33, no. 6, 2019, pp. 841-864.

れたとき、出版社に私をご紹介くださりました。次に三宅大二郎さん。私がかつて国際基督教大学ジェンダー研究センターでアセクシュアル関係の読書会を企画したときからの仲で、お忙しいところ、訳語について貴重なご指摘を頂きました。最後に、本書の担当編集だった梅原志歩さん。哲学畑出身の私が安易に陥りがちなあまりにぎこちない訳語に、適切なコメントをくださりました。本書が少しでも読みやすいものになっていたら、それは梅原さんのおかげです。ただ、これも言うまでもないことですが、この翻訳におかしな点があれば、それはいずれの方の責任でもなく、あくまで訳者の力不足によるものです。

著者の硬軟織り交ぜた文体（ガチで日記みたいだったり、極めて高尚だったりする）、該博な知識、幅広い関心と鋭い視点。これらを逐一日本語で表現しようとするたび、訳者自身の力量不足を痛感させられた。また、それとは別に、日本で論じられているよりもかなりエッジの利いた仕方で語られるエースの経験が一般読者に受け入れられるだろうかという不安もあった。それに、幅広いエースを受け入れる語りを提供してくれる本書を訳しながらも、自分自身がエースであるということをなぜか疑問視してしまうという不可思議な経験――ただし、解釈的不正義や知見の誤謬など、エースたちを待ち受ける数々の陥穽についての本書の指摘を踏まえれば順当な経験かもしれない――をすることもしばしばだった（まぁ、これはずっと続くだろう）。

他方で、とても楽観的な気持ちもあった。これだけ素晴らしい本なら、きっとその真価は理解される。たとえこの本（もしくは私の翻訳）に不満を持つ人がいても、きっとその人が別のエースの語りを提供し、別のエースの見方を示してくれるだろう。エースの世界は、そしてエースたちは、見えづらいかもしれないが、脆くなんかない。この強制的性愛の支配する世界においても、ずっと、様々な形で、生き延びてきたのだから。

そうだ、著者にならってもう少し正確に言っておくべきことがあった。

ようこそ日本語でのエースの世界へ。でも、一つのエースの世界なんて、やっぱりない。だからこう言おう。ようこそエースの一つならざる世界へ。ここはあらゆる人にとっての真の性的自由が追求される場所なんだ。

羽生有希

さらに読みたい人のために

以下には、エースに密接なトピックについてもっと学びたい人たちにとってとりわけ興味深いであろう本を集めている。

- *Asexual Erotics: Intimate Readings of Compulsory Sexuality* by Ela Przybylo
- *Asexualities: Feminist and Queer Perspectives*, edited by KJ Cerankowski and Megan Milks
- *Asexuality and Sexual Normativity: An Anthology*, edited by Mark Carrigan, Kristina Gupta, and Todd G. Morrison
- *Big Pharma, Women, and the Labour of Love* by Thea Cacchioni
- *Boston Marriages: Romantic But Asexual Relationships Among Contemporary Lesbians*, edited by Esther D. Rothblum and Kathleen A. Brehony
- *Celibacies: American Modernism and Sexual Life* by Benjamin Kahan
- *Frigidity: An Intellectual History* by Peter Cryle and Alison Moore
- *The Invisible Orientation: An Introduction to Asexuality* by Julie Sondra Decker〔ジュリー・ソンドラ・デッカー『見えない性的指向 アセクシュアルのすべて』上田勢子訳、明石書店、2019年〕
- *Mediated Intimacy: Sex Advice in Media Culture* by Meg-John Barker, Rosalind Gill, and Laura Harvey
- *Race and Sexuality*, by Salvador Vidal-Ortiz, Brandon Andrew Robinson, and Christina Khan
- *Sex Is Not a Natural Act and Other Essays* by Leonore Tiefer
- *The Sex Myth: The Gap Between Our Fantasies and Reality* by Rachel Hills
- *Sexual Politics of Disability: Untold Desires*, edited by Tom Shakespeare, Dominic Davies, and Kath Gillespie-Sells
- *Understanding Asexuality* by Anthony F. Bogaert

索引

あ

アーミッシュのコミュニティ (Amish community)……320
アイディンティティとしてのセクシュアリティ (sexuality-as-identity)……104-06
アイデンティティ政治 (identity polities)……17, 132-33, 136, 158
→フェミニストの政治 (feminist politics) ; 人種 (race)
愛着 (attachment)……236, 237, 242-51
アジア系アメリカ人の経験 (Asian American experiences)……156-58, 162-65, 178, 179-83, 185-88
アセクシュアリティ (asexuality) :
概要 (overview)……16-20, 41-43, 381-91, 397-99;
言葉の力と一 (power of language and)……45-47, 61-67, 239-55;
障害者と一 (people with disabilities and)…… 190-91, 208-15, 225-27, 390;
人種と一のコミュニティ (race and community of)…… 152-56, 175-79, 390;
性欲動と一 (sexual drive and)……52-55;
一とバリエーション (variations of)……61-67, 144-45, 152, 225-27;
トランスジェンダーアイデンティティと一 (transgender identity and)……93-94, 156-57, 179-81, 362-80;
一についての著者の個人的な経験 (author's personal experiences with)……16-17, 26-41, 110-12, 163-65, 185-87;
『ネイキッド・アトラクション』の比較としての一 (as compared to *Naked Attraction* show)……57-61, 67-69;
一のインターネット上のコミュニティ (internet community on)……45-47;
一の受容 (acceptance of)……101, 220-28;
一の定義 (definition of)……16-17, 36-38, 48-51;
一の旗とシンボル (flags and symbols of)……73-74, 154;
一の否定的なステレオタイプ (negative stereotypes of)……87, 101-05;
一の流動性 (fluidity of)……221-24;
病気としての一 (as illness)…… 191-205;
表象と一 (representation and)……77, 166-85, 266-69;
抑圧と一 (oppression and)…… 156-61
→アロマンティシズム (aromanticism): 恋愛的な愛 (romantic love) ; 性的惹かれ(sexual attraction); 性行動(sexual behavior) ; 性欲動 (sexual drive) ; 性的抑圧 (sexual repression)
アセクシュアル・アーティスト (Asexual Artists (website))……128
アセクシュアル積極支援［アウトリーチ］(Asexual Outreach (group))……389
アセクシュアル認知度向上週間 (Asexual Awareness Week)……388
『アセクシュアルのアジェンダ』(*The Asexual Agenda* (blog))……74
アセクシュアルの可視性と教育のためのネットワーク (Asexuality Visibility and Education Network)
→AVEN

アディ（Addyi） 195
アナ（Anna） 362-80
アナグノリ（Anagnori） 329, 344
アメリカの黒人の経験（Black American experiences） 77, 154-58, 172-79, 187-88
アリシア（Alicia） 66, 246-47, 299, 351
アリソン（Alison） 331-32
アルプトラウム，ラックス（Alptraum, Lux） 333-34
アローセクシュアル（アロー）(allosexual (allo) ,as term) 24
アロマンティシズム（aromanticism） 69, 74, 183, 252-55, 262-80
→アセクシュアリティ（asexuality）；恋愛的な愛（romantic love）
アントニー（Antony） 93
異化（defamiliarization） 258
異性愛主義（heterosexuality） 81-84, 218-19, 397
→強制的性愛（compulsory sexuality）
意欲のない同意（unwilling consent）310-12
→同意（consent）
意欲のある同意（willing consent） 309-11, 315, 346-48
→同意（consent）
イラナ（Elana） 277
医療的機能障害としてのアセクシュアリティ（medical dysfunction, asexuality as） 191-205
インセル（不本意の禁欲者）(incels (involuntary celibates)) 92, 94-98
→セリバシー／禁欲（celibacy）
インターセクショナリティ（intersectionality） 156-58
→階級とセクシュアリティ（class and sexuality）；フェミニストの政治（feminist politics）；アイデンティティ政治（identity politics）；人種（race）
インファレラ，ナンシー（Inferrera, Nancy） 281-82
ウィリス，エレン（Willis, Ellen） 116-17, 122
ウィルソン，ボブ（Wilson, Bob） 295
ウェイド，リサ（Wade, Lisa） 64, 278, 323
ヴェスパー（Vesper） 54-55, 77, 177-79
エイヴァリ（Avary） 393-96
映画（film） 88, 212, 236, 268
エース（ace）
→アセクシュアリティ（asxuality）
エース・コミュニティ調査（Ace Community Survey） 89, 152
エース女性（ace women） 54, 183, 191, 197, 324
→アセクシュアリティ（asxuality）
エース男性（ace men） 54, 92-94, 98-100
→アセクシュアリティ（asexuality）
エースの運動（ace movement） 46-47, 388-91
→AVEN
エースのオネエさま（Queenie of Aces） 291
エースのサバイバー向けのリソース（Resources for Ace Survivors） 306
エリス，シャリ・B（Ellis, Shari B.） 71-72
エリン（Erin） 211
エロティシズム（eroticism） 382-84
オーウェン，イアナ・ホーキンス（Owen, Ianna Hawkins） 173
オークワード＝リッチ，キャメロン

(Awkward-Rich, Cameron) ………………… 381, 382-84
オープン・リレーションシップ (open relationships) …. 30-33, 337, 350, 355, 377
『オン・アワ・バックス』(*On Our Backs* (publication)) ……………………………… 146
音楽 (music) ………… 120, 132, 146, 207

か

ガーレブ, サラ (Ghaleb, Sara) ………… 166
階級とセクシュアリティ (class and sexuality) ………………… 132-33, 136-37
→人種 (race)
解釈的不正義 (hermeneutical injustice) ……………………………290-91, 293, 298
過剰に性的 (hypersexualization) 64, 83, 90, 133, 160, 162, 173-74, 177, 227
カスバート , カレン (Cuthbert, Karen) ….. 211-12
カッチオーニ , シア (Cacchioni, Thea) …. 299
家父長制 (patriarchy) ………. 113-17, 127
カランダシェフ , ヴィクター (Karandashev, Victor) …………………………………… 244
関係／交際の筋書き (relationship scripts) ……………………318-28, 366-69
→恋愛伴侶規範 (amatonormativity) ; デートの規範 (dating norms) ; 結婚／婚姻 (marriage)
感情的惹かれ (emotional attraction) 14, 35, 63-64, 71
→美的惹かれ (aesthetic attraction) ; デミセクシュアリティ (デミ) (demisexuality (demi)) ; 恋愛的惹かれ (romantic attraction) ; 性的惹かれ (sexual attraction)
感覚的惹かれ (sensual attraction) …. 71
キス (kissing) ……………………………………… 21, 313, 315, 322, 324-26
キム , ユンジュン (Kim, Eunjung) … 209
虐待 (abuse) ………………… 216-19, 302-03
→性暴力 (sexual violence)
キャシー (Cassie) ……… 172-74, 313, 343
キャレラス , バーバラ (Carrellas, Barbara) …………………………………203
キャンディ , ブルック (Candy, Brooke) 120
キャンパスでの性的暴行 (campus sexual assault) ……………………………… 148, 301
→性暴力 (sexual violence)
教師と生徒の関係 (teacher-student relationship) ………………………… 239-40
強制 (coercion) ……………………… 288-93
→強制された同意 (coerced consent) ; 性暴力 (sexual violence)
強制された同意 (coerced consent) ………. 288-93, 300, 309-10
→同意 (consent)
強制的異性愛 (compulsory heterosexuality) …. 80-84, 218-19, 397
→強制的性愛 (compulsory sexuality)
「強制的異性愛とレズビアン存在」 (“Compulsory Heterosexuality and Lesbian Existence" (Rich)) ………… 81
強制的性愛 (compulsory sexuality) …81-84:
ーにおける恥と権力 (shame and power in) …… 131, 159-61, 198-99, 292, 300;
ーについての著者の個人的な経験 (author's personal experiences with) … 352-57;
ーを解体すること (dismantling of) …… 104-06, 227, 387, 397-99
→恋愛伴侶規範 (amatonormativity) ;

アセクシュアリティ (asexuality) ; セックス神話 (sex myth) ; 社会的な条件づけ (social conditioning)
キルボーン, クレイグ (Kilborn, Craig) …… 166
キンジー, アルフレッド (Kinsey, Alfred) …… 44-45
グアテマラ (Guatemala) …… 238
クィアプラトニック・パートナー (queerplatonic partners (QPP)) …… 253-55, 256-58, 259-62
薬 (pharmaceutical drugs) …… 76, 194-96, 299
グプタ, クリスティナ (Gupta, Kristina) …… 215, 387
クリーグマン, ジュリー (Kliegman, Julie) …… 170
グリック, エリサ (Glick, Elisa) …… 124, 135
グリフラー, ジー (Griffer, Zee) …… 349-52, 386
グレアム, リンジー (Graham, Lindsey) …… 274
クレイグ (Craig) …… 93
グレー・アセクシュアル (グレーA) (gray-asexual (gray-A)) …… 61-66, 101
→アセクシュアリティ (asexuality)
グレゴリウス九世 (Gregory IX (pope)) …… 192
クレンショー, キンバリー (Crenshaw, Kimberlé) …… 158
ゲイ男性 (gay men) …… 83, 93
結婚／婚姻 (marriage) :
アセクシュアリティと― (asexuality and) …… 259, 262, 288-93, 296-300;
性と―についての信仰 (religion on sex and) …… 18, 72, 78-79, 88, 98-100;
配偶者によるレイプ (spousal rape) …… 294;
非西洋文化の― (in non-Western cultures) …… 238-39;
法的差別と― (legal discrimination and) …… 272-74, 280-83, 387-88
→恋愛伴侶規範 (amatonormativity) ; デートの規範 (dating norms) ; 関係／交際の筋書き (relationship scripts)
結婚の法的特権 (legal privileges of marriage) …… 280-83, 388
ケネディ, アンソニー (Kennedy, Anthony) …… 272, 286
現象学 (phenomenology) …… 249-51
ケンドラ (Kendra) …… 154, 330, 335
コイ (Coy) …… 169
『高校のためのエース包括ガイド』(*Ace Inclusion Guide for High Schools*) …… 389
公式アセクシュアル協会 (Official Asexual Society) …… 48
交渉 (negotiation) …… 312-17
口頭によらない合図 (nonverbal cues) …… 314-16
→同意 (consent)
高齢の (aging) …… 210, 225, 282, 285-86, 390, 392
コーエン, アダム (Cohen, Adam) …… 206
コーエン, マイケル (Cohen, Michael) …… 294
コージブスキー, アルフレッド(Korzybski, Alfred) …… 77
ゴールドスタイン, ブルック (Goldstein, Brooke) …… 102
ゴール・ファクタリング (goal factoring) …… 340, 342-43
子育て (parenting) …… 237, 393-97
孤独 (loneliness) ……

95, 265, 272, 280, 286
言葉 (language)：
アイデンティティのラベルと― (identity labels and) ……44-50, 61-67;
―を通してのセクシュアリティの誤った表象 (misrepresentation of sexuality through) ……27, 239-55, 259-61
コミュニティ (community) ……45-47, 73-75, 152-56
コリンズ，デイヴィッド (Collins, David) ……263-65, 275-80
ごわごわの思考 (StarchyThoughts) ……292
コンバヒー・リバー・コレクティブ (Combahee River Collective) ……158

さ

罪悪感／罪責感 (guilt) ……43, 111, 290-94, 305, 335, 352-54
→恥 (shame)
サイアトリクス (Sciatrix) ……216-17
ザカリア，ラフィア (Zakaria, Rafia) ……135-37
サクガワ，ユミ (Sakugawa, Yumi) ……230-31, 259
サドマドヒズム (sadomasochism) ……114
サモア (Samoa) ……238
サラ (Sarah) ……52, 54-56
サンフォード，ミルドレッド (Sanford, Mildred) ……282
ジーク (Zeke) ……393-96
シェイクスピア，トム (Shakespeare, Tom) ……210
ジェイ，デイヴィッド (Jay, David) ……47-48, 55, 74, 154, 261, 391-97
ジェイムズ，ヘンリー (James, Henry) ……285
ジェームズ (James) ……288-91, 324-26, 341, 346, 384-85
ジェーン (Jane) ……12-14, 26, 28, 36, 247-50
ジェシカ (Jessica) ……347
ジェニファー (Jennifer) ……70
ジェンキンス，キャリー (Jenkins, Carrie) ……272
思春期 (puberty) ……21, 38, 58, 94, 237
自閉症の人々 (autism spectrum disorders, people with) ……210, 212, 217, 275, 315
シモーヌ (Simone) ……246, 275-76
社会的な条件づけ (social conditioning) 221-24, 322-24, 328-31
→恋愛伴侶規範 (amatonormativity)；強制的性愛 (compulsory sexuality)
ジャンコウスキー，ローレン (Jankowski, Lauren) ……128-32, 268-69
シャン，チェーシー (Shan, Zhexi) ……62
宗教 (religion) ……78-80, 88-89, 98, 217
受容 (acceptance) ……101, 220-28
→性解放 (sexual liberation)
シュラフリー，フィリス (Schlafly, Phyllis) ……114, 295
シュルツ，ビル (Schulz, Bill) ……106
障害者 (disabilities, people with) ……190-91, 208-15, 225-28, 390
象徴／シンボル (symbols) ……73-74, 154, 357
ジョー (Jo) ……122, 211, 283-85
ジョージア (Georgia) ……319-20, 337, 360
ジョーンズ，カリン (Jones, Karin) ……359
女性のセクシュアリティ (female sexuality) ……111-28
人口統計 (population statistics) ……169
人種 (race)：

アセクシュアル・コミュニティとー (asexual community and) ··77, 154-56, 174-79, 390;
ーのステレオタイプ (stereotypes of) ··· 162-65, 174-75, 188;
抑圧とアセクシュアリティ (oppression and asexuality) ·························· 157-61;
抑圧とー (representation and) 166-85, 267-69
→階級とセクシュアリティ (class and sexuality) ; フェミニストの政治 (feminist politics) ; アイデンティティ政治 (identity politics)
親密さ (intimacy)····································· 213, 233, 240-42, 337-42, 351, 386
スクワール , ティム (Squirrell, Tim) ·····96
スタイネム , グロリア (Steinem, Gloria) ··· 301
ステフ (Steff) ······································ 212
すみす, s.e. (smith, s.e.) ·············· 253-54
性科学 (sexology) ·······························201
性教育 (sex education) ···························· 137, 146, 211, 388, 389
性行動 (sexual behavior) :
キス (kissing) ··· 21, 313, 315, 322, 324-26;
ーにおける同意 (consent in) ·············· 288-317, 346-47;
ーのための関係の筋書き (relationship scripts for) ·················· 318-28, 367-69;
vs. 親密さ (vs. intimacy) ····················· 337-42, 349-52, 386;
vs. 性的惹かれ (vs. sexual attraction) ···36, 345-46;
vs. 文化的構造 (vs. cultural construct) ······················322-24, 328-30
→アセクシュアリティ (asexuality) ; 強制的性愛 (compulsory sexuality) ; 性的抑圧 (sexual repression)
『性行動文庫』(Archives of Sexual Behavior (publication)) ····················38
政治的ラディカリズムとセクシュアリティ (political radicalism and sexuality) ······ 113-17, 121-28,132-38
精神疾患 (psychiatric sickness) ·············· 192-205
『精神疾患の診断・統計マニュアル第５版』(*Diagnostic and Statistical Manual of Mental Disorders (DSM-5)*) ···192-93, 197, 200, 205, 214, 220
性的指向, 定義 (sexual orientation, defined) ·· 55-57
性的態度およびライフスタイル全国調査 (National Survey of Sexual Attitudes and Lifestyles (NAT-SAL)) ·············332
性的出会い［フックアップ］(hookups) ····· 40, 64, 119, 141, 278
→強制的性愛 (compulsory sexuality) ; デートの規範 (dating norm)
性的でない恋愛的な愛 (nonsexual romantic love) ·····························231-32
性的でなくすこと (desexualization) ········ 162, 209-11, 227, 387
性的な釣り合いの取れなさ (sexual incompatibility) ···································· 296-300, 318-29, 349-51
性的に欲されうること (desirability) ········ 344-47
性的に欲されたいという欲望 (responsive desire) ···345-49
性的惹かれ (sexual attraction) :
グレー・アセクシュアルのー (of gray-asexuals) ···································· 61, 66;
デミセクシュアルのー (of demisexuals)

62-66, 222;
ーの記述 (description of) … 12-14, 35-36;
ーの定義 (definition of) ……52, 53-54;
vs. 性行動 (vs. sexual behavior)……36, 345-46;
vs. 恋愛的惹かれ (vs. romantic attraction) ……………69, 237, 239-42
→美的惹かれ (aesthetic attraction) ; アセクシュアリティ (asexuality) ; 強制的性愛 (compulsory sexuality) ; 感覚的惹かれ (emotional attraction) ; 恋愛的惹かれ (romantic attraction) ; 性欲動 (sexual drive)
性的抑圧 (sexual repression) ……………… 111-13, 133-34, 217
→アセクシュアリティ (asexuality) ; セリバシー／禁欲 (celibacy)
性的欲求低下障害 (HSDD (hypoactive sexual desire disorder)) ‥ 192-93, 199-205
性の解放 (sexual liberation) ……………… 111-12, 121-28, 132-35
→受容 (acceptance)
性の商品化 (commodification of sex) …… 87-88, 118-20
性暴力 (sexual violence) …… 148, 216-19, 294-95, 301-08
→虐待 (abuse)
性欲動 (sexual drive) :
エースのー (of aces) ……… 52-56, 330;
薬とー (pharmaceutical drugs and) …… 76, 194-96, 299;
障害者のー (of disabled persons) ……… 190-91;
ーについての信仰 (religion on) ………… 78-80
→アセクシュアリティ (asexuality) ; 性的惹かれ (sexual attraction)
セックス・クリティカル ("sex-critical") … 150
セックス神話 (sex myth) ……………… 86
→強制的性愛 (compulsory sexuality)
セックス・ネガティブのフェミニズム (sex-negative feminism) ……………… 113-17
セックスの減退／不景気 ("sex recession") ……………… 84-86
セックス・ポジティブのフェミニズム (sex-positive feminism) ……………… 119-28, 135-37, 145-51
セックス・ワーク (sex work) …… 114, 147
接触の惹かれ (touch attraction) ……… 71
セバスチャン (Sebastian) … 162-63, 172, 305
セランカウスキ, KJ (Cerankowski, KJ) … 217, 223
セリーナ (Selena) … 156-58, 162, 179-82, 184-85, 188, 319-20, 337-40, 360-61
セリバシー／禁欲 (celibacy) :
インセル (incels) ……………… 92, 94-98;
エースにとっての解放としてのー (as liberation for aces) ……… 41, 136, 371;
社会的なタブーとしてのー (as socially taboo) ……………… 112, 145, 292, 299;
聖職者のー (of religious clergy) …… 82;
長期的な関係性におけるー (in long-term relationships) ……… 244, 331-32;
vs. アセクシュアリティ (vs. asexuality) ……………… 36, 49
→アセクシュアリティ (asexuality) ; 性行動 (sexual behavior) ; 性的抑圧 (sexual repression) ; バージン (virginity)
世話すること [ケアテイキング] (caretaking) ……………… 282, 285

→高齢の (aging)

た

ダイアモンド, リサ (Diamond, Lisa) ……… 236-38, 243, 253
大学生 (college students) 148, 301, 304
大金星のアセクシュアル ("gold-star asexual") ……………………216-17, 219-20
ダウニング, リサ (Downing, Lisa) ….150
食べ物の比喩 (food as metaphor) 37, 53, 348
→料理 (cooking)
男性のセクシュアリティ (male sexuality) 89-98
チェイスン, CS (Chasin, CJ) ………………… 66, 202-03, 218, 241, 251, 398
力／行為のための力 (agency) …. 107-08, 110-17, 146, 307, 311
→セックス・ポジティブのフェミニズム (sex-positive feminism)
知見の誤謬 (insight fallacy) ……. 352-57
地図, 表象としての (maps, as representation) ………………………………77
知的惹かれ (intellectual attraction) ..71
釣り合いの取れなさ (incompatibility) …. 296-300, 318-29
ティーファー, レオノア (Tiefer, Leonore) 321, 336
ディサンティス, アラン・D (DeSantis, Alan D.) …………………………………………90
テイラー (Taylor) …. 252, 256-59, 261-62
デートの規範 (dating norms) ….. 84, 211, 318, 320
→恋愛伴侶規範 (amatonormativity); 性的出会い (hookups); 結婚／婚姻 (marriage); 関係性／交際の筋書き (relationship scripts)
デッカー, ジュリー・ソンドラ (Decker, Julie Sondra) ……………… 104, 285, 385
デミセクシュアリティ(デミ)(demisexuality (demi)) ……………………………62-66, 222
→アセクシュアリティ (asexuality)
テレビ (television)：
ーにおけるアセクシュアルのキャラクター (asexual characters on) …… 166-72, 196-99, 264;
ーにおけるクィアプラトニック・パートナー (queerplatonic relationship on) … 255-56;
ーにおけるセックス・ポジティブなキャラクター (sex-positive characters on) .. 118-19, 147;
ーにおけるデートゲーム番組 (dating game show on) ………………58-61, 67-69
同意 (consent) ……………288-317, 346-47
ドウォーキン, アンドレア (Dworkin, Andrea) …………. 113-15, 116-17, 147-48
ドゥガン, リサ (Duggan, Lisa) ………. 115
特権サークルの理論 (charmed circle theory) ……………………………123-24, 143
トラウマ (trauma) 143, 216-17, 226, 306
トランスジェンダー・アイデンティティ (transgender identity)：
アセクシュアリティとー (asexuality and) …. 93-94, 156-57, 179-81, 362-80;
恥と抹消 (shame and erasure with) ….. 131-32
トランプ, イヴァナ (Trump, Ivana) ….294
トランプ, ドナルド (Trump, Donald) 294
トレイスター, レベッカ (Traister, Rebecca) ……………………………………… 112

な

ナゴスキ, エミリー (Nagoski, Emily) …….

309-11
肉欲 (lust) ········79-80, 116, 210, 345-46
→強制的性愛 (compulsory sexuality) ; 恋愛的惹かれ (romantic attraction) ; 性欲動 (sexual drive)
ニューフェルト , アルドレッド (Neufeldt, Aldred) ········ 213
ネア, ヤスミン (Nair, Yasmin) ··· 126, 137
熱意のある同意 (enthusiastic consent) ··· 309-11, 315, 346
→同意 (consent)
ノア (Noah) ········ 247-50, 352-53, 354-56
ノンセクシャル, 用語としての (nonsexual, as term) ········ 46

は

パーカー , ポーリン (Parker, Pauline) ······ 234-36, 244
バーカー , メグ = ジョン (Barker, Meg-John) ········ 314
バージン (virginity) ········91, 119, 141-45
→セリバシー (celibacy)
バーナード・カンファレンス (Barnard Conference on Sexuality) ········ 114
バーリン, アイザイア (Berlin, Isaiah) ······· 148
バイアグラ (Viagra) ········ 194-95
はい、 やります (Yes, We Fuck! (group)) 212
バイリーシ (Vyleesi) ········196, 203-04
白人性 (whiteness)
→人種 (race)
恥 (shame) ········ 117, 122, 292, 352-54
→罪悪感／罪責感 (guilt)
バジーニ , ジュリアン (Baggini, Julian) ·· 281
旗 (flags) ········73-74
バック , キャリー (Buck, Carrie) ········ 206-08, 210
ハムスン , クヌート (Hamsun, Knut) ········ 270
パンセクシュアリティ (pansexuality) ······· 16, 66, 69, 264
ハンター (Hunter) ········ 78-80, 82, 88-89, 98-101, 106-07, 268, 312, 386
反ポルノグラフィーの女たち (Women Against Pornography (group)) ······ 114
美的惹かれ (aesthetic attraction) ········ 38, 68-70, 246, 250
→感覚的惹かれ (emotional attraction) ; 恋愛的惹かれ (romantic attraction) ; 性的惹かれ (sexual attraction)
ヒューマン・アメーバのための安息地 (Haven for the Human Amoeba) ·····47
ヒューム , ジュリエット (Hulme, Juliet) ··· 235-36, 244
病気としてのアセクシュアリティ (illness, asexuality as) ········ 191-205
表象 (representation) ········ 77, 166-85, 266-69
→抹消 (erasure)
ヒルズ , レイチェル (Hills, Rachel) ·····86
ヒンダーライター , アンドリュー C. (Hinderliter, Andrew C.) ·····38, 201
ファーズ , ブレアン (Fahs, Breanne) ········ 148
ファスラー , ジョー (Fassler, Joe) ····239-40
フィッシャー , ヘレン (Fisher, Helen) ······· 242
フィッツジェラルド, F・スコット(Fitzgerald, F. Scott) ········207
フーコー , ミシェル (Foucault, Michel) ····

104
ブーレル, ミトラ (Boolel, Mitra) 194
フェティッシュ化 (fetishization) ··57, 133, 157, 162, 323
フェニックス, ロラ (Phoenix, Lola) ···63, 315
フェミニストの政治 (feminist politics) ···· 112-28, 132-38, 145-51
フォックス (Fox News) 102-03
プシビウォ, エラ (Przybylo, Ela) 82, 92, 93, 382
ブノワ, ヤスミン (Benoit, Yasmin) 183-86
不本意の禁欲者 (involuntary celibates)
→インセル (不本意の禁欲者) (incels (involuntary celibates))
ブライアン (Brian) 331-32
ブライト, スージー (Bright, Susie) ···· 116
ブラウン, シェロンダ・J (Brown, Sherronda J.) 173
ブラウンミラー, スーザン (Brownmiller, Susan) 301
ブラウン, ルシッド (Brown, Lucid) 20-25, 41-42, 67, 222
ブラック, リチャード (Black, Richard) ···· 295
プラトニックな愛 (platonic love).............. 242-51
→恋愛的な愛 (romantic love)
プラトン (Plato) 382
フランボワーズ (Framboise) 122-23, 132
フリッカー, ミランダ (Fricker, Miranda) 290
ブルックス, キム (Brooks, Kim) ······233, 239
ブルックス, サラ・ベス (Brooks, Sara Beth) 388, 390
ブレイク, エリザベス (Brake, Elizabeth)· 272, 282-83, 393
『プレイボーイ』(*Playboy*) 87, 88
フレミング, コルビー (Fleming, Colby) ··· 91
フロイト, ジークムント (Freud, Sigmund) 382
ブローク, アレクサンドル (Blok, Alexander) 263
ブロドスキー, アレクサンドラ (Brodsky, Alexandra) 112
ブロット, ロリ (Brotto, Lori) 54
文学における恋愛 (romance in literature) 266-71
文芸創作 (literary fiction) 266-71
ベア, ドレイク (Baer, Drake) 272
ベル, ジョン (Bell, John) 208
ヘルマン, リー (Hellman, Leigh)............. 244-45, 251-53, 256-62
ヘンタイ (kink):
アセクシュアリティと一 (asexuality and) 50, 57, 123, 144;
一における交渉と同意 (negotiation and consent in) ··· 312-16, 338-39, 360;
一についての社会的受容の欠如 (lack of social acceptance for) 82;
一のなかのバリエーション (variation within) 75
ヘンリー (Henry)·······28-36, 40, 42, 110, 140-42, 150-51, 355
包括性/包摂 (inclusivity) 42, 48-49, 97, 389
ホームズ, オリバー・ウェンデル, ジュニア (Holmes, Oliver Wendell, Jr.) ···· 206
ボストン・マリッジ (“Boston marriages“) 285

ホモセクシュアリティの定義 (homosexuality, defined) 16, 205, 218
ホモフォビア (homophobia) …………… 133
ポルノグラフィー (pornography) …………… 114, 303
惚れ込み (infatuation) … 244-45, 249-50

ま

マグワイア, セバスチャン (Maguire, Sebastian) …………………………… 77, 389
マスターベーション (masturbation) … 38, 48, 50, 52, 55, 123, 217, 322, 347, 371
マッキノン, キャサリン (MacKinnon, Catharine) ………… 113, 115-17, 147, 303
抹消 (erasure) ………………… 44-45, 133-34
→表象 (representation)
マリア (Maria) ………………………… 368-70
ミナージュ, ニッキー (Minaj, Nicki) ……… 120
ミナシアン, アレク (Minassian, Alek) 96
ミラー, ジー (Miller, Zii) …… 83, 94, 385
ミリガン, モーリーン (Milligan, Maureen) ………………………………… 213
ムーア, アリソン・ダウンハム (Moore, Alison Downham) ……………………… 192
ムスリムのフェミニズム (Muslim feminism) …………………………… 135-37
「無敵のアセクシュアル」(“unassailable asexual“) ……………………………… 216-20
メイ (May) ………………………… 175-77, 179
メッツ, タマラ (Metz, Tamara) ……… 282
メラネシア (Melanesia) …………………… 238
メレディス (Meredith) ……… 362, 373-77
模倣的な欲望 (mimetic desire) … 363-64
モリスン, トニ (Morrison, Toni) …… 187-88
モルモン教のコミュニティ (Mormon communities) ………………… 366, 371-72

や

「やり返せ」(Even the Score) …………… 195
友人愛 (friend-love) ……… 230-34, 243
優生思想 (eugenics) ………………… 207-08
ユダヤ教正統派のコミュニティ (Orthodox Jewish community) …………………… 320
よいカンジ／振動 (Good Vibrations) 146
抑圧, 人種的・性的な (oppression, racial-sexual) ………………………… 134-65
欲求障害 (desire disorders) …… 192-205

ら

ラテン系アメリカ人の経験 (Latin American experiences) ………… 172-74
→人種 (race)
ランジュヴァン, ブライアン (Langevin, Brian) ………………………………………… 389
リーボウィッツ, カラ (Liebowitz, Cara) …… 190-91, 211, 214-16, 221
リッチ, アドリエンヌ (Rich, Adrienne) …… 81, 218, 397
リビドー (libido):
→性欲動 (sexual drive)
リビドー亢進薬 (libido-boosting drugs) … 76, 194-96, 299
流動性 (fluidity) ………………………… 222-23
料理 (cooking) ……………………… 336, 384
→食べ物の比喩 (food as metaphor)
ルース (Ruth) ……………………………… 372
ルービン, ゲイル (Rubin, Gayle) …… 123, 133, 406
冷感症 (*frigiditas*) …………………… 192-93
レイプ (rape) …… 148, 159, 206, 294-95, 301-08
→性暴力 (sexual violence)

レイプ、虐待および近親姦全国ネットワーク (Rape, Abuse & Incest National Network) ……307
レズビアン的な存在，リッチによる (lesbian existence, Rich on) ……397
恋愛的な愛 (romantic love) :
ダイアモンド (Diamond on) …236-38, 243;
ーについての著者の個人的経験 (author's personal experiences with) … 247-51;
ーのケーススタディ (case studies of) … 234-36;
友人愛 (friend-love) .. 230-34, 242-44;
ーの言葉とカテゴリー (language and categorization of) …… 239-55, 259-62
恋愛伴侶規範 (amatonormativity of) · 272-76, 280-85
→アロマンティシズム (aromanticism)
恋愛的惹かれ (romantic attraction) …… 69, 237, 239-42
→美的惹かれ (aesthetic attraction) ; 感覚的惹かれ (emotional attraction) ; 肉欲／貪欲な (lust) ; 性的惹かれ (sexual attraction)
恋愛伴侶規範 (amatonormativity) ‥272-76, 280-85, 286, 388, 393
→強制的性愛 (compulsory sexuality) ; デートの規範 (dating norms) ; 結婚／婚姻 (marriage) ; 関係／交際の筋書き (relationship scripts) ; 恋愛的な愛 (romantic love) ; 社会的な条件づけ (social conditioning)
ロー，トーヴ (Lo, Tove) …… 120
ロード，オードリー (Lorde, Audre) ‥382-83
ローフェア・プロジェクト (Lawfare Project) ……102
ロジャー，エリオット (Rodger, Elliot) …… 96

わ

我が道を行く男たち (Men Going Their Own Way (group)) …… 95-98, 279

A

asexuality.org …… 16, 48
→AVEN
AVEN (アセクシュアルの可視性と教育のためのネットワーク) (AVEN (Asexuality Visibility and Education Network)) …… 16, 24, 47-49, 74, 176, 378-79, 388, 391-92
EROS クリトリス施術装置 (EROS clitoral therapy device) …… 194
GLAAD ……170, 307
#MeToo 運動 (#MeToo movement) …… 148
OKCupid …… 139
Tumblr ……62, 152, 154

原注

既訳のある文献は適宜参照したが、一部変更していることもある。
URL は原著出版時のもの。

第 1 章

[1] The Asexuality Visibility and Education Network, https://asexuality.org/.

[2] Abigail van Buren, "Dear Abby: Condolences Better Late than Never,"*Monterey Herald*, syndicated by in *Maui News*, September 16, 2013, https://www.montereyherald.com/2013/09/16/dear-abby-condolences-better-late-than-never/.

[3] Andrew C. Hinderliter, "Methodological Issues for Studying Asexuality," *Archives of Sexual Behavior* 38, no. 5 (2009): 620, https://doi.org/10.1007/s10508-009-950-x.

第 2 章

[1] Donna J. Drucker, "Marking Sexuality from 0-6: The Kinsey Scale in Online Culture," *Sexuality & Culture* 16, no. 3 (September 2012): 243-46, https://doi.org/10.1007/s12119-011-9122-1.

[2] Alfred C. Kinsey, Wardell B. Pomeroy, and Clyde E. Martin, *Sexual Behavior in the Human Male* (Philadelphia and London: W. B. Saunders, 1948), 656.

[3] Julie Kliegman, "How Zines Paved the Way for Asexual Recognition," *them.*, November 6, 2019, https://www.them.us/story/asexual-zines.

[4] Andrew C. Hinderliter, "The Evolution of Online Asexual Discourse," Ph.D. diss., University of Illinois at Urbana-Champaign, 2016.

[5] Hinderliter, "The Evolution of Online Asexual Discourse."

[6] Andrew C. Hinderliter, "How Is Asexuality Different from Hypoactive Sexual Disorder?," *Psychology and Sexuality* 4, no. 2 (2013): 171-73, https://doi.org/10.1080/19419899.2013.774165.

[7] Hinderliter, "How Is Asexuality Different from Hypoactive Sexual Disorder?," 172.

[8] Lori A. Brotto and Morag A. Yule, "Physiological and Subjective Sexual Arousal in Self-Identified Asexual Women," *Archives of Sexual Behavior* 40, no. 4 (August 2011): 699-712, https://doi.org//10.1007/s10508-010-9671-7.

[9] David Jay, "#10—The Masturbation Paradox," *Love from the Asexual Underground*, September 26, 2006, https://asexualunderground.blogspot.com/2006/09/10-masturbation-paradox.html.

[10] C. J. Chasin, "Asexuality and Re/Constructing Sexual Orientation," in *Expanding the Rainbow: Exploring the Relationships of Bi+, Polyamorous,*

Kinky, Ace, Intersex, and Trans People, ed. Brandy L. Simula et al. (Boston: Brill, 2019).

第 3 章

[1] Adrienne Rich, "Compulsory Heterosexuality and Lesbian Existence," *Signs* 5, no. 4 (Summer 1980): 631-60, https://doi.org/10.1080/09574049008578015〔アドリエンヌ・リッチ『血、パン、詩。——アドリエンヌ・リッチ女性論』大島かおり訳、晶文社、1989 年〕.

[2] Rich, "Compulsory Heterosexuality and Lesbian Existence"〔アドリエンヌ・リッチ『血、パン、詩。』86 頁〕.

[3] L. Kann, "Youth Risk Behavior Surveillance—United States, 2015," *MMWR Surveillance Summaries* 63, no. 4 (June 10, 2016), https://www.cdc.gov/healthyyouth/data/yrbs/pdf/2015/ss6506_updated.pdf.

[4] J. M. Twenge, R. A. Sherman, et al. "Declines in Sexual Frequency among American Adults, 1989-2014," *Archives of Sexual Behavior* 46, no. 8 (November 2017): 2389, https://doi.org/10.1007/s10508-017-0953-1.

[5] Kate Julian, "Why Are Young People Having So Little Sex?," *Atlantic*, December 2018, https://www.theatlantic.com/magazine/archive/2018/12/the-sex-recession/573949.

[6] Jake Novak, "America's Sex Recession Could Lead to an Economic Depression," *CNBC*, October 25, 2019, https://www.cnbc.com/2019/10/25/americas-sex-recession-could-lead-to-an-economic-depression.html.

[7] Novak, "America's Sex Recession Could Lead to an Economic Depression."

[8] Alessandra Potenza, "People Are Having Less Sex—Maybe Because of all Our Screen Time," *Verge*, March 11, 2017, https://www.theverge.com/2017/3/11/14881062/americans-sexual-activity-decline-study-happiness-internet-tv.

[9] Tara Bahrampour, "'There Really Isn't Anything Magical About It': Why More Millennials Are Avoiding Sex," *Washington Post*, August 2, 2016, https://www.washingtonpost.com/local/social-issues/2016/08/02/e7b73d6e-37f4-11e6-8f7c-d4c723a2becb_story.html.

[10] Rachel Hills, *The Sex Myth: The Gap between Our Fantasies and Reality* (New York: Simon & Schuster, 2015), 15-16.

[11] Sophie Gilbert, "How Hugh Hefner Commercialized Sex," *Atlantic*, September 28, 2017, https://www.theatlantic.com/entertainment/archive/2017/09/how-hugh-hefner-commercialized-sex/541368.

[12] Caroline Bauer, Tristan Miller et al., "The 2016 Asexual Community Survey Summary Report," Ace Community Survey, November 15, 2018, https://asexualcensus.files.wordpress.com/2018/11/2016_ace_community_survey_

report.pdf.
[13] Alan D. DeSantis, *Inside Greek U.: Fraternities, Sororities, and the Pursuit of Power, Pleasure, and Prestige* (Lexington: University Press of Kentucky, 2007), 43-44.
[14] Kim Parker, Juliana Menasce Horowitz, and Renee Stepler, "On Gender Differences, No Consensus on Nature vs. Nurture," Pew Research Center, December 5, 2017, https://www.pewsocialtrends.org/2017/12/05/on-gender-differences-no-consensus-on-nature-vs-nurture/#millennial-men-are-far-more-likely-than-those-in-older-generations-to-say-men-face-pressure-to-throw-a-punch-if-provoked-join-in-when-others-talk-about-women-in-a-sexual-way-and-have-many-sexual-par.
[15] C. Brian Smith, "When Having Sex Is a Requirement for Being Considered 'A Real Man'," *MEL Magazine*, 2018, https://melmagazine.com/en-us/story/when-having-sex-is-a-requirement-for-being-considered-a-real-man.
[16] Ela Przybylo, "Masculine Doubt and Sexual Wonder: Asexually-Identified Men Talk About Their (A)sexualities," in *Asexualities: Feminist and Queer Perspectives*, ed. Megan Milks and KJ Cerankowski (New York: Routledge, 2014), 225-46.
[17] Przybylo, "Masculine Doubt and Sexual Wonder."
[18] Alim Kheraj, "Not Every Gay Man Is DTF," *GQ*, April 5, 2018, https://www.gq.com/story/not-every-gay-man-is-dtf.
[19] Przybylo, "Masculine Doubt and Sexual Wonder."
[20] Peter Baker, "The Woman Who Accidentally Started the Incel Movement," *Elle*, March 1, 2016, https://www.elle.com/culture/news/a34512/woman-who-started-incel-movement.
[21] Mack Lamoureux, "This Group of Straight Men Is Swearing Off Women," *Vice*, September 24, 2015, https://www.vice.com/en_us/article/7bdwyx/inside-the-global-collective-of-straight-male-separatists.
[22] Olivia Solon, "'Incel': Reddit Bans Misogynist Men's Group Blaming Women For Their Celibacy," *Guardian*, November 8, 2017, https://www.theguardian.com/technology/2017/nov/08/reddit-incel-involuntary-celibate-men-ban.
[23] Ian Lovett and Adam Nagourney, "Video Rant, Then Deadly Rampage in California Town," *New York Times*, May 24, 2014, https://www.nytimes.com/2014/05/25/us/california-drive-by-shooting.html.
[24] Gianluca Mezzofiore, "The Toronto Suspect Apparently Posted about an 'Incel Rebellion.' Here's What That Means," CNN, April 25, 2018, https://edition.cnn.com/2018/04/25/us/incel-rebellion-alek-minassian-Toronto-attack-trnd/index.html.
[25] Fox News, "Asexuality a Sexual Orientation?," August 21, 2012, https://video.

foxnews.com/v/1797282177001#sp=show-clips.
[26] Fox News, "Asexuality a Sexual Orientation?"
[27] Fox News, "Asexuality a Sexual Orientation?"
[28] Michel Foucault, *The History of Sexuality*, Vol. 1 (New York: Random House, 1978), 19-23 (Michel Foucault, Histoire de la sexualité 1: la volonté de savoir, (Paris: Gallimard, 1976)〔ミシェル・フーコー『性の歴史I 知への意志』渡辺守章訳、新潮社、1986 年、27-33 頁〕.

第 4 章

[1] Rebecca Traister, "Why Consensual Sex Can Still Be Bad," *The Cut*, October 20, 2015, https://www.thecut.com/2015/10/why-consensual-sex-can-still-be-bad.html.
[2] Nan D. Hunter, "Contextualizing the Sexuality Debates: A Chronology 1966-2005," *Sex Wars: Sexual Dissent and Political Culture (10th Anniversary Edition)*, ed. Lisa Duggan and Nan D. Hunter (New York: Routledge, 2006), 22, 23.
[3] Lisa Duggan, "Censorship in the Name of Feminism," *Sex Wars: Sexual Dissent and Political Culture (10th Anniversary Edition)*, ed. Lisa Duggan and Nan D. Hunter (New York: Routledge, 2006), 32.
[4] Hunter, "Contextualizing the Sexuality Debates," 23-24.
[5] Ellen Willis, "Lust Horizon: Is the Women's Movement Pro-Sex?" *No More Nice Girls: Countercultural Essays* (Minneapolis: University of Minnesota Press, 2012), 6-8.
[6] Chloe Hall, "It's 2019 And Women Are Horny As Heck," *Elle*, January 24, 2019, https://www.elle.com/culture/a26006074/women-horny-2019.
[7] Tracy Egan Morrissey, "The Year Women Got 'Horny,'" *New York Times*, December 13, 2019, https://www.nytimes.com/2019/12/13/style/horny-women.html.
[8] "Totally Soaked," *The Cut*, 2019. https://www.thecut.com/tags/totally-soaked.
[9] Framboise, "No True Sex Positive Feminist," *The Radical Prude*, March 25, 2012, https://radicalprude.blogspot.com/2012/03/no-true-sex-positive-feminist.html.
[10] Framboise, "No True Sex Positive Feminist."
[11] Gayle Rubin, "Thinking Sex: Notes for a Radical Theory of the Politics of Sexuality," in *Pleasure and Danger: Exploring Female Sexuality*, ed. Carole S. Vance (Boston: Routledge & Kegan Paul, 1984), 267-311.〔ゲイル・ルービン「性を考える——セクシュアリティの政治に関するラディカルな理論のための覚書」河口和也訳、『現代思想』1997 年 5 月号、94-144 頁〕
[12] Elisa Glick, "Sex Positive: Feminism, Queer Theory, and the Politics of

Transgression," *Feminist Review*, no. 64 (Spring 2000): 19-45, http://www.jstor.org/stable/1395699.
[13] Yasmin Nair, "Your Sex Is Not Radical," *Yasmin Nair*, June 27, 2015, http://yasuminnair.net/content/your-sex-not-radical.
[14] Rubin, "Thinking Sex."
[15] Glick, "Sex Positive."
[16] Rafia Zakaria, "Sex and the Muslim Feminist," *New Republic*, November 13, 2015, https://newrepublic.com/article/123590/sex-and-the-muslim-feminist.
[17] Zakaria, "Sex and the Muslim Feminist."
[18] Nair, "Your Sex Is Not Radical."
[19] Breanne Fahs, "'Freedom To' and 'Freedom From': A New Vision for Sex-Positive Politics," *Sexualities* 17 no. 3 (2014): 267-90, https://doi.org/10.1177/1363460713516334.
[20] Julian, "Why Are Young People Having So Little Sex?"
[21] Emily Bazelon, "The Return of the Sex Wars," *New York Times Magazine*, September 10, 2015, https://www.nytimes.com/2015/09/13/magazine/the-return-of-sex-wars.html.
[22] Fahs, "'Freedom To' and 'Freedom From.'"
[23] Lisa Downing, "What Is 'Sex-Critical' and Why Should We Care about It?," *Sex Critical*, July 27, 2012, http://sexcritical.co.uk/2012/07/27/what-is-sex-critical-and-why-should-we-care-about-it.

第5章

[1] Asexual Census, "A History of Previous Ace Community Surveys," https://asexualcencus.wordpress.com/faq/a-history-of-previous-ace-community-surveys.
[2] Caroline Bauer et al., *The 2016 Asexual Community Survey Summary Report* (November 15, 2018), https://asexualcensus.files.wordpress.com/2018/11/2016_ace_community_survey_report.pdf.
[3] Bauer et al., *The 2016 Asexual Community Survey Summary Report*.
[4] Combahee River Collective, "The Combahee River Collective Statement," 1977, https://americanstudies.yale.edu/sites/default/files/files/Keyword%20Coalition_Readings.pdf.
[5] Kimberlé Crenshaw, "Demarginalizing the Intersection of Race and Sex: A Black Feminist Critique of Antidiscrimination Doctrine, Feminist Theory, and Anti-racist Politics," *University of Chicago Legal Forum* 1989, no. 1, article 8 (1989), http://chicagounbound.uchicago.edu/uclf/vol1989/iss1/8.
[6] Pauline E. Schloesser, *The Fair Sex: White Women and Racial Patriarchy in the Early American Republic* (New York: New York University Press, 2002),

54.

[7] Andrea Lim, "The Alt-Right's Asian Fetish," *New York Times*, January 6, 2018, https://www.nytimes.com/2018/01/06/opinion/sunday/alt-right-asian-fetish.html.

[8] Craig Kilborn, "Sebastian, the Asexual Icon," *The Late Late Show with Craig Kilborn*, CBS, https://www.youtube.com/watch?v=YdlVAvjvKec and https://www.youtube.com/watch?time_continue=34&v=8-tUM1FZH7U&feature=emb_logo./

[9] Sara Ghaleb, "Asexuality Is Still Hugely Misunderstood. TV Is Slowly Changing That," *Vox*, March 26, 2018, https://www.vox.com/culture/2018/3/26/16291562/asexuality-tv-history-bojack-shadowhunters-game-of-thrones.

[10] *Game of Thrones*, "The Laws of Gods and Men," season 4, episode 6, May 11, 2014, https://www.youtube.com/watch?v=YK8zhFnsBGA.

[11] *BoJack Horseman*, "Stupid Piece of Sh*t," season 4, episode 6, September 8, 2017.

[12] Anthony F. Bogaert, "Asexuality: Prevalence and Associated Factors in a National Probability Sample," *Journal of Sex Research* 41, no. 3 (August 2004): 279-87, www.jstor.org/stable/4423785.

[13] GLAAD Media Institute, "Where We Are On TV: 2019-2020," https://www.glaad.org/sites/default/files/GLAAD%20WHERE%20WE%20ARE%20ON%20TV%20 2019%202020.pdf.

[14] Carlos Aguilar, "*BoJack Horseman*'s Biggest Mystery: Is Todd Supposed to Be Latino?," *Vulture*, September 19, 2018, https://www.vulture.com/2018/09/bojack-horseman-todd-chavez-latino.html.

[15] Adrienne Green, "How Black Girls Aren't Presumed to Be Innocent," *Atlantic*, June 29, 2017, https://www.theatlantic.com/politics/archive/2017/06/black-girls-innocence-georgetown/532050.

[16] Ianna Hawkins Owen, "On the Racialization of Asexuality," in *Asexualities: Feminist and Queer Perspectives*, ed. KJ Cerankowski and Megan Milks (New York: Routledge, 2014).

[17] Sherronda J. Brown, "Black Asexuals Are Not Unicorns, There Are More of Us Than We Know," *Black Youth Project*, October 25, 2019, http://blackyouthproject.com/black-asexuals-are-not-unicorns-there-are-more-of-us-than-we-know.

[18] Akwaeke Emezi, "This Letter Isn't For You: On the Toni Morrison Quote That Changed My Life," *them*, August 7, 2019, https://www.them.us/story/toni-morrison.

第6章

[1] Katherine Angel, "The History of 'Female Sexual Dysfunction' as a Mental Disorder in the 20th Century," *Current Opinion in Psychiatry* 23, no. 6 (November 2010): 536-41, https://doi.org/10.1097/YCO.0b013e32833db7a1.

[2] American Psychiatric Association, *Diagnostic and Statistical Manual of Mental Disorders: Fifth Edition* (Arlington, VA: American Psychiatric Association, 2013), 433, 440.

[3] Lori A. Brotto, "The DSM Criteria for Hypoactive Sexual Disorder in Women," *Archives of Sexual Behavior* 39, no. 2 (April 2010): 221-39, https://doi.org/10.1007/s10508-009-9543-1.

[4] Peter M. Cryle and Alison M. Moore, *Frigidity: An Intellectual History* (New York: Palgrave Macmillan, 2011), 47.

[5] Rossella E. Nappi et al., "Management of Hypoactive Sexual Desire Disorder in Women: Current and Emerging Therapies," *International Journal of Women's Health* 2010, no. 2 (August 2010): 167-75, https://doi.org/10.2147/ijwh.s7578.

[6] Kristina Gupta and Thea Cacchioni, "Sexual Improvement as If Your Health Depends on It: An Analysis of Contemporary Sex Manuals," *Feminism & Psychology* 23, no. 4 (2013): 442-458, https://doi.org/10.1177/0959353513498070.

[7] Jonathan M. Metzl, "Why 'Against Health'?" in *Against Health: How Health Became the New Morality*, ed. Jonathan M. Metzl and Anna Kirkland (New York: New York University Press, 2010), 2.

[8] Laura Gilbert, "FDA panel Rejects P&G Female Sex-Drive Patch," *Market-Watch*, December 2, 2014, https://www.marketwatch.com/story/fda-panel-rejects-pgs-female-sex-drive-patch.

[9] Brigid Schulte, "From 1952-2015: The Path to 'Female Viagra' Has Been a Rocky One," *Washington Post*, August 18, 2015, https://www.washingtonpost.com/news/to-your-health/wp/2015/08/17/female-viagra-could-get-fda-approval-this-week.

[10] Gardiner Harris, "Pfizer Gives Up Testing Viagra on Women," *New York Times*, February 28, 2004, https://www.nytimes.com/2004/02/28/business/pfizer-gives-up-testing-viagra-on-women.html.

[11] T. S. Sathyanarayana Rao and Chittaranjan Andrade, "Flibanserin: Approval of a Controversial Drug For A Controversial Disorder," *Indian Journal of Psychiatry*, 57, no. 3 (2015): 221-23, https://doi.org/10.4103/0019-5545.166630.

[12] Andrew Pollack, "F.D.A Approves Addyi, a Libido Pill for Women," *New York Times*, August 18, 2015, https://www.nytimes.com/2015/08/19/business/fda-approval-Addyi-female-viagra.html.

[13] Jennifer Block and Liz Canner, "The 'Grassroots Campaign' for 'Female Viagra' Was Actually Funded by Its Manufacturer," *The Cut*, September 8, 2016, https://

www.thecut.com/2016/09/how-addyi-the-female-viagra-won-fda-approval.html.
[14] Katie Thomas and Gretchen Morgenson, "The Female Viagra, Undone by a Drug Maker's Dysfunction," *New York Times*, April 9, 2016, https://www.nytimes.com/2016/04/10/business/female-viagra-addyi-valeant-dysfunction.html.
[15] Katie Thomas, "New Sex Drug for Women to Improve Low Libido Is Approved by the F.D.A.," *New York Times*, June 21, 2019, https://www.nytimes.com/2019/06/21/health/vyleesi-libido-women.html.
[16] Thomas, "New Sex Drug for Women to Improve Low Libido Is Approved by the F.D.A."
[17] Richard Balon, "The *DSM* Criteria of Sexual Dysfunction: Need for a Change," *Journal of Sex & Marital Therapy* 34, no. 3 (2008): 186-97, https://doi.org/10.1080/00926230701866067.
[18] Andrew C. Hinderliter, "How Is Asexuality Different from Hypoactive Sexual Desire Disorder?," *Psychology and Sexuality* 4, no. 2 (2013): 171-73, https://doi.org/10.1080/19419899.774165.
[19] American Psychiatric Association, *Diagnostic and Statistical Manual of Mental Disorders: Fifth Edition* (Arlington, VA: American Psychiatric Association, 2013), 434, 443.
[20] Grace Medley et al., "Sexual Orientation and Estimates of Adult Substance Use and Mental Health: Results from the 2015 National Survey on Drug Use and Health," SAMHSA, https://www.samhsa.gov/data/sites/default/files/NSDUH-SexualOrientation-2015/NSDUH-SexualOrientation-2015/NSDUH-SexualOrientation-2015.htm.
[21] Hinderliter, "How Is Asexuality Different from Hypoactive Sexual Desire Disorder?"
[22] Mikala Jamison, "Horny Pens for All," *Outline*, December 30, 2019, https://theoutline.com/post/8481/every-woman-deserves-to-try-vyleesi-aka-the-horny-pen-if-she-wants.
[23] Lori Brotto et al., "Asexuality: An Extreme Variant of Sexual Desire Disorder?" *Journal of Sexual Medicine* 12, no. 3 (March 2015): 646-60, https://doi.org/10.1111/jsm.12806.
[24] Neel Burton, "When Homosexuality Stopped Being a Mental Disorder," *Psychology Today*, September 18, 2015, https://www.psychologytoday.com/us/blog/hide-and-seek/201509/when-homosexuality-stopped-being-mental-disorder.
[25] Oliver Wendell Holmes and Supreme Court of the United States, U.S. Reports: Buck v. Bell, 274 U.S. 200 (1927), Library of Congress, https://www.loc.gov/item/usrep274200.

[26] Adam Cohen, *Imbeciles: The Supreme Court, American Eugenics, and the Sterilization of Carrie Buck* (New York: Penguin Books, 2016), 6-10, 26-39.
[27] Paul Lombardo, *Three Generations, No Imbeciles: Eugenics, the Supreme Court, and Buck v. Bell* (Baltimore: Johns Hopkins Press, 2010), 49.
[28] Jules Hathaway, "The Spirit of Buck V. Bell Survives in Our Demonizing of Marginalized Groups," *Bangor Daily News*, April 30, 2017, https://bangordailynews.com/2017/04/30/opinion/contributors/the-spirit-of-buck-v-bell-survives-in-our-demonizing-of-marginalized-groups.
[29] Eunjung Kim, "Asexuality in Disability Narratives," *Sexualities* 14, no.4 (2011): 479-93, https://doi.org/10.1177/1363460711406463.
[30] Katherine Quarmby, "Disabled and Fighting for a Sex Life," *Atlantic*, March 11, 2015, https://www.theatlantic.com/health/archive/2015/03/sex-and-disability/386866.
[31] Margaret A. Noses et al., "Sexual Functioning among Women with Physical Disabilities," *Archives of Physical Medicine and Rehabilitation* 77 (1996): 107-15, https://doi.org/10.1016/S0003-9993(96)90154-9.
[32] Ariel Henley, "Why Sex Education for Disabled People Is So Important," Teen *Vogue*, October 5. 2017, https://www.teenvogue.com/story/disabled-sex-ed.
[33] Wendy Lu, "Dating With a Disability," *New York Times*, December 8, 2016, https://www.nytimes.com/2016/12/08/well/family/dating-with-a-disability.html.
[34] Karen Cuthbert, "You Have to Be Normal to Be Abnormal: An Empirically Grounded Exploration of the Intersection of Asexuality and Disability," *Sociology* 51, no. 2 (2017): 241-57, https://doi.org/10.1177/0038038515587639.
[35] Cuthbert, "You Have to Be Normal to Be Abnormal."
[36] Antonio Centeno and Raúl de la Morena, dirs., *Yes, We Fuck!*, 2015.
[37] Andrew Garza, *Disability after Dark*, https://www.stitcher.com/podcast/andrew-gurza/disabilityafterdark.
[38] Maïa de la Baume, "Disabled People Say They, Too, Want a Sex Life, and Seek Help in Attaining It," *New York Times*, July 4, 2013, https://www.nytimes.com/2013/07/05/world/europe/disabled-people-say-they-too-want-a-sex-life-and-seek-help-in-attaining-it.html.
[39] Maureen S. Milligan and Aldred H. Neufeldt, "The Myth of Asexuality: A Survey of Social and Empirical Evidence," *Sexuality and Disability* 19, no. 2 (2001): 91-109, https://doi.org/10.1023/A:1010621705591.
[40] Kristina Gupta, "Happy Asexual Meets *DSM*," *Social Text Journal*, October 24, 2013, https://socialtextjournal.org/periscope_article/happy-asexual-meets-dsm.
[41] Sciatrix, "The Construct of the 'Unassailable Asexual,'" Knights of the Shaded Triangle (forum), October 23, 2010, http://shadedtriangle.proboards.com/

thread/18.
[42] Sciatrix, "The Construct of the 'Unassailable Asexual.'"
[43] Nicola Davis, "Scientists Quash Idea of Single 'Gay Gene,'" *Guardian*, August 29, 2019, https://www.theguardian.com/science/2019/aug/29/scientists-quash-idea-of-single-gay-gene.
[44] Arthur Krystal, "Why We Can't Tell the Truth about Aging," *New Yorker*, October 28, 2019, https://www.newyorker.com/magazine/2019/11/04/why-we-cant-tell-the-truth-about-aging.
[45] Heather Havrilesky, "Ask Polly: 'I'm Trying to Go Gray and I Hate It!,'" *The Cut*, December 18, 2019, https://thecut.com/2019/12/ask-polly-im-trying-to-go-gray-and-i-hate-it.html.

第 7 章

[1] Yumi Sakugawa, "I Think I Am in Friend-Love With You," *Sadie Magazine*, 2012, retrieved from: https://therumpus.tumblr.com/post/36880088831/i-think-i-am-in-friend-love-with-you-written-by.
[2] Kim Brooks, "I'm Having a Friendship Affair," *The Cut*, December 22, 2015, https://www.thecut.com/2015/12/friendship-affair-c-v-r.html.
[3] Alex Mar, "Into the Woods: How Online Urban Legend Slender Man Inspired Children to Kill," *Guardian*, December 7, 2017, https://www.theguardian.com/news/2017/dec/07/slender-man-into-the-woods-how-an-online-bogeyman-inspired-children-to-kill.
[4] Mary Embree, "The Murder of the Century," *HuffPost*, May 21, 2013, https://www.huffpost.com/entry/the-murder-of-the-century_b_3312652.
[5] Embree, "The Murder of the Century."
[6] "We were Not Lesbians, Says Former Juliet Hulme," *New Zealand Herald*, March 5, 2006, https://www.nzherald.co.nz/nz/news/article.cfm?c_id=1&objectid-10371147.
[7] Lisa M. Diamond, "What Does Sexual Orientation Orient? A Biobehavioral Model Distinguishing Romantic Love and Sexual Desire," *Psychological Review* 110, no. 1 (2003): 173-92, https://doi.org/10.1037/0033-295X.110.1.73.
[8] Dorothy Tennov, *Love and Limerence: The Experience of Being in Love* (New York: Scarborough House, 1979), 74.
[9] Marta Figlerowicz and Ayesha Ramachandran, "The Erotics of Mentorship," *Boston Review*, April 23, 2018, http://bostonreview.net./education-opportunity-gender-sexuality-class-inequality/marta-figlerowicz-ayesha-ramachandran.
[10] Joe Fassler, "How My High School Teacher Became My Abuser," *Catapult*, July 30, 2018, https://catapult.co/stories/how-my-high-school-teacher-became-my-abuser.

[11] Fassler, "How My High School Teacher Became My Abuser."
[12] Brooks, "I'm Having a Friendship Affair."
[13] Fassler, "How My High School Teacher Became My Abuser."
[14] Helen Fisher, *Why We Love: The Nature and Chemistry of Romantic Love* (New York: Henry Holt, 2004), 101-2.
[15] Victor Karandashev, *Romantic Love in Cultural Contexts* (Switzerland: Springer, 2017), 30-32.
[16] *Grey's Anatomy*, "Raindrops Keep Falling On My Head," season 2, episode 1, September 25, 2005, https://www.youtube.com/watch?v=9DN4Dw3tyLY.
[17] Kayte Huszar, "10 'Grey's' Anatomy' Quotes That Remind You of Your Person," *Odyssey* Online, March 21, 2016, https://www.theodysseyonline.com/10-greys-anatomy-quotes-you-either-tell-or-relate-to-your-person.
[18] Alexander Blok, "When You Stand in My Path," from *The Penguin Book of Russian Poetry*, ed. Robert Chandler et al. (New York: Penguin, 2015), 189.
[19] Demi Lovato, vocalist, "Tell Me You Love Me," by Kirby Lauryen et al., track 2 on *Tell Me You Love Me*, Hollywood, Island, Safehouse Records, 2017.
[20] Danny M. Lavery, "Dear Prudence: The 'Tepidly Panromantic' Edition," *Slate*, January 24, 2018, https://slate.com/human-interest/2018/01/dear-prudence-podcast-the-tepidly-panromantic-edition.html.
[21] Danny M. Lavery, "Dear Prudence: The 'Relentlessly Friendly Neighbor' Edition," *Slate*, February 21, 2018, https://slate.com/human-interest/2018/02/dear-prudence-podcast-the-relentlessly-friendly-neighbor-edition.html.
[22] Elizabeth Brake, *Minimizing Marriage: Marriage, Morality, and the Law* (Oxford, UK: Oxford University Press, 2011), 88-90.〔エリザベス・ブレイク『最小の結婚——結婚をめぐる法と道徳』久保田裕之監訳、羽生有希・藤間公太・本多真隆・佐藤美和・松田和樹・阪井裕一郎訳、白澤社、2019 年〕
[23] Drake Baer, "There's a Word for the Assumption that Everybody Should Be in a Relationship," *The Cut*, March 8, 2017, https://www.thecut.com/2017/03/amatonormativity-everybody-should-be-coupled-up.html.
[24] Anthony Kennedy and Supreme Court of the United States, Obergefell v. Hodges, 576 (2015).
[25] Drake Baer, "There's a Word for the Assumption that Everybody Should Be in a Relationship."
[26] Manu Raju, "Graham on Bachelorhood: I'm Not 'Defective,'" *Politico*, June 11, 2015, https://www.politico.com/story/2015/06/graham-on-bachelorhood-im-not-defective-118896.
[27] Lisa Wade, *American Hookup: The New Culture of Sex on Campus* (New York: W. W. Norton, 2017), 145.
[28] Vicki Larson, "Marriage Benefits Are an Antiquated Custom That Hold Back

Society," *Quartz*, December 11, 2017, https://qz.com/quartzy/1148773/marriage-should-not-come-with-any-social-benefits-or-privileges.
[29] Julian Baggini, "Why You Should Be Allowed to 'Marry' Your Sister," *Prospect Magazine*, July 2, 2018, https://www.prospectmagazine.co.uk/philosophy/why-you-should-be-allowed-to-marry-your-sister.
[30] Jane Taber, "Elderly American Caregiver Being Deported Has Been Granted Temporary Visa," *Globe and Mail*, November 15, 2012, https://www.theglobeandmail.com/news/national/elderly-american-caregiver-being-deported-has-been-granted-temporary-visa/article5328771.
[31] Elizabeth Brake, "Why Can't We Be (Legally-Recognizes) Friends?," *Forum for Philosophy*, September 14, 2015, https://blogs.lse.ac.uk/theforum/why-cant-we-be-legally-recognized-friends.
[32] Jack Julian, "79-Year-Old Finally a Permanent Resident 7 Years after Deportation Saga," *CBC News*, February 13, 2019, https://www.cbc.ca/news/canada/nova-scotia/nancy-inferrera-permanent-residency-mildred-sanford-guysborough-1.5017153.
[33] Baggini, "Why You Should Be Allowed to 'Marry' Your Sister."
[34] Tamara Metz, *Untying the Knot: Marriage, the State, and the Case for Their Divorce* (Princeton, NJ: Princeton University Press, 2010), 119-51.
[35] Lilian Faderman, "Nineteenth-Century Boston Marriages as a Lesson for Today," in *Boston Marriage: Romantic But Asexual Relationships Among Contemporary Lesbians*, ed. Esther Rothblum and Kathleen A. Brehony (Amherst: University of Massachusetts Press, 1993), 59-62.
[36] Kim Parker and Eileen Patten, "The Sandwich Generation: Rising Financial Burdens for Middle-Aged Americans," Pew Research Center, January 30, 2013, https://www.pewsocialtrends.org/2013/01/30/the-sandwich-generation.

第 8 章
[1] Miranda Fricker, *Epistemic Injustice: Power, and the Ethics of Knowing* (Oxford, UK: Oxford University Press, 2007), 147-54〔ミランダ・フリッカー『認識的不正義──権力は知ることの倫理にどのようにかかわるのか』佐藤邦政監訳、飯塚理恵訳、勁草書房、2023 年〕.
[2] Queenie of Aces, "Mapping the Grey Area of Sexual Experience: Consent, Compulsory Sexuality, and Sex Normativity," *Concept Awesome*, January 11, 2015, https://queenieofaces.wordpress.com/2015/01/11/mapping-the-grey-area-of-sexual-experience.
[3] StarchyThoughts, "Hermeneutical Injustice in Consent and Asexuality," Tumblr, March 18, 2016, https://starchythoughts.tumblr.com/post/141266238674.
[4] Kersti Yllö, "Marital Rape in a Global Context: From 17th Century to Today,"

Oxford University Press blog, November 13, 2017, https://blog.oup.com/2017/11/marital-rape-global-context.

[5] Victoria Barshis, "The Question of Marital Rape," *Women's Studies International Forum* 6, no. 4 (1983): 383-93, https://doi.org/10.1016/0277-5395(83)90031-6.

[6] Anna Brand, "Trump Lawyer: You cant't Rape Your Spouse," MSNBC, July 28, 2015, https://www.msnbc.com/msnbc/trump-lawyer-you-cant-rape-your-spouse.

[7] Eric Berkowitz, "'The Rape-Your-Wife Privilege': The Horrifying Modern Legal History Of Marital Rape," *Salon*, August 8, 2015, https://www.salon.com/2015/08/08/the_rape_your_wife_privilege_the_horrifying_modern_legal_history_of_marital_rape.

[8] Molly Redden, "GOP Congressional Candidate: Spousal Rape Shouldn't Be a Crime," *Mother Jones*, January 15, 2014, https://www.motherjones.com/politics/2014/01/gop-congressional-candidate-richard-dick-black-spousal-rape-not-a-crime/.

[9] Julie Carr Smith and Steve Karnowski, "Some States Seek to Close Loopholes in Marital Rape Laws," *AP News*, May 4, 2019, https://apnews.com/3a11fee6d0e449ce81f6c8a50601c687.

[10] Kyle Mantyla, "Schlafly Reiterates View That Married Women Cannot Be Raped By Husbands," *RightWing Watch*, May 7, 2008, https://www.rightwingwatch.org/post/schlafly-reiterates-view-that-married-women-cannot-be-raped-by-husbands.

[11] Abiola Abrams, "Intimacy Intervention: 'Do My Wife Duties Include Sex?'" *Essence*, August 19, 2014, https://www.essence.com/love/intimacy-intervention-do-my-wife-duties-include-sex.

[12] D. A. Wolf, "Do We Owe Our Spouses Sex?" *HuffPost*, October 15, 2011, https://www.huffpost.com/entry/do-we-owe-our-spouses-sex_b_927484.

[13] Quora, "Is Having Sex with Your Spouse Your Obligation, Duty or Right?" https://www.quora.com/Is-having-sex-with-your-spouse-your-obligation-duty-or-right.

[14] MetaFilter, "What Are the Sexual Obligations of a Husband or Wife?" March 8, 2006, https://ask.metafilter.com/33981/What-are-the-sexual-obligations-of-a-husband-or-wife.

[15] Cari Romm, "A Sex Therapist on How She'd Approach the Sexual Problems in 'On Chesil Beach,'" *The Cut*, May 21, 2018, https://www.thecut.com/2018/05/a-sex-therapist-on-the-sexual-problems-in-on-chesil-beach.html.

[16] Melissa Dahl, "A New Book Claims We've Entered the Sexual Pharmaceutical Era," *The Cut*, October 26, 2015, https://www.thecut.com/2015/10/weve-entered-the-sexual-pharmaceutical-era.html.

[17] Susan Brownmiller, *Against Our Will: Men, Women, and Rape* (New York: Fawcett Columbine, 1975), 15〔スーザン・ブラウンミラー『レイプ・踏みにじられた意思』幾島幸子訳、勁草書房、2000 年〕.

[18] Lauren Wolfe, "Gloria Steinem on Rape in War, Its Causes, and How to Stop It," *Atlantic*, February 8, 2012, https://www.theatlantic.com/international/archive/2012/02/gloria-steinem-on-rape-in-war-its-causes-and-how-to-stop-it/252470.

[19] Jane C. Hood, "Why Our Society Is Rape-Prone," *New York Times*, May 16, 1989, https://www.nytimes.com/1989/05/16/opinion/why-our-society-is-rapeprone.html.

[20] Charles M. Blow, "This Is a Man Problem," *New York Times*, November 19, 2017, https://www.nytimes.com/2017/11/19/opinion/sexual-harassment-men.html.

[21] Elizabeth Weingarten, "A Fresh Approach to Understanding Sexual Assault: A Conversion with Betsy Levy Paluck," *Behavioral Scientist*, November 20, 2018, https://behavioralscientist.org/a-fresh-approach-to-understanding-sexual-assault-a-conversation-with-betsy-levy-paluck.

[22] Cameron Kimble and Inimai M. Chettiar, "Sexual Assault Remains Dramatically Underreported," Brennan Center for Justice, October 4, 2018, https://www.brennancenter.org/our-work/analysis-opinion/sexual-assault-remains-dramatically-underreported.

[23] Catherine A. MacKinnon, "Sexuality, Pornography, and Method: 'Pleasure under Patriarchy,'" *Ethics* 99, no. 2 (January 1989): 323, https://www.jstor.org/stable/2381437.

[24] Catherine A. MacKinnon, "Sex and Violence: A Perspective," in *Feminism Unmodified: Discourses on Life and Law* (Cambridge, MA: Harvard University Press, 1987), 86-87.〔キャサリン・A・マッキノン『フェミニズムと表現の自由』奥田暁子ほか訳、明石書店、1993 年、140 頁〕

[25] Leslie Houts, "But Was It Wanted?: Young Women's First Voluntary Sexual Intercourse," *Journal of Family Issues* 26, no. 8 (2005): 1082-1102, https://doi.org/10.1177/0192513X04273582.

[26] Lucia F. O'Sullivan and Elizabeth Rice Allgeier, "Feiging Sexual Desire: Consenting to Unwanted Sexual Activity in Heterosexual Dating Relationships," *Journal of Sex Research* 35, no. 3 (1998): 234-43, https://doi.org/10.1080/00224499809551938.

[27] Emily Nagoski, "Enthusiastic, Willing, Unwilling, Coerced," *The Dirty Normal*, April 30, 2011, https://www.thedirtynormal.com/post/2011/04/30/enthusiastic-willing-unwilling-coerced/; Elizabeth Leuw, "Willing Consent," Prismatic Entanglements, May 17, 2011, https://prismaticentanglements.

com/2011/05/17/willing-consent.

[28] Meg-John Barker and Justin Hancock, *Enjoy Sex (How, When, and If You Want To)* (London: Icon Books, 2017), 156.

第 9 章

[1] Bogaert, "Asexuality," 279-87.

[2] Leonore Tiefer, *Sex Is Not a Natural Act and Other Essays* (Boulder, CO; Westview Press, 1995), 39.

[3] Donald G. Dutton and Arthur P. Aron, "Some Evidence for Heightened Sexual Attraction Under Conditions of High Anxiety," *Journal of Personality and Social Psychology* 30, no. 4 (1974): 510-17, https://doi.org/10.1037/h0037031.

[4] William Jankowiak et al., "The Half of the World That Doesn't Make Out," *Sapiens*, February 10, 2016, https://www.sapiens.org/culture/is-romantic-kissing-a-human-universal.

[5] William Jankowiak et al., "Is the Romantic-Sexual Kiss a Near Human Universal?" *American Anthropologist* 117, no. 3 (September 2015): 535-39, https://doi.org/10.1111/aman.12286.

[6] Meg-John Barker, Rosalind Gill, and Laura Harvey, "The Sexual Imperative," in *Mediated Intimacy: Sex Advice in Media Culture* (Cambridge: Polity Press, 2018).

[7] Mary Fissell, "When the Birds and the Bees Were Not Enough: Aristotle's Masterpiece," *Public Domain Review*, August 19, 2015, https://publicdomainreview.org/essay/when-the-birds-and-the-bees-were-not-enough-aristotle-s-masterpiece.

[8] Barker et al., "The Sexual Imperative."

[9] Meg-John Barker et al., "Sex as Necessary for Relationships," in *Mediated Intimacy: Sex Advice in Media Culture* (Cambridge: Polity Press, 2018).

[10] Anagnori, "Sex Therapy's Blind Spot," Tumblr, October 6, year unknown, https://anagnori.tumblr.com/post/178801800354/sex-therapys-blind-spot.

[11] Joan McFadden, "'I Don't Think We'll Ever Have Sex Again': Our Happy, Cuddly, Celibate Marriage," *Guardian*, April 15, 2017, https://www.theguardian.com/lifeandstyle/2017/apr/15/celibate-marriage-sex-sexless-relationship.

[12] McFadden, "'I Don't Think We'll Ever Have Sex Again': Our Happy, Cuddly, Celibate Marriage."

[13] K. R. Mitchell et al., "Sexual Function in Britain: Findings from the Third National Survey of Sexual Attitudes and Lifestyles (Natsal-3)," *Lancet* 382, no. 9907 (November 2013): 1817-29, https://doi.org/10.1016/S0140-6736(13)62366-1.

[14] Anagnori, "Sex Therapy's Blind Spot."

[15] Sarah Barmak, "The Misunderstood Science of Sexual Desire," *The Cut*, April 26, 2018, https://www.thecut.com/2018/04/the-misunderstood-science-of-sexual-desire.html.

[16] Karin Jones, "What Sleeping with Married Men Taught Me about Infidelity," *New York Times*, April 6, 2018, https://www.nytimes.com/2018/04/06/style/modern-love-sleeping-with-married-men-infidelity.html.

第11章

[1] Cameron Awkward-Rich, "Prude's Manifesto," Watch-Listen-Read, https://www.watch-listen-read.com/english/Cam-Awkward-Rich-A-Prudes-Manifeto-id-395533.

[2] Ela Przybylo, *Asexual Erotics: Intimate Readings of Compulsory Sexuality* (Columbus: Ohio State University Press, 2019), 20.

[3] Audre Lorde, *The Uses of the Erotic: The Erotic as Power* (New York: Out & Out Books, 1978), 89.

[4] Lorde, *The Uses of the Erotic*, 89.

[5] Kristina Gupta, "Compulsory Sexuality: Evaluating an Emerging Concept," *Signs* 41, no. 1 (Autumn 2015): 131-54, https://doi.org/10.1086/681774.

[6] Adrienne Rich, "Compulsory Heterosexuality and Lesbian Existence," *Signs* 5, no. 4 (Summer 1980): 631-60, https://doi.org/10.1080/09574049008578015〔アドリエンヌ・リッチ『血、パン、詩。』85、86頁〕.

著者

アンジェラ・チェン（Angela Chen）

ジャーナリスト、ライター。現在、『Wired』の上級エディター。『ウォール・ストリート・ジャーナル』『アトランティック』『ガーディアン』『パリ・レビュー』『ナショナル・ジオグラフィック』などで執筆。

エース・コミュニティの一員で、学術会議やワールドプライドを含むイベントでアセクシュアリティについて講演を行っている。本書 *ACE: What Asexuality Reveals About Desire, Society, and the Meaning of Sex* が初邦訳。

訳者

羽生有希（はにゅう・ゆうき）

東京大学、東京工業大学ほか非常勤講師。国際基督教大学ジェンダー研究センター研究員。専門はフェミニズム哲学、クィア理論。著作に「コロナ禍の解釈枠組──脅かされる生をめぐるフェミニズム・クィア理論からの試論」（『福音と世界』2020年12月号）など。

主な翻訳はエリザベス・ブレイク『最小の結婚』（久保田裕之監訳、白澤社、2019年、第1章および第2章を担当）。

ACE
アセクシュアルから見たセックスと社会のこと

2023年5月30日　第一刷発行

著者　アンジェラ・チェン
訳者　羽生有希

発行者　小柳学
発行所　株式会社左右社
〒151-0051 東京都渋谷区千駄ヶ谷3-55-12-B1
TEL：03-5786-6030
FAX：03-5786-6032
https://www.sayusha.com

装幀　服部一成
印刷　創栄図書印刷株式会社

ISBN 978-4-86528-366-2

わたしたちが沈黙させられるいくつかの問い

レベッカ・ソルニット［ハーン小路恭子訳］

「ご結婚は？」「ご主人は？」「奥さまは？」「お子さんは？」……。わたしたちはいつも、無数の問いにさらされ、黙らされてきた。でもいまや、何かが変わりはじめた。

近年のフェミニズムの大きな動きのなかで綴られた、沈黙と声をあげることをめぐるエッセイ集。#MeTooの世界的なうねりを準備した傑作『説教したがる男たち』につづく、ソルニット節の真骨頂！

ヴァージニア・ウルフについて講演をしたあとのこと。ある男がこう言った。「ウルフは子どもを産むべきだったと思いますか？」女性の社会進出が進み、ライフスタイルがどんなに多様化しても、わたしたちは何度でも何度でも脱力するような問いにさらされて生きている。さまざまなかたちの暴力を受け、沈黙することを強いられつづけている。ＳＮＳでは声を封じるためのあらゆる嫌がらせと脅しがぶつけられ、レイプを始めとする性暴力やドメスティック・バイオレンスは一向に減ることがない。人魚姫は地上で暮らすかわりに声を奪われるお話しだし、「STAR WARS」三部作でレイア姫以外の女性が話すシーンはわずか六十三秒間に過ぎず、女性たちを固定観念に閉じ込める物語は、進化をめぐる科学にまで浸透している。男と女をめぐるいびつな権力構造をあばき、辛辣に、ときにユーモラスに、すべてのひとに力を与える傑作エッセイ。

本体二二〇〇円＋税

わたしのいない部屋

レベッカ・ソルニット［東辻賢治郎訳］

「マンスプレイニング」を世に広めた新時代のフェミニズムを代表する作家、ソルニットの歩んだストーリー。「若い女となること。それは数え切れないほどさまざまに姿を変えて出現する自分の消滅に直面することであり、その消滅から逃避し、否認することであり、時にはそのすべてだ。」

父のDVから逃れるように家を離れ、サンフランシスコの安アパートに見つけた自分の部屋。女に向けられる好奇や暴力、理不尽の数々を生き延び、四半世紀暮したその部屋でやがてソルニットは作家になった。生々しい痛みと不安とためらい、手放さない希望を描くはじめての自叙伝。通りすがりにつばを吐きかけてきた男。元恋人に刺されて死にかけた友人。アパートの管理人が語ってくれた、追い立てられ続けた黒人の歴史。歩くことの自由を知ったこと、女性が自由に歩けない理不尽への怒り。ゲイの友人たちのファッションとおしゃべりがもつケアの優しさ。バロウズのパーティに潜り込み、美術雑誌に書いた記事。はじめての本をまるごと葬ろうとしてきた編集者——。

自由と抑圧が交錯するアメリカ西海岸、一九八一年。拾い物の家具、ガラクタ市で見つけた年代物のソファとともに始まったのは、女をいないも同然にあしらう男たちに抗い、自分の声を持ち、なるべき私になるまでの物語だった。

本体二四〇〇円＋税

わたしが先生の「ロリータ」だったころ　愛に見せかけた支配について

アリソン・ウッド［服部理佳訳］

サポートを求める生徒と、ふたりの関係をナボコフ『ロリータ』になぞらえる教師。芸術の名の下に美化されてきた、「大人の男と少女の恋愛」という関係性に楔を打つノンフィクション。

孤独な高校生のアリソンは、新しく赴任してきた英語教師のノース先生と出会う。先生は彼女の文才を見出し、放課後に文芸創作の個人指導をするように。コーネル大学を卒業しナボコフの『ロリータ』を愛読する、知的でセクシーな彼に惹かれてゆくアリソン。しかし、それは恋愛に見せかけた抑圧の日々のはじまりだった……。

古今東西、数々の作品で描かれてきた「大人の男と少女の恋愛」という図式の加害性を暴き、支配的関係から自らの知性と文学批評の力で逃れた少女が大人になって綴ったメモワール。

本体二二〇〇円＋税